追想彼岸

現代中文文學研究論叢 II

張堂錡著

現代文學研究叢刊

文史哲出版社印行

國家圖書館出版品預行編目資料

追想彼岸：現代中文文學研究論叢II / 張堂
錡著.北市：文史哲, 民 97.10
　面：　公分. -- (現代文學研究叢刊 ;33)
ISBN 978-957-549-819-1(平裝)

1.中國當代文學　2. 文學評論

820.908　　　　　　　　　　　97019992

現代文學研究叢刊　　33

追想彼岸：現代中文文學研究論叢 II

著　　者：張　　　堂　　　錡
出 版 者：文　史　哲　出　版　社
http://www.lapen.com.tw
e-mail：lapen@ms74.hinet.net
登記證字號：行政院新聞局版臺業字五三三七號
發 行 人：彭　　　正　　　雄
發 行 所：文　史　哲　出　版　社
印 刷 者：文　史　哲　出　版　社
臺北市羅斯福路一段七十二巷四號
郵政劃撥帳號：一六一八〇一七五
電話886-2-23511028 · 傳真886-2-23965656

實價新臺幣三六〇元

中華民國九十七年（2008）十月初版

自　序

　　我常在百年樓研究室讀書工作到深夜。有點寂寞，因為城市的燈火離我很遠。有點孤獨，因為四周蟲鳴唧唧，悄無人語。然而，面對一壁圖書，以及每部書中豐富複雜的文字，寂寞與孤獨又會離我很遠。桌上總是一杯沏好的茶，龍井、碧螺春或是鐵觀音，那是朋友們遠方的心意，我慎重地用心品茗，一如與遠方好友對話，無聲，卻有淡淡的清香。

　　我喜歡這樣的生活，清靜，平淡，一心一意。喝茶、讀書、研究，成了平日功課，何等幸福。

　　當然，生活中忙碌的時候也很多。北京的朋友出了一本書叫《文壇如江湖》，我看學界也如江湖。既是江湖，風塵撲面、漫天風雪的印記終難避免，這我倒不怕。怕，就不要入江湖。但江湖中無處不在的「人情」，卻成了行走時難以推卸的包袱，這我也不怕，畢竟，它也是一種修煉。然而，繁瑣世事，終究消耗去許多的時間與精力。塵滿面，鬢如霜，一路風塵僕僕，能留下的實在不多。

　　這書中的一些文章，是這幾年來江湖行走之餘，在研究室沉默喝茶的產物。輯一的六篇論文，或在研討會，或在學報發表，範疇不離現當代文學；輯二的文章是為編寫高中國文教科書而作，對象都是現代散文作家，擇選部分內容修改後置錄於此，算

是為這幾年來投入此一特殊工作留下一點紀錄。

　　我還有十幾萬字發表的論文，以及正在撰寫的兩本書稿。生活總是在忙著。忙裡坐下靜心喝杯茶，看嫩綠的葉片在熱水中翻滾、舒展，瞬間激發而出的香氣，伴著馥郁的茶湯慢慢喝下，忙碌的煩躁就會冷下去，淡下去，而生活的美好滋味會逐漸回甘，溫熱心腸。

　　大陸作家史鐵生說：「人可以走向天堂，不可以走到天堂。走向，意味著彼岸的成立。走到，豈非彼岸的消失？彼岸的消失即信仰的終結、拯救的放棄。因而天堂不是一處空間，不是一種物質的存在，而是道路，是精神的恆途。」學術之路於我而言，也是一條精神的恆途，在無盡的追尋中，我希望自己一直能在「走向彼岸」的路程中，如此一來，彼岸的繁花似錦、燦爛如星，將永遠在我的前面，吸引著我，也激勵著我。

　　我很慶幸仍在此岸，因為有彼岸可以追想。

　　感謝這一路上伴隨、提攜的人，不一一具名，是因為我們仍將在相同的道路上繼續行走。

　　　　　　　　　　　　　　　　2008 年 9 月寫於政大百年樓

追 想 彼 岸

現代中文文學研究論叢 II

目　次

輯 一

開明夙有風
── 開明派文人的文化理念及其出版實踐

一、前言

　　20 世紀初期，中國現代編輯出版事業的蓬勃發展，直接促進了中國的現代化進程，尤其是一批由深具理想性的知識分子所主持的出版機構，為現代文明的建構營造了充滿人格理想的文化陣地，也開闢了一條傳承知識分子精神品格的重要途徑。1926 年 8 月 1 日正式成立於上海的開明書店，就是這樣一家始終貫穿著知識分子人文精神的出版機構。1953 年，開明書店與北京青年出版社合併為中國青年出版社。從成立到合併的 27 年間共出版各類圖書一千五百餘種，其中教科書約 250 種，此外還編輯發行 16 種期刊。這些出版物以其內容新穎、態度嚴謹、裝幀精美而獲得社會好評，被譽為是一個有特色、有貢獻、有影響的出版社。它是由章氏兄弟 ── 章錫琛、章錫珊合辦的，初期不過是五、六人的小書店，資金也只有 5 千元，卻能在不到 10 年的迅速發展後，躍升為與商務印書館、中華書局、世界書局等創業已久的大書店齊名的「六大書店」之一，到 1927 年時已有資本 30 萬元。它的經營之道，對今天的出版界仍有一定的借鑒意義。它的文化理念和文學理想，至今看來也有值得學習效法之處。

　　所謂「開明派文人」，是指三、四〇年代以開明書店為中心，

實際從事文化啓蒙、文學教育、藝術推廣之教材編寫、文藝創作的一批學者、作家和教師，主要核心人物有夏丏尊、葉聖陶、顧均正、趙景深、豐子愷、錢君匋、傅彬然、賈祖璋等人，其中又以夏、葉二氏爲骨幹。這批文人多爲思想開明，作風樸實，文化涵養深厚，教學經驗豐富，關懷社會現實，不務玄虛空談，但求點滴有成，兼具理想與務實的知識分子。葉聖陶早在抗戰時期爲開明書店同仁組織的「明社」寫的社歌中就提到：「開明風，開明風，好處在穩重。處常足有餘，應變有時窮。」[1]後來又在開明書店成立20週年時賦詩一首云：「書林張一軍，及今二十歲。欣茲初度辰，鑄金聯同輩。開明夙有風，思不出其位。樸實而無華，求進弗欲銳。惟願文教敷，遑顧心力瘁。此風永發揚，厥績宜炳蔚。以是交勉焉，各致功一簣。堂堂開明人，俯仰兩無愧。」[2]此詩具體而微地提到「開明人」願在文教事業上盡心，以穩重、樸實、認真之「開明風」彼此勸勉，以求無愧，堪稱「開明派文人」的最佳註腳。隨著開明書店事業的發展，「開明人」與「開明風」的內涵不斷獲得充實與發展，不僅成爲凝聚開明同仁情感與思想共識的力量，也形構出開明書店特殊的經營風格，而開明派文人的精神品格，不論當時或以後，對知識分子的出處進退、人生價值取向的選擇，都具有一定的啓發性。

　　「開明派文人」的形成，不以正式的社團爲中心，也不是這

1　明社是開明書店內部的一種同仁組織，主辦推動同仁業餘學習和康樂活動的工作，最初只在桂林試行，以後漸次推廣到各地，成爲全店性的組織。其宗旨爲團結全體同仁，維護書店的事業。社歌的記載見於王知伊，〈開明書店紀事〉，《開明書店紀事》（山西：書海出版社，1991），頁92。
2　此詩爲葉聖陶於1946年爲開明書店20週年所撰的紀念碑辭，見中國出版工作者協會編，《我與開明》（上海：中國青年出版社，1985）扉頁。

批文人有意識的追求，而是因緣際會下，共同以書店爲陣地，雜誌刊物爲媒介，發表文章，出版書籍，宣傳理念，擴大影響，從而形成一個在思想藝術上具獨特性的文學社群。過去的文學史論述，多以正式社團或主流流派爲主，對類似「開明派文人」的注意十分薄弱，這使得文學史著作雖有多種版本，卻在結構框架和審美視角上陷入過於一致性的單調陳套中，這種現象對現代文學史學科的整體發展自是一種缺憾。本文試圖對其文化理念與出版實踐做一綜合概括與意義探掘，相信對此一文學史邊緣現象的勾勒將有助於現代文學流派研究的深入拓展。

二、開明之人做開明之事：開明派文人的精神品格

　　「開明人」與「開明風」是葉聖陶首先提出的，這個說法顯然得到文化界、廣大讀者的認同。抗戰勝利後，上海就有報紙把開明書店的編輯、作、譯者稱爲「開明派文人」。當呂叔湘到開明書店工作，有一報紙鄭重其事地加以報導云：「開明派文人又添大將」，足見「開明人」這個無形的文人群體，受到社會的矚目。這個鬆散的文人群體，一般認爲有夏丏尊、葉聖陶、章錫琛、胡愈之、徐調孚、宋雲彬、傅彬然、丁曉先、王伯祥、朱自清、豐子愷、錢君匋、劉薰宇、白采、顧均正、賈祖璋、周振甫、趙景深等人，此外，朱光潛是開明書店發起人之一，王統照 1940 年在開明書店工作過，他們也自稱爲「開明人」。葉聖陶對開明書店的成立有一生動的描述，他說：「開明書店是一些同志的結合體。這所謂同志，並不是信奉什麼主義，在主義方面的同志，也不是參加什麼黨派，黨派方面的同志。只是說我們這些人在意趣上互相理解，在感情上彼此融洽，大家願意認認真真做點兒事，不求名，

不圖利，卻不敢忽略對於社會的貢獻：是這麼樣的同志。」[3]他於
1930 年應章錫琛之邀，辭去商務任職，改任開明編輯，「因爲開
明裡老朋友多，共同做事，興趣好些。」[4]強調的是「興趣」、「意
趣」、「感情」的「理解」、「融洽」，說明了「開明派文人」是一個
自然形成、組織鬆散的文人集合體，是朋友志趣相投的結合，既
不以企業經營爲號召，也不以社團流派自居，而主要是一種印象
與形象，是他們經過一段時日的努力與成果累積後所獲得的社會
認同與品牌信譽。

　　「開明」一詞，兼有開通明理與「啓蒙」（enlightment）雙重
內涵。以文化教育爲手段，使國民（特別是青年學生）脫離蒙昧、
達到開明的狀態，可以說，開明書店從誕生之初就帶有鮮明的「文
化啓蒙主義」色彩。開明書店成立的本身就是一次新舊文化之爭
下的產物，準確地說，它是「五四」的產物。長期擔任開明書店
編輯的宋雲彬就指出：「沒有『五四』運動就不會有人提出婦女問
題來討論，那麼開明書店的創辦人章錫琛先生，就不會因談新性
道德和辦《新女性》雜誌被商務印書館解職，他將一輩子在商務
當個編輯；而同時在『五四』以前，像開明這樣的新型書店根本
辦不起來，即使辦起來了，也不可能發展，更不可能長期存在。」
[5]可見「五四」新文化運動思潮所造成的時代氛圍，正是開明書店
能夠誕生、發展的思想條件。章錫琛被商務辭退一事，在當時被
認爲是新舊文化鬥爭下的結果，章錫琛所創辦的《新女性》雜誌

3　葉聖陶，〈開明書店 20 週年〉，《葉聖陶集》（江蘇教育出版社，1989）第 7
　　卷，頁 224。
4　葉聖陶，〈略敘〉，《葉聖陶研究資料》（劉增人、馮光廉編，北京十月文藝出
　　版社，1988），頁 121。
5　宋雲彬，〈開明舊事〉，《文史資料選輯》第 31 輯，1962 年 7 月。

和開明書店，遂被視爲傳播新文化的陣地，很多讀者或作者之所以支持開明書店，其實是支持它鮮明的新文化、新文學的特點和傾向。如女作家陳學昭因爲章錫琛主編商務印書館《婦女雜誌》時經常發表有關「婦女解放」、「男女平等」的文章而和章錫琛通信，後來章錫琛被迫離開商務，另起爐灶創辦《新女性》時，「每個人拿出五元，記得大約有四、五十人參加，我也是參加者之一，拿這筆聚攏來的錢作爲第一期的印刷費用。而我們這些參加者都要爲《新女性》義務寫稿。」[6]湖畔詩社的詩人汪靜之也是從反封建禮教的新文化觀點大力支持開明書店，他說：

> 我是女權運動的擁護者，反封建禮教的積極分子，我的詩集《蕙的風》裡戀愛詩中雙方都是平等相待的，沒有男尊女卑的蠻性的遺留。我對章錫琛提倡女權是讚賞的，對他被辭退是同情的。

> 章錫琛自籌資金開了開明書店，資金不足，有不少友人出資入股支援。我就把反封建禮教的小說《耶穌的吩咐》交開明書店出版，隨後又交了詩集《寂寞的國》，兩書都不馬上支稿費，出版後也不取版稅，而把版稅全部入股，算是表示支援。[7]

「五四」運動使中國的文化界分爲新舊兩派，影響所及，出版界也分爲新舊兩派。舊派出版家多爲商人，思想偏於保守，因此在「五四」初期，許多宣揚新思潮的著譯文稿，缺乏印行的管道。作家們不得不想方設法爭取出版的機會，於是由作家自辦書店來出書、發行刊物便成了那時盛行的風氣，如北京大學的新潮

---

6 陳學昭，〈我和《新女性》〉，《我與開明》，頁11。
7 汪靜之，〈我怎樣從擁護女權當上了股東〉，《我與開明》，頁88。

社出版部，李小峰創辦的北新書局，俞平伯的樸社出版部，章錫琛的開明書店都是這一類的新型出版機構。開明書店之所以大規模地出版各種新文學作品[8]，又有計劃地透過一系列國文教科書和輔助讀物，系統地介紹各種新文學的理論、主張、技巧、知識，為新文學的傳播做了扎實的奠基工作，體現的就是新文化、新文學建設意識。

　　開明書店與時俱進的文化傾向和支持新文學的獨到眼光，說明了「開明人」的特質與立場。這種特質與立場的形成，與「開明人」的成員背景脫離不了關係。大體而言，「開明人」的主要構成來源有四：立達學會會員、文學研究會會員、商務印書館的一批同事，以及與開明同仁中有種種關係的人，包括同學、同鄉、師生、朋友、親戚等。立達學會是 1925 年 3 月在上海成立的文人團體，成立的目的是要共同支持符合自己教育理念的「立達學園」，學會以「修養人格，研究學術，發展教育，改造社會」為宗旨，夏丏尊、豐子愷、匡互生、劉薰宇等為主要發起人，成立時有會員葉聖陶、章錫琛、朱光潛、朱自清、王伯祥、周建人等 51 人，開明書店成立後，立達學會會員很多成為開明的成員和撰稿人，學會的同仁刊物《一般》月刊就由該會編輯，交給開明出版，彼此的密切關係不言可知。新文學社團「文學研究會」的機關刊物《文學週報》，也是交由開明出版，其會員葉聖陶、郭紹虞、沈

---

8 根據葉桐的統計，1926 年到 1952 年，開明書店出版了千餘種圖書，文學類圖書的比例高達三分之一，而在四百餘種各類各體的文學圖書中，新文學的作品就達 184 種，佔文學類的 42.2%，佔圖書總數的 14%。184 種新文學作品中，有中長篇小說 34 部，短篇小說集 40 部，散文集 7 部，詩集 18 部，話劇 25 部。參見葉桐，〈新文學傳播中的開明書店〉，《中國現代文學研究叢刊》1999 年第 1 期，頁 203。

雁冰、耿濟之、孫伏園等都與開明關係深厚，很多會員都將作品交給開明出版，構成開明書店一支重要的作者隊伍。商務印書館中一批倡導新文化的同事，則是支持開明的另一股重要力量，正如葉聖陶所言：「稍後創辦的幾家出版業，如中華、世界、大東、開明，骨幹大多是從商務出來的。」[9]除了創辦人章錫琛，先後由商務轉到開明工作的就有葉聖陶、王伯祥、徐調孚、宋雲彬、郭紹虞等，他們的投入與貢獻，使開明事業蒸蒸日上，對「開明人」形象的構成與建立，功不可沒。最後一種來源是與開明同仁有種種關係者，且不說經理部門中不少沾親帶故者，僅編輯部門，如葉聖陶與王伯祥、郭紹虞是蘇州小學時代的同窗好友，夏丏尊與豐子愷、傅彬然、賈祖璋等在浙江第一師範有師生之誼，顧均正是唐錫光的老師等，這樣的關係使這批「開明人」因緣際會地聚在一起，共同為「開明派文人」的發光發熱盡心盡力。儘管「開明人」的成員身分、背景有所不同，但大多為編輯與作者，也是新文學、新文化的支持者，有著相近的出版理念與教育使命感，主張以文學、文化、藝術為媒介，為開啟民智、教育青年貢獻心力，做開明之事。這些書生、作家、學者、教師，後來都成了新文學史上值得記上一筆的人物，他們憑著一股熱誠先後來到開明書店，讓自己成了「開明人」的一個重要組成部分。

「開明人」的特點在時人與後人的諸多評價中逐漸凝塑成形，如丁玲說：「負責編輯的先生們是有思想的，對讀者是負責任的。他們不趨時，不務利，只是要為祖國的文化事業貢獻力量」；黃裳稱他們為「典型的中國知識分子」，「他們都是很有學養的人，

---

9 葉聖陶，〈我和商務印書館〉，《葉聖陶集》第 7 卷，頁 261。

但沒有誰矜才使氣，又都是那麼踏實、平易，默默地進行著平凡
切實的工作，三十年來做出了巨大的成績。」當時也有人在報刊
撰文稱許「開明人」：「我所謂『開明人』就是這樣一種人：樸質、
篤實、孜孜不倦從事學問的研究，他們研究所得的點點滴滴，都
貢獻給社會，替下一代青年開了先鋒。」[10]這些評價從不同面向
建構出「開明人」在精神品格上的共同特點，那就是：他們都具
有一定的文化學養，且都有學校任教經驗，思想開明，平易待人，
對工作嚴謹認真，對後輩樂於提攜，不汲汲於追求名利，一心希
望在青年教育、文化事業上有所貢獻。為了達到這個目標，他們
勤懇著述，一絲不苟，既走著自己文化理想的踏實道路，又不脫
離現實，和社會脈動與時代需求緊密結合。正是這樣的人格特質，
使他們能聚集到這家小書店裡，默默耕耘出充滿人文氣息、人格
風範的一方天地。

　　這些「開明人」人格特質的敘述也許有些抽象，但以下許多
事例將可以使這些形容詞具體而生動起來。1945 年，教育部指定
開明書店編寫《初中本國地理課本》作為全國通用的地理課本，
書成後須送請教育部審查後才能出版。但在政治考量下，教育部
要求在書中增加一些不屬於地理學科範疇的內容，否則即不予通
過。負責審閱的葉聖陶獲悉後氣憤地表示：「教材應當是確實可靠
的，我們不能『指鹿為馬』的欺騙學生。『國定課本』這塊金字招
牌我們不要，也不能把既無科學根據、又不屬地理範圍的宣傳品

---

10 上述所引丁玲之說見其〈感謝與祝福〉一文，收於《我與開明》，頁 17；黃
　　裳之說見其〈關於開明的回憶〉，收於《我與開明》，頁 46；至於當時報刊
　　之文是指寒山子，〈從報社到書街〉，《前線日報》，1946 年 4 月 29 日，轉引
　　自章士敔，〈章錫琛先生傳略〉，《我與開明》，頁 177。

硬塞到地理課本裡濫竽充數！」隨後函告教育部另請高明編寫。[11]
寧可捨棄「國定課本」這塊可以大賺其錢的招牌，也不肯降低出
版物的科學性、正確性，「開明人」實事求是、剛正不阿的氣節於
此可見。為了服務當時為數甚多的失學青年，開明書店一度開辦
函授學校，為此編寫了一套中學教育程度的函授講義，書店的主
要成員都參加這項有意義的工作。他們每月批改學生的練習、作
業，答覆各種疑問，熱心而積極，並設有獎學金、貸金，幫助一
些優秀青年求學。以民間書店的艱難維持情形，開明書店把教育
放在第一位的精神和一般唯利是圖的商業經營是有著明顯不同
的。信譽是出版社的命脈，開明對作者的信譽保證之一，是絕不
拖欠稿費。冰心在 1944 年透過巴金給了開明《關於女人》的書稿，
之前她曾被其他出版社騙說銷路不佳而不付稿費，但自從給了開
明以後，「即使我遠在日本期間，開明書店也照期不誤地給北平的
謝家寄去稿費！」[12]這看似一件小事，但幾十年的堅持就成了一
種難得的風範，正是這樣的信譽，打造了「開明」的金字招牌。

　　和葉聖陶一起負責編輯《中學生》雜誌的傅彬然，也展現了
「開明人」堅持原則的編輯基本方針，例如抗戰時期《中學生》
在桂林復刊，內容政治性較強，反映現實的文章較多，這本是因
應抗戰特殊的時代背景所致，和戰前《中學生》在內容上偏重各
種學科知識的介紹不同，因此當國民黨當局警告《中學生》不要
多談政治時，葉、傅兩人都不予理會。但是，抗戰勝利後，有不
少人主張《中學生》應繼續強化政治性，減少學科輔導性文章時，

---

11 此事詳見田世英〈飲水思源憶開明〉一文，《我與開明》，頁 75。
12 冰心，〈我和「開明」的一段因緣〉，《冰心全集》（卓如編，福州：海峽文藝
　　出版社，1994）第 7 卷，頁 543。

傅彬然卻認為應該回歸到這份刊物的宗旨，即教育與文化的使命。《中學生》如此，整個開明書店的出版方向也是如此，在夏丏尊、葉聖陶、傅彬然等「開明人」的理想堅持下，以出版中學生課本和課外讀物的出書方針始終不變。文化即是教育，教育即是生活，而教育與文化主要以青年為對象，這個一貫的堅持，使開明書店樹立了清新的形象與良好的口碑，而「開明人」在讀者心目中也建立起崇高的聲譽，歷久不衰。

三、夏丏尊與葉聖陶：「開明風」的奠基者

所謂「開明風」，一方面指「開明人」待人處事的氣度與作風，一方面也指開明書店在出版經營上的方針與風格，這種作風與風格，有人稱為「開明氣息」，且歸納出以下三點：第一是不迷信「本本」和「長上」，也就是思想上不受教條主義和個人崇拜的束縛；第二是不務虛名，不隨潮流起鬨，孜孜不倦地從事於一些自己能辦到的有益於群眾的事情；第三是廣結善緣，沒有門戶之見和宗派作風。也因此，「在社會上取得比較廣泛的好感和贊助」。[13]曾在商務、開明工作過的資深編輯張明養則將開明書店的傳統與特點概括為「開明精神」，認為「開明書店的編輯出版方針，的確體現出開明精神」，「開明書店在我的印象中，似乎處於兩者之間，既不是保守的，也不是非常激進的，而是進步的、『開明』的，也可以說是一種『開明』精神。」[14]至於作家柯靈則有一文〈開明風格〉說道：「人有人品，文有文品，書店也應當有品。……開明書店品格鮮明，獨具一格，扼要地說，是謙遜懇切，樸實無華，

---

13 孫起孟，〈開明氣息〉，《我與開明》，頁 70。
14 張明養，〈從我與開明的關係談到開明精神〉，《我與開明》，頁 227。

有所為而有所不為。」[15]不論是「開明精神」、「開明氣息」，還是「開明風格」，他們都描述出開明書店的特點是穩重、從容，守常而又有創造，與時俱進，把圖書出版視為教育事業來辦，嚴肅認真，一絲不苟，力求實事求是，不譁眾取寵，與政治保持適當距離，但面對國家危難，他們也表現出明辨是非的正義感和愛國心。這種精神與氣息，在當時的出版界，確實顯現著自己獨特的風格。

　　開明精神的建立與發揚，都與夏丏尊、葉聖陶有關。不誇張地說，「開明人」和「開明風」的形成，實質上得歸功於他們兩人。夏、葉二人先後長期擔任開明書店編譯所所長，相關書籍的策劃出版均出自二人之手，並以他們為中心，結合了一批理念相同的作家群，從而使開明書店的聲望日漸提昇。當我們說「開明人」時，最佳的代表就是他們二位。當我們說「開明風」時，首先浮現的也是他們二位的形象與風範。夏、葉二人的文學品味、文化品格，和開明書店風格的凝塑有直接而深入的關係，稱他們為「奠基者」並不為過。「開明風」的精神體現主要在以下幾個方面：尊重作者，幫助作者，以誠相待；支持年輕作者，提攜後進；在編校、出版上落實「為讀者」的精神；不求名，不圖利，力求對社會有貢獻。夏、葉二人在主持書店工作的身教與言教上都兢兢業業地予以實踐，數十年如一日。所謂「文如其人」，其實店也如其人，開明書店的風格，正是開明主持人風格的表現。從這個意義上說，開明之風，其實就是夏、葉之風。

　　夏丏尊自 1926 年進入開明書店工作，直到 1946 年病逝，都沒有離開過開明書店，或編或寫，長達 20 年。開明書店以青年讀

---

15 柯靈，〈開明風格〉，《柯靈文集》（上海：文匯出版社，2001）第 3 卷，頁 122。

物爲出版方向，以語文教育爲中心，這個正確而深厚的基礎是他奠定的。他先後主編《一般》月刊、《中學生》雜誌，又擔任《新少年》、《月報》雜誌社社長，同時與劉薰宇合編《文章作法》，與葉聖陶合編《文心》、《文章講話》、《文藝論 ABC》等，均曾風行一時。夏丏尊的個性謙和，待人以誠，具有一種「磁性人格」，號召力強，交游亦廣，開明書店的茁壯成長，夏丏尊投注了不少心力。他在白馬湖畔蓋了「平屋」，這不僅是指簡單的平房（而非樓房），另外也暗寓了平凡、平淡、平實之意。他的《平屋雜文》，筆調質樸，娓娓道來，如老友談心，雋永文風與溫雅人格一致。一邊流淚一邊翻譯的《愛的教育》，更成了很多學校指定的課外書籍，暢銷不輟，十餘年間印行了 100 版左右。

　　夏丏尊藹然長者的形象是突出的，許多與他接觸過的人都難以忘懷。與他共事過的傅彬然說：「夏先生所以這樣受人崇敬，從根本上說，自然由於夏先生的整個人格的感召。其實，夏先生那種出於衷心，毫無做作的對人關切，處處替人著想的態度，就已經使人深感溫暖，永遠不能忘懷了。」[16]范泉也回憶道，他翻譯日本小田岳夫的《魯迅傳》，交給開明出版，夏丏尊熱情接待，並答應出版，等到最後校讀時，夏丏尊已過世，他說：「當我打開紙包，把我的譯稿一頁一頁地看去，赫然呈現在我面前的，竟是丏翁不止一處地代我修改的手跡！這使我回想到 1944 年第二回看望丏翁時的那次教導。他指出我譯文的毛病，卻爲了避免我喪失信心似的，沒有把譯稿退還給我，而是由他自己細心細緻地一一修改。這要花費丏翁的多少時間和精力啊！」這種扶持後輩、認

---

16 王知伊，〈一個平凡、篤實而又偉大的人〉，《開明書店紀事》，頁 52。

真負責的工作態度，看似平凡，卻格外令人尊敬。

同樣在開明工作長達 20 年之久的葉聖陶，他的編輯思想和出版理念成為「開明風」最具體生動的典範。他把出版事業看做是教育事業、良心事業，這就決定了他經營開明的方式與理念，他說：「我們有所為有所不為：有所為，就是出書出刊物，一定要考慮如何有益於讀者；有所不為，明知對讀者沒有好處甚至有害的東西，我們一定不出。這樣做，現在叫做考慮到社會效益。我們絕不為了追求經濟效益而不顧社會效益，我們絕不肯辜負讀者。」為什麼能始終如一地堅持這個信念呢？葉聖陶解釋說：「開明書店的讀者主要是青年和少年，因而我們認為，我們的工作是教育工作的一個組成部分，一個不可缺少的重要的組成部分。我們做的工作就是老師們的工作。我們跟老師一樣，待人接物都得以身作則，我們要誠懇地以平等的態度對待我們的讀者，給他們必要的條件，讓他們成長為有益於社會的人。我們當時的確是用這樣的準則來勉勵我們自己的。」[17]正是這樣的出發點，使他對自己的工作崗位充滿了使命感與責任感，不敢一日懈怠，他的人生態度、工作精神、學養見識、審美追求等，也在一日復一日的勤勉付出中，點滴化為「開明風」的主要內涵，而他也成為「開明人」的最佳詮釋者。劉嵐山的描述就生動地說明這一點：

> 無論是教書或寫作，無論是處理個人生活或主持開明書店的編輯事務，葉聖陶先生都在表示出中國讀書人所特有的樸實，耿直，坦率，負責的氣質與性格。他經年穿著粗布中裝，腳上的布鞋是家裡做的，剃著光頭，老老實實地像

---

17 葉聖陶，〈開明書店創辦 60 週年紀念會上的講話〉，《葉聖陶集》第 7 卷，頁 329。

個鄉下人，不大歡喜談話。在書店裡和同事們一同工作一同休息，這個世界的繁華好像與他無關一樣；但是，他卻比任何口頭喊著關心別人而實際上只關心自己的人都要關心別人一點，這不要說別的，開明書店之忠實於讀者，從不出版一本很壞的書給讀者，甚至連一本於讀者無益的書也不經售，就是一個很好的證明。[18]

　　基於出版即教育的理念，葉聖陶在開明主要的工作是編寫國文課本，推廣語文教育，陸續編寫了《開明國語課本》、《初中國文教本》、《開明新編高級國文讀本》、《開明文言讀本》、《兒童國語讀本》等在文化界、教育界影響廣遠的書籍，一起合作的夏丏尊、郭紹虞、朱自清、呂叔湘、覃必陶、周予同等人，都是當時最傑出的語文教育專家，他們在自己多年從事語文教學的經驗基礎上，編寫一系列提高語文教學的指導讀物，對語文教學現代化、規範化的貢獻是有目共睹的。劉增人說得好：「葉聖陶的語文教學活動，往往是和夏、朱、呂、周等朋友協同來做，更廣義地看，應該說是開明同仁的群力與共識。集體的智慧，集體的貢獻，是群體化的結晶，使葉聖陶這一系列著述、一系列活動，成為現代文化史、教育史、出版史上高標獨創的模範，既前無古人，更後啟來者，哺育著一代一代語文教師和語文工作者。」[19]雖然開明書店的成就，葉聖陶居功厥偉，但他始終把這份光耀歸諸於整體「開明人」，他在 1985 年開明書店 60 週年的紀念講話中就說：「提到開明，大家都說這個書店辦得還不錯，而且總要提到我，好像辦得不錯都是我的功勞。其實不是這樣。……開明書店還能給讀

---

18 劉嵐山，〈葉聖陶與開明書店〉，《葉聖陶研究資料》，頁 148。
19 劉增人，《山高水長 ── 葉聖陶傳》（台北：業強出版社，1994），頁 126。

者留下一點兒印象，是這許多人共同努力的結果。其中有我的一小份，只是一小份而已。」[20]這正是典型的「開明風」，功成不居，為一致的主張認真嚴肅地埋頭做去，一旦有成，仍虛懷若谷，平常以對。夏、葉二人，開啟一代學風，澤被青年無數，以自己的學養、人格、風範，奠定了為人稱道的開明風度，曾經擔任《中學生》編輯工作、受過葉聖陶直接薰陶的歐陽文彬說：「他的言教身教使我認識到編輯這一行的神聖使命。屈指算來，我在這個崗位上也已經幹了三、四十年。我常把葉老教給我的東西轉授給青年作者們。當我看到這些東西在更多的青年作者身上發生作用的時候，簡直比自己有所長進還要高興。」[21]從這段話中，我們看到了葉聖陶精神在歐陽文彬身上的傳承，「開明人」的作風與理念，「開明風」的內涵與特質，看來仍將在後來者身上繼續沿襲，不斷充實增長。

四、樸實無華，惟敷文教：開明派
文人的文化品格與出版實踐

開明派文人的文化品格具體表現在他們的出版實踐中。所謂「開明風」，最簡潔有力的說明就是出版的圖書與刊物。幾十年的堅持，上千種的圖書，就是「開明風」最直接真實的呈現。柯靈對此欽佩地說：「主持人不但多是名家學者，精通出版業務，而且有一致的目標，共同的理想。開明出版的書，選題有方向，有重點，而豐富多樣，琳瑯滿目；但在篇帙浩繁的目錄中，你休想找

20　葉聖陶，〈開明書店創辦 60 週年紀念會上的講話〉，《葉聖陶集》第 7 卷，頁 328。
21　歐陽文彬，〈打開文藝寶庫的鑰匙 ── 代編後〉，《葉聖陶論創作》（上海文藝出版社，1982），頁 565。

出一種隨波逐流、阿世媚俗之作,更不用說什麼烏煙瘴氣的神怪、武俠、偵探小說了。」[22]他們嚴肅面對出版工作,講究高度、自發的負責態度,趣味低級卻能賣錢的書他們不出,校對不允許有一個錯字,郵購服務信譽良好,這些都是「樸實無華」的「開明風」的具體實踐。開明書店出版的圖書中,粗略的統計,青少年讀物就佔了全數的四分之三左右,可以說,開明書店的迅速崛起,是在千萬青少年的熱烈支持下達成的。其中尤以配合中學各學科學習用的輔導用書籍最受歡迎,開明書店就是以質量俱佳的教科書奠定市場版圖,也以「良師益友」的形象深印在無數讀者的心目中。「惟願文教敷,遑顧心力瘁。此風永發揚,厥績宜炳蔚。」正如葉聖陶所言,開明書店在文教事業上的成果斐然,在文化領域中開創風氣,也產生了一定的潛移默化作用。

　　「開明人」踏實、嚴謹的「開明風」,在具體編輯工作的細節上往往充分顯現。曾經參與創辦開明書店的吳覺農回憶道:「開明書店能夠在讀者中贏得良好信譽,主要是靠主持工作的同志們一貫的認真不苟,穩健踏實,老老實實地為教育和出版事業工作的作風。」他進一步指出:「他們審閱稿件,既對作者也對讀者負責,選稿不是只看作者是否有名望,書名和主題是否入時,而是看內容是否真正有益於讀者。文字要求嚴謹,有不妥之處必一一予以查考訂正,務求保證質量,不容許粗製濫造。」[23]對開明書店頗有研究的王知伊也提到,開明書店出版的書,錯字一向較少,這正是「開明人」嚴謹作風的體現,「且不說在內容上要努力做到不出錯,注意政治上和科學上的正確性,就是在運用標點符號上也

---

22 柯靈,〈開明風格〉,《柯靈文集》第 3 卷,頁 123。
23 吳覺農,〈我和開明書店的關係〉,《我與開明》,頁 84。

不應有舛差。」[24]也因此，葉聖陶、傅彬然等人戴著老花眼鏡親自認真校對的畫面，成為許多開明人深刻的記憶之一。

　　開明人的文化品味在市場的商業大潮中顯得獨樹一幟。1932年出版的《辭通》，是朱起鳳花了 30 年精力，從古書中搜集可以相通的雙音詞，編纂而成的三百萬字巨著，透過胡適介紹給商務印書館，商務評估此書銷路不大，會虧本，不願出版，令胡適感慨道：「不幸這一部三百萬字的大著在那個時代竟尋不著一個敢冒險的出版者去承印。」最後此書由開明出版，章錫琛強調，即使虧本也要出版學術著作。除了《辭通》，開明還認真編校出版了《十三經索引》、《二十五史》、《二十五史補編》、《六十種曲》等古代經典，顯現出對傳統文化的重視；對當代新文學作家，他們積極約稿，精心編排，為新文學的推廣竭盡心力，如茅盾的《幻滅》、巴金的《滅亡》、丁玲的《夢珂》、戴望舒的《雨巷》等作家的第一部作品，都是在開明書店出版的。由茅盾主編的叢書《新文學選集》第一、二輯，共收朱自清、郁達夫、丁玲、巴金、老舍、田漢、艾青、許地山、聞一多等 24 位名家的作品，為新文學發展的歷史過程留下一個耀眼的紀錄。透過語文教科書和課外讀物的編寫，中學生有了與新文學接觸的管道，而這些名家名作也在選入課本與不斷誦讀的過程中被「經典化」，「五四」以來白話文創作的實績，在這些教材的代表作中得到文學史的汰洗與考驗，就文學啟蒙與文學革命的意義上說，開明做了大量且重要的工作，有效地推動了新文學的規範化與普及化。這些從大量作品中精選出來的名篇，如魯迅的〈孔乙己〉、〈藥〉、〈秋夜〉，冰心的〈超人〉、

24　王知伊，〈記傅彬然的編輯思想〉，《開明書店紀事》，頁 36。

〈寄小讀者〉，朱自清的〈背影〉、〈匆匆〉、〈荷塘月色〉，徐志摩的〈再別康橋〉，周作人的〈烏篷船〉，葉聖陶的〈藕與蒓菜〉、〈古代英雄的石像〉，許地山的〈落花生〉，郭沫若的〈天上的街市〉，張天翼的〈華威先生〉等，都是廣為傳誦的佳作，由於被編入教科書，得以產生更深刻而持久的影響，成為新文學的典範之作。

　　透過這些努力，開明作為一個文化人辦的書店，其文化形象日益清晰而巨大。不論傳統或現代，創作或研究，大學或小學，圖書或雜誌，開明兼容並蓄、有為有守的精神，在夏丏尊、葉聖陶、朱自清、郭紹虞等人的用心培育下，有了自己獨特的文化品格。這些人都是在當時或以後執教於大學的學者，同時又多為出色的新文學作家，但他們都願意為中小學語文教育盡一份心，為培養讀者更高的閱讀品味而盡一份力，不譁眾取寵，也不隨市場起舞，走自己的路，從而造成一時的文學風氣，即使是今天看去，仍得說「難能而可貴」。最好的例子還是葉聖陶。1932 年，他花了一整年的時間編寫《開明小學國語課本》，初小 8 冊，高小 4 冊，一共 12 冊，四百多篇課文，「這四百來篇課文，形式和內容都很龐雜，大約有一半可以說是創作，另外一半是有所依據的再創作，總之沒有一篇是現成的，是抄來的。」[25]為了這些小學課文的編寫，他每天從早上 8 點忙到下午 5 點，編寫改校，幾乎沒有一天休息。這些課文，有他幾十年語文教學寫作的心得和經驗，更是他文化人格的投射與體現，對此，有論者分析說：「作為一位已經在文壇久享盛名的作家和在出版機構供職即將十年的編輯，為小學生寫幾篇課文，似乎是茶餘飯後隨手揮寫的『小兒科』，但

---

25 葉聖陶，〈我和兒童文學〉，《葉聖陶集》第 9 卷，頁 388。

他卻是全副身心在從事，認真投入，一絲不苟。這一事業，高手不屑爲之，功力不足者無能爲之，在中國現代文化教育史上，唯有葉聖陶以名噪文壇的作家而親自爲少年兒童撰寫成套的語文課本：這種並世無兩的選擇，正顯示了他與眾不同的觀念和作風。」[26]此語不虛，葉聖陶這種作風與態度，即使在往後歷經各種戰亂與流離，也初衷不改，認真依舊。葉聖陶的文化人格和開明的文化品格，就在這些出版實踐中，贏得了掌聲，站穩了腳步，又爲新文學的創作和新文化的宣揚鋪墊了厚實的基礎。

五、結　語

開明書店總管理處於 1950 年由上海遷到北京，1953 年 4 月和青年出版社合併組成中國青年出版社，從此在現代文學史上佔有一席之地的開明書店，正式走入歷史[27]，但是，它的許多優良傳統，已被中國青年出版社繼承下來。曾任中國青年出版社社長的蔡雲就在一次紀念開明書店創辦人章錫琛 100 週年誕辰的座談會上說道：「開明書店是一個已經記入史冊的單位，在今天的中國出版社名錄中，已經找不到她的名字了，但是開明書店的許多優良傳統和作風，仍然在中國青年出版社的日常工作中發揮著自己的作用。」[28]開明書店雖已消失，但「開明人」的文化理想和踏

26 劉增人，《山高水長 —— 葉聖陶傳》，頁 121。

27 1937 年以前，開明書店即在北京、廣州等地設有分店，抗戰勝利以後，並在福州、台北新設分店。台灣開明書店至今仍在，位於台北市中山北路一段 77 號，規模不大，在車潮擁擠的中山北路上並不顯眼。它的出版物仍以 1949 年以前出版者爲主，來台後出版的新著不多，有姚一葦的《藝術的奧秘》等，其出版方針與經營理念和早期的開明書店並無太大不同，仍以文學、藝術、教育類叢書爲主。至於大陸的開明書店，則已走入歷史。

28 引自王久安，〈開明書店的成功之路〉，《出版發行研究》1994 年第 2 期，頁 49。

實穩健的「開明風」，卻至今仍可供思考、借鑑和追隨。葉聖陶說：
「開明夙有風，思不出其位。」這「風」是「樸實而無華，求進
弗欲銳。」這「位」是「惟願文教敷，遑顧心力瘁。」在文化教
育的位子上，「開明人」穩重向前，步步踏實，從而讓「開明」在
中國現代文化史、文學史、教育史上都有了一個不容忽視的位置。

【本文發表於 2005 年 3 月《中國現代文學季刊》第 5 期，
為 92 學年度國科會補助專題研究計劃之部分研究成果。】

評述夏丏尊及其作品在
台灣的出版與研究

一、前　言

　　以一篇〈白馬湖之冬〉「樹立了白話記述文的模範」，並以「清澈通明，樸實無華，不做作矯揉，也不諱言傷感」的「白馬湖風格」，被作家楊牧在為中國近代散文歸納源流演變時，列為「記述」類散文開山祖師的夏丏尊[1]，近幾年來，開始受到學界的注意並有了相對豐碩的研究成果。尤其是「白馬湖作家群」命題的提出與研究，在兩岸都有相關的專著出版，對文學史空白的填補產生了一定的作用，而目前兩岸研究「白馬湖作家群」的學者[2]，都以夏丏尊為此派作家的中心人物，主要原因就是他清淡雋永的文風，確實成為一種散文藝術的突出典範。他的人格與文風，在經過時代的沖刷洗鍊後，逐漸顯現出一種超越時間的藝術力量與歷史價值。雖然在其生前死後，人們都沒有忘記過他，但和現代文學史上耀眼的「魯郭茅巴老曹」等人相比，他就如建立在白馬湖畔的

1　以上說法見楊牧：〈中國近代散文〉，《文學的源流》（台北：洪範書店，1984），頁 54-56。

2　目前兩岸研究此一議題的學者，大陸方面有陳星、朱惠民、夏弘寧等人，台灣方面則有張堂錡。陳星著有《教改先鋒 ── 白馬湖作家群》；朱惠民編有《白馬湖散文十三家》；夏弘寧編有《白馬湖文集》；張堂錡著有《清靜的熱鬧 ── 白馬湖作家群論》。

「平屋」一般，平實、平淡、平凡地存在。

　　也許是創作的作品數量不多，也許是長期「爲他人作嫁」的編輯習慣，也許是自身甘於淡泊、不與人爭的性格使然，他總是篤實沉默地走自己的路，做自己喜歡的工作，投身翻譯無怨無悔，編寫刊物盡心盡力，提攜後進不遺餘力，面對時局有爲有守。他的踏實與真誠，使他結交了許多真心的朋友，朱自清、弘一大師、葉聖陶、朱光潛、豐子愷等人都與他相知相交多年，情誼深厚。或許是這個原因，在談論這些人的文章或回憶中，夏丏尊總是經常被提起，因此人們對他並不感到陌生，但要進一步追問夏丏尊的文學、教育或出版事業情形，很多人就不一定馬上能答得出來。夏丏尊在文學史的位置與形象大略如此：時常可以看到他的名字與身影，但對他的認識有限；他不是中心人物，卻長存在人的心中。這樣的印象，對台灣學界而言應該是合乎事實的陳述。這樣的說法，如果透過對他及其作品的出版與研究情況來觀察，也是相去不遠的。

　　在台灣，由於夏丏尊的作品〈鋼鐵假山〉、〈觸發 —— 一封家書〉、〈《子愷漫畫》序〉（改題爲〈生活的藝術〉）、〈意念的表出〉等文曾先後被選爲國立編譯館主編的國、高中國文教科書範文[3]，加上他所翻譯的《愛的教育》中的許多小故事，常在許多補充教材、閱讀測驗中出現，因此台灣的中學生對他並不陌生。但自 2002 年起，國、高中教科書市場開放，國立編譯館版本停止使用，改由民間出版社編寫出版，計有康軒、南一、翰林、龍騰、康熙等

---

3 過去由教育部委託國立編譯館編寫國、高中國文教科書的時代，教材是統一的，雖然也會修訂，但變動不大。根據資料，夏丏尊的作品曾經先後被國立編譯館選爲範文的有：國中第三冊〈鋼鐵假山〉、第四冊〈觸發 —— 一封家書〉、第五冊〈生活的藝術〉，高中第四冊〈意念的表出〉。

出版社投入此一編書行列，各家選文有很大發揮空間，重複的現代文學作品不多，而選入夏丏尊作品者僅有康軒版國中第五冊第7課〈生活的藝術〉、翰林版高中第一冊第12課〈生活的藝術〉、龍騰版高中第三冊第10課翻譯的小說〈爸爸的看護者〉，如此一來，不採用這些版本的學生就不易深入認識夏丏尊，他受重視的程度也不如以往。不必諱言，教科書的選文往往有「典律化」的作用，一旦選入，對作者的知名度將有極大的提升作用，甚至刺激作品的買氣，以及進一步對其作品的出版與研究。隨著其作品在教科書「使用率」、「曝光率」的減少，台灣學子對夏丏尊的認識已經漸趨模糊、貧乏。

二、夏丏尊及其作品在台灣的出版概況

台灣出版界對中國新文學作家作品正式而有計畫地出版，大約在80年代以後才開始形成風潮。一開始較集中在朱自清、徐志摩、郁達夫等人，後來逐漸有豐子愷、周作人、沈從文、許地山、張愛玲等人的作品集問世，不數年間，魯迅、巴金、老舍、冰心等人的傳記或作品已堂堂上市，這些具有高知名度的作家作品自然成了相關市場的重心所在。以目前而論，和這些作家相比，夏丏尊顯然寂寞多了。不過，也許因為他的早逝（1946），加上長期致力於教育事業，政治色彩不濃，因此在台灣的教科書上一直有他的作品（這情形和朱自清、徐志摩類似），幾十年來宛如長青樹一般受到讀者廣泛的注目和喜愛，直到近些年來，才逐漸光環淡去。

在魯迅、周作人、巴金、沈從文等人未成為市場焦點以前，夏丏尊一直有著不低的知名度，因此，在這幾位作家作品尚未被

「隆重上市」以前，夏丏尊的作品早已經出版問世。位於台北市中山北路一段 77 號的台灣開明書店，延續著上海開明書店的出版方向與文化理念，曾出版了幾本新著，但主要的經營方針還是再版和銷售上海開明書店的出版品，因此，夏丏尊的作品如《愛的教育》（1956 年）、《續愛的教育》（1956 年）、《文心》（1969 年）、《平屋雜文》（1970 年）、《文章講話》（1985 年）等在台灣也有出版上市，內容樣貌和過去舊版完全一樣。除了台灣開明書店外，其他出版社也有夏氏作品問世，如夏丏尊原編、曾議漢增編的《永遠的弘一法師》（帕米爾書局，1992 年），夏丏尊、傅東華的《文藝論與文藝批評》（莊嚴出版社，1982 年），《平屋雜文》（漢風出版社，1990 年），《文章講話》（書泉出版社，1994 年），夏丏尊翻譯的《時空中的蓮花：佛陀過去生的故事》（文殊出版社，1988年）等。有趣的是，《文心》一書除開明版外，還有台北的漢京文化公司（1982 年）、天龍書局（1988 年）、尼羅河出版社（2001年）、台南的漢風出版社（1998 年）都曾翻印出版，足見此書受歡迎的程度。

第一本針對夏丏尊作品重新選編出版的是 1977 年由黎明文化公司出版的《夏丏尊選集》，列入其《中國新文學叢刊》之 5，由台灣師大英語系的林綠教授編選。書前有一短文〈關於夏丏尊〉，簡單介紹作者的生平，其後則是作品選集，共分論述、小說、隨筆、欣賞與寫作四輯，從《平屋雜文》、《文心》、《文章作法》等書中選出 35 篇作品。沒有賞析或說明文字，只是作品的呈現，但能顧及不同的類型，編選上已見用心。第二本由台灣編選出版的夏丏尊作品是 1986 年由蘭亭書店出版的《夏丏尊代表作》，編輯者是台灣知名的文學史料研究者、現任佛光大學文學研究所教

授的陳信元，他在書的封面上寫著「夏丏尊百歲冥誕紀念版」，可見此書是在紀念動機下的產物。由於當時兩岸資訊交流的阻絕，他是自己從許多刊物如《中學生》中挑選其作品編輯而成，共收散文、序跋、小說等作品 41 篇，書末則附有賀玉波撰〈夏丏尊訪問記〉、林非撰〈夏丏尊的散文〉二文和由秦賢次編撰的〈夏丏尊年表〉[4]。另外，爲促銷此書，出版社特別附贈一小冊《懷念夏丏尊專輯》，收有魏金枝〈夏丏尊先生行略〉、朱自清〈教育家的夏丏尊先生〉、趙景深〈夏丏尊〉等紀念文章共十四篇。《夏丏尊代表作》以作品爲主，《懷念夏丏尊專輯》以作者爲主，二者合觀，對夏丏尊其人其文將可有完整的認識，由此看來，編者及出版社確實有其文化理念及獨到的文學眼光。

　　《夏丏尊選集》、《夏丏尊代表作》的可貴，在於它是由台灣學者自己挑選編輯而成、具有新風貌的作品。1992 年由海風出版社出版的《中國新文學大師名作賞析》系列中有「夏丏尊・豐子愷」一冊，編輯選評者是華中師範大學中文系的黃濟華教授。這一系列共 30 本的名作賞析叢書，原由廣西教育出版社出版，由其授權而有了台灣版，換言之，這套叢書只是大陸作品的台灣版而已。由於夏、豐兩人合編成一冊，夏丏尊的作品只選了七篇，難以窺其全貌，不過作品後有編者的賞析評論，具有參考價值。

　　2006 年 5 月，也就是夏丏尊誕辰 120 周年前夕，三民書局出版了由范銘如教授主編的《二十世紀文學名家大賞》系列共 10 冊，有魯迅、徐志摩、蕭紅、許地山、朱自清等，其中《夏丏尊》

---

4 賀玉波一文是 1931 年 5 月作於上海，刊於《讀書月刊》第 3 卷第 3 期；林非的文章則是選自其《現代六十家散文札記》（天津：百花文藝出版社，1980），頁 100-102；秦賢次是台灣知名的文學史料研究者，這份年表曾於 1985 年 8 月、10 月分兩次刊登於《文訊》雜誌第 19、20 卷。

一書由筆者編著，計收其作品 33 篇，分散文、小說、序跋三卷，書前有一長達六千字的導讀，每篇選文則有約七百多字的賞析，加上〈夏丏尊年表〉、相關圖片的設計，充分顯現編輯企劃的用心。迄今為止，這是對夏氏作品進行賞析篇數最多的一本。

至於夏丏尊傳記的出版，令人汗顏的是，僅有陳星的《平凡‧文心 —— 夏丏尊》，2003 年由文史哲出版社出版。這本傳記是該出版社《中國現代文學名家傳記叢書》共 15 冊系列中的一本，由上海復旦大學中文系欒梅健教授和筆者共同策劃主編。執筆者陳星是杭州師範學院弘一大師‧豐子愷研究中心主任，對夏丏尊有多年的研究，尤其對夏氏與豐子愷、葉聖陶、朱自清、弘一大師等人的交遊有詳盡的資料掌握，寫來脈絡清晰，流暢可讀。這本唯一由台灣出版的夏丏尊傳，是目前台灣讀者了解其生平最理想的參考書籍。

除了夏氏的原著外，三本作品選集，一本傳記，是目前為止以「夏丏尊」為名出版的「新作」，這樣的成績是不能令人滿意的。筆者期盼，將來能有由台灣學者撰寫的夏丏尊傳，至於作品部分，最好能全面重新整編，或在幾本選集的基礎上，進一步出版夏丏尊的全集，以方便並滿足喜愛他作品的閱讀者與研究者。

三、夏丏尊及其作品在台灣的研究概況

夏丏尊作品的研究，大體而言，可以分成兩個主要面向：一是有關寫作教學理論的探討，二是對其整體作品特色與成就的研究。在期刊文章方面，前者有覃思〈讀夏著《文章作法》一得〉（《中國語文》第 43 卷第 3 期，1981 年 3 月）、簡宗梧〈愧對行雲一高僧 —— 評夏丏尊散文「生活的藝術」〉（《師友》第 222 期，

1985 年 12 月）、何永清〈夏丏尊《文心》述要〉（《中國語文》第
454 期，1995 年 4 月）、陳幸蕙〈國文爆米花：書香手札 —— 關於
夏丏尊的三篇文章〉（《明道文藝》第 285 期，1999 年 12 月）、王
昌煥〈夏丏尊「生活的藝術」的修辭策略〉（《國文天地》第 17
卷第 2 期，2001 年 7 月）、何永清〈「風」言「風」語 ——「白馬
湖之冬」析賞〉（《國文天地》第 18 卷第 8 期，2003 年 1 月）等；
後者有陳信元〈夏丏尊 —— 評介夏丏尊散文創作〉（《自由青年》
第 82 卷第 1 期，1989 年 7 月）、楊昌年〈具象與情緒 —— 夏丏尊
散文〉（《國文天地》第 145 期，1997 年 6 月）、耿秋芳〈談白馬
湖作家 —— 夏丏尊的散文風格〉（《國文天地》第 18 卷第 10 期，
2003 年 3 月）等。有關寫作理論的單篇文章大多不長，發表的地
方多在《中國語文》、《國文天地》等以教學為主的刊物上，而且
集中在幾篇教科書範文的討論和介紹上。討論整體風貌的文章也
有類似的傾向，舉例或分析文本時多集中在〈白馬湖之冬〉、〈鋼
鐵假山〉、〈生活的藝術〉這些名篇，重複性過高。平心而論，單
篇文章受限於篇幅，和以教學、介紹為出發點的功能取向，學術
性明顯是不足的。

　　至於學位論文，共有兩篇，恰好分別契合以上兩個研究面向。
陳玉芳《夏丏尊、葉聖陶讀寫理論研究》（台北：台灣師範大學國
文研究所碩士論文，2000 年），由潘麗珠教授指導，探討的重心
是從兩人合著的語文教育作品中，統整出關於閱讀及寫作兩方面
的理論與方法，對國語文教學的理論深化有其一定的參考價值。
全文共分五章，除緒論、結論外，只有三章。第二章〈夏丏尊、
葉聖陶的生平與時代〉，分就二人的生平與創作歷程擇要陳述，藉
以呈現兩人文學觀的轉變，並探討兩人致力於讀寫理論的動機；

第三章〈閱讀理論探析〉，回顧讀寫關係的歷史，並討論「閱讀什麼」和「怎樣閱讀」的相關理論；第四章〈寫作理論探析〉，介紹寫作前應具備的觀念、態度和基本能力，以及積聚、構思、行文、修改等寫作過程；結論則說明兩人讀寫理論的價值與時代意義。文末附有〈夏丏尊、葉聖陶交往年表〉、〈葉聖陶編輯國文課本、讀本、文選年表〉。由於夏丏尊材料的不足，論文明顯偏重於葉聖陶的部分，對夏氏的論述稍嫌簡略，而且也非夏丏尊的專論，更不是針對文學創作與理論的研究，對夏丏尊整體研究而言不免有些缺憾。

　　楊舒惠《夏丏尊及其作品研究》（台北：政治大學中文研究所碩士論文，2003 年），由筆者指導，研究的重點則在於全面析論其人的思想與文學、教育理念，作品的特色、風格與藝術成就，共分七章，除緒論、結論外，有〈夏丏尊人生歷程的三種面向〉、〈夏丏尊人生思想的雙重風貌〉、〈夏丏尊的教育理念及實踐〉、〈夏丏尊文學創作析探〉、〈夏丏尊教學及翻譯作品析探〉等五章，對夏丏尊在文學創作、翻譯、教科書編寫、教育活動等不同領域的成就都有精到的探索分析。作者雖年輕，但所述所論時有自己獨到的見解，如探討夏丏尊在人生思想上的雙重面貌，指出在對日態度上是「留日與仇日」，改革意識上是「熱情與冷靜」，宗教情懷上是「出世與入世」，對夏氏複雜的心態與思想有新穎的分析；在討論夏丏尊的小說創作時，作者能運用敘事學理論，從敘事者、敘述視角、敘事時間及話語模式的變化，析論其小說技巧及創作意圖，跳脫一般賞析式的寫法，作較深刻的研究，都是本論文較突出之處。此外，文末所附的〈夏丏尊文學活動年表〉和夏丏尊之孫夏弘寧先生的信函，也有一定的參考價值。作為單一對象的

專家論，這篇約 20 萬字的論文已經對夏丏尊作了全面的探討，雖然整體深度與創見略有不足，但已難能可貴。

學位論文不計，以夏丏尊為單一研究對象的專著在台灣至今尚未出現。不過，在對「白馬湖作家群」的研究中，這位居「領導中心」的靈魂人物已經受到相當的重視，專章專節的析論已經對其人格與文風作了詳盡而深入的探討。筆者所撰《清靜的熱鬧——白馬湖作家群論》（東大圖書公司，1999 年）的第七章是評論此一作家群的作品，其中一節即是〈夏丏尊：具象與情緒並重，親切如摯友談心〉，指出其散文特色有二：說理親切，感染力強；抒情真摯，具象與情緒並重。此外，在論述這群作家的文人型態、民間性格、崗位意識、教育理念時，對夏丏尊的言行主張也有一定的分析和詮釋。在台灣學界，對此一議題的注意與討論，應該說這本書的出版扮演了一定的推動作用。當然，杭州的陳星教授也曾在台灣出版過《教改先鋒——白馬湖作家群》（台北：幼獅出版公司，1996 年）、《君子之交－弘一大師、豐子愷、夏丏尊、馬一浮交遊紀實》（台北：讀冊文化公司，2000 年），對夏丏尊的介紹有推波助瀾之功，而筆者在撰寫《清靜的熱鬧》一書時也得到他大力的協助和啟發，不能不提。

四、結　語

綜觀夏丏尊及其作品的出版和研究，以目前的成果來看，雖不盡滿意，但已令人欣慰。在台灣學術界，近年來的文學研究有明顯的「詳台灣、略中國」的傾向，這一點只要從每年向「國家科學委員會」申請研究計畫經費獲得審查通過的題目來觀察，即

可證明此言不虛[5]。在這樣的「大勢所趨」下，對中國現代文學的研究人力逐漸減少，相關課題的重視不足，也是不爭的事實。置身於如此冷清的氛圍裏，夏丏尊所受到的「待遇」，應該可以說是「清靜的熱鬧」吧。

　　以目前兩岸文化交流的便利與密切，夏氏資料的整理詳備，在既有的夏丏尊傳記基礎上，編寫《夏丏尊畫傳》、《夏丏尊評傳》應該不難。作品出版方面，在《夏丏尊文集》（杭州：浙江人民出版社，1983 年）的基礎上，增補修訂出版《夏丏尊全集》，也是可行的嘗試[6]。除此之外，如夏丏尊作品的修辭藝術、夏丏尊的翻譯理念及其實踐、夏丏尊和他同時代作家的研究等，也都是可以深化探討的學術課題。這些建議與構想，需要更多學界人力的投入與推動才能克竟其功，在紀念夏丏尊誕辰 120 周年、逝世 60 周年的此刻，筆者希望許多實際的研究編寫工作可以早日展開，因為，對一位長年在編寫出版崗位上孜孜矻矻、鞠躬盡瘁的作家、出版家、教育家而言，這或許才是最好的一種紀念方式吧。

【本文宣讀於 2006 年 6 月由上海市編輯學會主辦之「紀念夏丏尊誕辰 120 周年、逝世 60 周年學術研討會」】

---

5 以申請通過的現代文學研究計畫案為例，93 年度（2004）共通過 236 件，其中為中國現代文學者有 11 件，台灣現代文學者有 22 件；94 年度（2005）共通過 235 件，其中為中國現代文學者有 11 件，台灣現代文學者有 26 件；95 年度（2006）則通過 208 件，其中為中國現代文學者有 6 件，台灣現代文學者有 20 件。大致看來，前者約為後者的二分之一左右，並有逐年降低的趨勢。
6 據筆者所知，浙江大學教育系劉正偉教授即正在編輯整理《夏丏尊全集》。

【附錄】

平凡文心，蓮荷風骨：
夏丏尊和他的作品

　　在中國現代文學史上，夏丏尊（1886～1946）不是一個光彩奪目的名字，但卻是一個讓人不會忘記的名字。他是著名的文學家、教育家、翻譯家、出版家，不論是從日文版翻譯過來的《愛的教育》，創辦的《中學生》雜誌，或是和葉聖陶、劉薰宇等人合著的《文心》、《文章講話》、《文章作法》等書，都曾經受到無數青年學子的歡迎，而且影響了一代又一代的讀者，夏丏尊篤實平淡、認真不苟的精神面貌，以及如良師益友般娓娓談心的親切形象，也因此深印在廣大讀者的心目中。

　　也許是把大部分的時間精力都放在教學、出版，特別是編寫課本讀物和翻譯外國作品，夏丏尊自己創作的文學作品並不多，只留下了一本《平屋雜文》，但卻是他個人思想情感的結晶，也是他平時人格力量的精采呈現，不少作家都從中得到過啓發。豐子愷在〈悼夏丏尊先生〉一文中說，他的散文是「在夏先生的鼓勵指導下學起來的」，而巴金在〈談我的散文〉中也曾說：「『五四』以後，從魯迅起又出現了不少寫新散文的能手，像朱自清先生、葉聖陶先生、夏丏尊先生，我都受過他們的影響。」不多的篇章，卻能在當時和以後散發出經久的熱力與魅力，除了作品本身的洞悉世情，深刻耐讀，我想更重要的是他精神人品的豐富和真誠，也就是道德與文章兼美，才使得他在文學史浩瀚長河中能以薄薄

的一冊雜文佔得一席之地。

（一）刻苦自學，卓然成家；投身教育，誨人不倦

夏丏尊原名鑄，初字勉旃，1912 年改字丏尊。浙江省上虞縣人。祖上經商，父親爲秀才出身，因此他自幼從塾師讀經書，學作八股文，15 歲考取秀才，可算是聰穎早慧。16 歲時，遵父命前往上海中西書院（東吳大學前身）初等科就讀，僅半年即因家貧輟學，返家自修。17 歲時入紹興府學堂（浙江第五中學前身）就讀，透過閱讀《新民叢報》，對革命、自由等新思潮心嚮往之。半年後再度輟學回家，替父坐館，邊教書邊自修。1905 年，他向親友借貸赴日留學，先入東京宏文學院補習日語，後來考入東京高等工業學校，可惜因領不到官費，無奈之餘只得三度輟學返國，結束其最後的學生生涯。

終其一生，他沒有拿過任何一張學校的畢業文憑，然而他在文學創作、翻譯、書法、金石、佛典、理學等不同領域，都有淵博的素養與不凡的造詣，可說是自學成材的典範。葉聖陶在《夏丏尊文集·序》就說：「丏翁沒有得到過一張文憑，雖然進過幾所學校，還去日本留過學，都沒有學到畢業。讀過他的作品的人都知道，他知識廣博，對某些方面有比較深的見解，還有高超的鑑賞文學和藝術的眼光。所有這些都是他自己學來的，從生活中學，從工作中學，從書本中學，還向交好的朋友學。」在經歷家道中落的困頓，動盪歲月的坎坷，飽嚐生活的艱辛之餘，他能不怨不餒，無止境地充實自己的學識與能力，不受學校或文憑的局限，力爭上游，這樣的精神確實令人敬佩。

1908 年，22 歲的夏丏尊應聘擔任浙江兩級師範學堂（後來更

名爲浙江省立第一師範學校）通譯助教，這是他一生從事教育工作的開始。他在浙一師服務了 13 年，曾自告奮勇兼任舍監、國文教員等職務，他的認真教學與對學生發自真心的關愛，使他深受學生敬愛，雖然學生在背後給他取了個綽號「夏木瓜」，但所有的學生都知道，有事就去找「夏木瓜」，甚至有人說夏丏尊的教學態度是「媽媽的教育」，因爲他那無私的奉獻精神，完全是教育家的風範。

　　離開浙一師後，他曾先後在湖南第一師範、春暉中學、立達學園教書，致力於教育改革，推動新文化、新文學思潮。直到去世的前幾年，他還在南屏女中兼課。對於教育，特別是青年學子的教育，他確實是時時刻刻以之爲己任的，因爲即使是不在教育工作崗位上，他仍然透過一篇篇散文、一本本教材講義，或者是《中學生》雜誌的定期出刊，不間斷地投入到他念茲在茲的教育工作中。文學史家唐弢就指出，夏丏尊的文字「處處含有教育意義，是始終不忘其本位使命者。」《平屋雜文》中的〈讀書與冥想〉、〈我的中學生時代〉、〈早老者的懺悔〉等文，就是對青年教育傾注關心的作品，情真意切，讀來自有春風化雨之感。《文章作法》是他在湖南第一師範和春暉中學教語文課時編寫的講義；《文心》以故事體裁寫關於語文的知識，深入淺出，很受讀者歡迎；還有《國文百八課》、《閱讀與寫作》、《開明國文講義》等，如果沒有對教育巨大的熱忱，不可能有如此豐碩的成果。

　　他於 1930 年創辦《中學生》雜誌，自己撰寫社論、編輯後記；1932 年又創辦《開明中學講義》，想用函授的方式，讓廣大失學的青年可以透過自學獲取知識。藉著辦刊物，他其實在爲全國幾十萬青年辦一所沒有校址的大學。在開明書店工作過的人都對夏

丏尊帶著兩三個饅頭進書店辦公，晚上戴著老花眼鏡伏案工作的
情景印象深刻。他就像個苦行僧一般，全心全力爲自己的理想奉
獻。他一生奉行「愛的教育」，初讀《愛的教育》時他是「流了淚
三日夜讀畢，就是後來在翻譯或隨便閱讀時，還深深地感到刺激，
不覺眼睛濕潤。」正是這樣的深情與感動，他翻譯的《愛的教育》
不僅風行一時，甚至很多人不一定知道原來的作者，但卻知道翻
譯者，葉聖陶的兒子葉至善說得好：「一部翻譯小說，跟譯者的名
字聯繫得如此之緊，在讀者的印象中竟超過了作者，這樣的現象
是極少見的。究其原因，恐怕就在於夏先生立意之誠。」換言之，
這部書能深入人心，絕不僅僅是作品本身的因素，夏丏尊充滿教
育愛的精神與形象也是重要的原因。

　　一個沒有文憑、苦讀出身的文人，最終能成爲千千萬萬讀者
心目中的良師益友，夏丏尊締造的不是偶然的傳奇，而是長期耕
耘、積累、付出後的收穫與回報。

（二）白馬文風，清淡雋永；平屋雜文，耐人咀嚼

　　夏丏尊於 1921 年返回家鄉上虞白馬湖，在經亨頤主持的春暉
中學任教，不久，在學校附近蓋了一間平房定居，題室名爲「平
屋」，既是記實，又寓有平民、平凡、平淡等意。這「平」字，有
其人格精神的寫照，也有其文風的寫實。他把唯一的一本文藝創
作集取名爲《平屋雜文》，收散文 30 篇，小說 3 篇（怯弱者、長
閒、貓。但有人認爲這三篇仍可算是散文）。全書數量雖不豐富，
但評論、小說、隨筆、序跋、書信等文體種類較多，稱爲「雜文」
最適當。可以說，「平」與「雜」正是《平屋雜文》的寫作特色。

　　夏丏尊的散文，文字不假鉛華，本色天真，自然質樸而有味，

內容上緊扣生活，平中見奇，加上結構精巧，語氣親切平和，讓人讀來餘韻盎然。這種平實、平易的文風，需要思想、功力、感受和千錘百鍊的技巧，對週遭事物能深刻、準確、真切的觀察和體會，絕無賣弄和矯情。正是這種踏實、平實的風格，使作品有長遠的生命力，即使乍看之下沒有太多絢麗的詞藻，新奇的手法，但其中智慧、情感與藝術的深度與廣度，卻能讓人咀嚼再三，這才真正是大家手筆。大陸學者陳星就指出：「夏丏尊散文的表現形式以白描為主，有時甚至讓人覺著『白』到了無任何技巧可言，但由於他把一些所謂的『技巧』巧妙地隱伏在平實的文字之中，同時通篇無處不激盪著作者的人間情懷，所以，他的文章能給人清雋之感、淳樸之情和充實的人格力量。」像〈貓〉一文，表面寫貓，實質是寫人，通過對貓的描述，深情傾洩了對妹妹、親人的懷念與哀傷，全文按時間先後平鋪直敘，沒有故作曲折的情節設計，但深刻強烈的內蘊就在那平淡索屑的細節描寫中牽動著讀者，隨之悲歡憂戚，起伏不已。

又如他膾炙人口的散文代表作〈白馬湖之冬〉，寫出一個甘於寂寞，置身簡陋的「平屋」之中，卻又能在精神上有所寄託的知識分子形象，表面上寫的是呼呼作響的風聲，其實是如何在風雨如晦中淡然自處、身心安頓的夫子自道。在借景抒情的真切描寫中，把他對白馬湖的思念之情表現得真實而自然，既書寫了身處亂世的寂寞心境，又能洋溢著情景交融的詩趣和情味。就是這篇作品，讓楊牧在為近代散文歸納七種典型品類時，將夏丏尊列為「記述」類散文的開山祖師，說他以一篇〈白馬湖之冬〉「樹立了白話記述文的模範」，並以「白馬湖風格」稱之，指出其特徵為「清澈通明，樸實無華，不做作矯揉，也不諱言傷感」。目前兩岸研究

「白馬湖作家群」的學者,也都以夏丏尊爲此派作家的中心人物,主要原因就是他清淡雋永的文風,確實成爲一種散文藝術的突出典範。

概括地說,淡而有味,雜而不亂,《平屋雜文》的藝術成就正在於此。這種爐火純青的境地,靠的是內容與形式的講求與統一。在內容上,他特別強調真情實感的重要性,他說:「文藝的本質是情,但所謂情者,不能憑空發生,喜悅必須有喜悅的經驗,悲哀也必須有悲哀的事實」,「要感動別人,先須感動自己。讀者對於作品所受到的情緒,實是創作家所曾經自己早已更強烈地感受過了的東西。」(《文藝論 ABC》)他在許多地方都一再主張這樣的文學觀,例如〈文學的力量〉中也說:「文學並非全沒有教訓,但是文學所含的教訓乃係訴之於情感……文學之收教訓的結果,所賴的不是強制力,而是感化力。」一如「良師對於子弟,益友對於知己」。他的作品就是這種文學觀實踐下的產物。特別是爲青年所寫的文章,總是動之以情,曉之以理,循循善誘,讓人有如沐春風之感。葉聖陶因此在《夏丏尊文集·序》中說:「讀他的作品就像聽一位密友傾吐他的肺腑之言」。

在形式上,夏丏尊的修辭嚴謹,邏輯縝密,理路清晰,結構完整,屢受文學評論家推崇,稱他爲「文體家」、「文章家」。他的好友姜丹書就指出:「先生之於文學,最注重研析字義及詞類性質,作文法則等,議理務合邏輯,修辭不尙浮華,其爲語體文也,簡潔明暢,絕無一般疵累之習,善於描寫及表情……讀之令人心神豁然,饒有餘味,如見其人,如見其事也。」(〈夏丏尊傳略〉)這正道出夏丏尊散文嚴謹洗鍊的寫作風格。他的人品完全表現在他的文品上。他的每篇作品在詞章表現上都是乾淨利落,精練暢

達，很少雕飾累贅之痕，上乘之作，足以作為散文創作的學習範本。

　　追求形式與內容的和諧統一，是夏丏尊文學創作的審美目標。在〈文學的力量〉中，他強調文學的特性有二，一是「具象」，二是「情緒」。具象是指題材的真實與表現的準確，而文學作品如能帶有情感將會使讀者受到潛移默化的影響，他說：「文學的作品並不告訴人家如何如何，只把客觀的事實具象的寫下來，使人自己對之發生一種情緒，取得其預期的效果。」〈鋼鐵假山〉、〈整理好了的箱子〉等篇都是很好的例證。前者只具象地描寫作者如何用一塊日軍轟炸過後的廢墟中拾得的彈片做成鋼鐵假山的經過，情緒冷靜而節制，但字裡行間卻蘊藏著對日本侵略者的深仇大恨，以及永遠不忘歷史慘痛教訓的民族情感，尤其文末以欲用象徵鮮血的朱漆為這史實寫幾句話作結，至於要寫什麼字卻又不作交代，含蓄而深沉的表現方式反而引起讀者更多的聯想與共鳴；後者用剪接手法，描寫一對夫婦為逃難而搬家卻終於沒搬的經過，作者只是將緊張的氣氛、夫妻的對話、晚報的標題等幾個形象的畫面拼貼在一起，其中的寓意完全靠讀者自己去揣摩、思索。具象與情緒的巧妙運用，充分表現了作者觀察的細膩、手法的高明、情感的深沉和思想的敏銳。獨到的藝術觀照能力，樸質無華的文字，加上嚴謹條理的構思，《平屋雜文》因此有了耐人咀嚼的深厚底蘊。

（三）耿介直言，蓮荷風骨；傾心交談，溫煦長者

　　當然，《平屋雜文》並非都是平淡委婉，也有筆鋒犀利、耿介直言之作。夏丏尊固然溫煦長者的形象鮮明，卻也有金剛怒目、

蓮荷風骨的表現。他曾在「平屋」客堂上自書一副對聯：「天高皇帝遠，人少畜生多」，屋外的一幅則寫道：「青山繞屋，白眼對人」，憤世嫉俗之情溢於言表。老友葉聖陶的觀察最是生動：「對於世界上的一切事物，近的遠的，大的小的，他沒有一件不關心。可是在那個走向沒落的社會裡，可以叫人寬慰的事物幾乎一件也找不到，因而他只好搖頭，只好皺眉，只好嘆氣。他那長長的嘆氣聲，凡是接觸過他的人都永遠忘不了。」（《夏丏尊文集·序》）夏丏尊至少有兩件事是讓人忘不了的。第一件事是抗戰爆發後，他留居上海，繼續堅持文化工作，和敵偽進行艱苦的文化鬥爭。1943 年底，他和一群愛國的文化界人士，同時被日本憲兵司令部逮捕入獄，在審訊他時，日軍出示中國文藝家協會主張抗日的宣言，據以問罪。日軍知道夏丏尊曾留學日本，強令以日語回答，但他堅拒：「我是中國人，要講中國語！」顯現出一個愛國知識分子寧死不屈的蓮荷風骨。第二件事是 1946 年臨死之前，面對國內黑暗的政治情勢，他對葉聖陶痛心地說：「勝利！到底啥人勝利 —— 無從說起！」耿介直言的個性也流露無遺。

　　翻開《平屋雜文》，議論時事、關注現實的作品其實不少，這和夏丏尊主張文學要與民眾結合的文學觀有關，他說：「好的藝術家必和大眾接近，同時為大眾所認識，所愛戴……他們一向不忘記大眾，一切作為都把大眾放在心目中……。這情形原不但藝術上如此，政治上、道德上、事業上、學問上都一樣。」（〈阮玲玉的死〉）正因為他心心念念著大眾，處處為人們著想，所以他的許多散文就表現出對黑暗勢力的憎恨，對人民疾苦的關注。如〈灶君與財神〉中假託灶君與財神的對話，寫出農村經濟蕭條、貧富不均的慘況；〈春的歡悅與感傷〉中，指出春天原本是值得歡迎的，

但一想起故鄉人們的困苦情形就讓他憂愁起來;〈一種默契〉從商店關門大賤賣的現象中,暴露出市面的不景氣;又如〈良鄉栗子〉,透過對土產良鄉栗子上市情形的觀察,揭示了中國在洋貨入侵下市場萎縮的情景。即使是對知識分子,他也感同身受地寫出他們令人同情的遭遇,在〈知識階級的運命〉中,他感喟地指出,上層的「知識階級」只是少數,多數是下層,這些大多數的下層知識分子生活情況是:「無職的求職難,未結婚的求婚難,有子女的教育經費難,替子女謀職難。難啊難啊,難矣哉,知識階級的人們!」發自真心的關懷,在微言深義中自然展露。他甚至在談到教師的諸多無奈之後,忍不住激憤地呼籲人們:「與其畏縮煩悶的過日,何妨堂堂正正的奮鬥。用了『死罪犯人打仗』的態度,在絕望之中殺出一條希望的血路來!」(〈無奈〉)這是熱情血性的夏丏尊,憂國憂民的夏丏尊。

　　只有將實踐愛的教育、娓娓談心的溫煦長者形象,和議論時政、直面人生的耿介知識分子形象合而觀之,才能真正體認夏丏尊的人品與文風,也才能真正掌握住《平屋雜文》的藝術特色與價值。夏丏尊的散文數量雖不宏富,但每有所作,在思想和藝術上多能精心錘鍊,而他的一生悲天憫人,真誠樸直,一步一腳印,在創作、翻譯、出版、教育等領域,都為我們留下了值得驕傲的業績,也讓我們透過這些文字,看到他為人的襟抱與情操。葉聖陶在〈夏丏尊先生逝世〉中說:「他沒有創立系統的學說,沒有建立偉大的功業,可是,他正直的過了一輩子,識與不識的人一致承認他有獨立不倚的人格。」朱自清也評價夏丏尊是一位「以宗教的精神來獻身教育」的理想家,而且「他愛朋友,愛青年,他關心他們的一切……他的態度永遠是親切的,他的說話也永遠是

親切的。」獨立不倚的高尚人格，永遠親切待人的溫煦態度，加上他在許多領域辛勤耕耘的纍纍成果，我們可以說，夏丏尊已經無愧無悔地走過了他平凡但又絢麗的一生。

【本文為筆者編寫的《二十世紀文學名家大賞：夏丏尊》一書的導論，2006 年 5 月由三民書局出版，附錄於此，與這篇論文的旨意可相互闡發補充。】

潛流下的伏動

— 大陸九〇年代報告文學寫作趨向的考察

一、前　言

　　從顛峰熱潮跌到平靜谷底，從掌聲如雷到相對冷清，九〇年代報告文學[1]似乎受到了不少的批評與責難。在 21 世紀初的歷史平台，回頭去審視九〇年代這個不再是進行式的時態，雖然尚未有足夠的審讀時距，但相關的討論、自省與總結已經開始，全面而冷靜地加以檢視應該不算爲時尚早，相反的，如果能夠及早對九〇年代報告文學的變遷作一番回望，認真反思其主題意向、審美型態、精神內涵，相信對其面向未來的跨世紀文化品格的建立將大有助益。報告文學從其誕生起就是充滿現實關懷精神的「時代文體」，它呼應了時代的要求，時代也造就了報告文學，從散文的領域獨立出來之後，經過無數作家的心血澆灌，它已從文體的附庸地位一躍而成 20 世紀中國文壇上引領風騷、獨樹大旗的主流文體之一，八〇年代報告文學的興盛甚至有「世紀末的輝煌」之譽。然而，進入九〇年代以後，報告文學卻逐漸失去了曾有的風

1　對「報告文學」這一介乎文學與新聞之間的新文體，從三〇年代興起時的名　稱就是「報告文學」，尤其是「左聯」的大力提倡，使這一文體的現實性、戰　鬥性得到充分的發揮，而當時在文體觀念上主要受到的是德國式、俄國式的　影響；台灣則將「報告文學」稱爲「報導文學」，明顯是受到美國新聞報導演　變的影響。本文在指涉大陸作品時稱爲「報告文學」，提到台灣作品時則稱「報　導文學」。

采，影響及地位大不如前。爲何有如此大的轉折？九○年代報告
文學的表現真的如此「差強人意」嗎？在上承八○年代與下開 21
世紀的過渡階段裡，它的時代意義與文學價值在哪裡？這些困惑
與思考是本文企圖在對九○年代報告文學現象的考察中，嘗試釐
清與說明的問題意識所在。

二、從春花怒放到雪落黃昏：兩岸
報導（告）文學的相似處境

　　這或許是一種巧合，兩岸在報告文學的發展路上竟有著神似
的身影與相近的命運。如果不健忘的話，台灣在推動報告文學上
最具歷史象徵意義的《中國時報》報導文學獎，曾經在 1998 年破
天荒地以「從缺」的方式，來表達對入圍作品的不滿意，接著在
10 月 8 日的《中國時報·開卷》專刊上就刊出了記者徐淑卿的一
篇專文，題目很聳動：〈報導文學死了嗎？〉一時間檢討報導文學
寫作風潮衰退的聲浪四起。大陸上對自身報告文學現況的批評聲
浪一樣刺眼難堪，吳方澤在 1997 年 12 月 1 日的《文藝報》上以
〈報告文學之困境〉爲題，發出「報告文學還能重新崛起嗎？」
的詰問；報告文學研究者張春寧則在 1995 年第 1 期的《文藝評論》
上語重心長地發表了〈報告文學怎麼了 —— 關於報告文學現狀和
前景的一些認識〉，對報告文學的從轟動歸於冷清、從顛峰跌落谷
底的現象提出檢討。兩岸的學者、作家、讀者，在進入九○年代
之後，不約而同地對曾經掌聲如潮的報告文學發出了相同的關
切、疑惑與焦慮，這種巧合，對報告文學的發展而言毋寧是一記
沉重的警鐘。

　　集體性衰退的印象主要來自與前一時期繁榮興盛的鮮明對

照，在這一點上，兩岸仍然有著另一種相似規律的巧合。台灣的報導文學寫作風潮始於《中國時報・人間副刊》主編高信疆在七〇年代中期的企劃推動，1975年「現實的邊緣」專欄掀起熱潮，1978年設立「報導文學獎」推波助瀾，一時間「報導文學」成了媒體的寵兒，作家紛紛投入，佳作不斷湧現，其他報刊也相繼設立相關獎項徵文，等到1983年高信疆離開工作崗位出國後，陳映真以《人間》雜誌接其薪火，圖文並茂的專題引起極大迴響，直到1989年停刊，報導文學的熱潮方始逐漸消退。可以說，從七〇年代中期到八〇年代末是台灣報導文學的黃金時期，新聞媒介與文學寫作的攜手，締造了台灣文學發展史上光彩有成的一章。正是曾經有過如此輝煌的表現，九〇年代以後歸於平淡的報導文學，才會被視爲如淺灘行舟般地式微沒落。

　　大陸報告文學的寫作熱潮不像台灣由媒體編輯人發起、提倡，或是文學獎的提攜、社會運動的激盪，而是源自於報告文學作家在文革結束、社會進入「新時期」[2]之後，以知識分子精神的復甦覺醒爲動力，開始拾起此一最能反映現實的文學表現體裁，而有了前所未有的報告文學活躍時代。這股熱潮始於1978年徐遲

2　「新時期」的時間概念一般是指鄧小平當政、實行改革開放政策以來的時期，通常從1977年，即四人幫被捕、文革結束的次年開始算起。嚴格的說法是1978年12月中共十一屆三中全會鄧小平提出「實踐是檢驗真理的唯一標準」理論綱領以後算起。「新時期」的說法最早是由華國鋒提出，他在逮捕四人幫、宣佈文革結束的一次講話中說：大陸已進入一個「社會主義的新的歷史時期」，此後「新時期」一詞便流行開來。至於「後新時期」的概念，大陸文壇也未有統一說法，有主張從1986年算起，也有從1990年開始，或主張從1989年算起。大陸學者王寧甚至主張分爲前新時期（1976-1978）、盛新時期（1979-1989）、後新時期（1990-）。各種看法都有。筆者在本文中採取的是「前新時期」（1977-1989），「後新時期」（1989至今）的時間概念，通常也以90年代以後爲「後新時期」。

的《哥德巴赫猜想》，這篇被稱為「報春燕」的作品，一發表就引起轟動效應，此後報告文學作品就如春花怒放般迎來了她的春天，成為「新時期」文學的一個重要標誌，其影響之大、讀者之多、討論之熱烈，堪稱八〇年代文學界最亮麗的文學風景之一。1985 年左右，報告文學茁壯成長，成為潮流式創作，締造了所謂「85 新潮」；從 1986 年 7 月到 1987 年 8 月，《中國青年報》和人民文學出版社聯合舉辦「火鳳凰」報告文學徵文活動，收到來稿 6000 多篇，規模盛大；1987 年 11 月，由《人民文學》、《報告文學》、《解放軍文藝》等 108 家期刊又聯合發起以「改革」為主題的「中國潮」報告文學徵文活動，氣勢昂揚，盛況空前，成為文壇矚目的大事，一連推出了千餘篇作品，最後篩選出百篇獲獎作品。這次歷時兩年的徵文活動，將報告文學推到高峰，1988 年因此被稱為「報告文學年」，但熱度只持續到 1989 年，隨著活動的落幕，報告文學卻明顯地轉入低潮。

同樣都在 1989 年，兩岸的報告文學寫作勢頭，不約而同地由轟轟烈烈轉為「雪落黃昏靜無聲」的局面[3]，顯然地，報告文學的發展遇到了侷限與困境。是什麼原因、背景導致這個現象的出現？兩岸的原因、背景有何異同？這個困境如何突破？在一片蕭條低沉中，是否仍有「於無聲處聽驚雷」的表現與希望？這一連串的疑問都是面對報告文學發展所不能迴避的課題，也是十分有趣的話題，但本文暫時無意也不能全面性地處理這些議題。關於台灣報導文學的困境與危機，筆者已有一文討論過，此不贅述[4]，至於

3　引自丁曉原：〈論 90 年代報告文學的堅守與退化〉，《文藝評論》2000 年第 6 期。

4　請參見筆者〈潮起潮落 ── 台灣報導文學發展的困境〉一文，原發表於《空

大陸報告文學在九〇年代固然面臨了嚴峻的困境與挑戰，但若深入觀察，也能看出危機中的一線生機，報告　文學在九〇年代的平靜之流中，其實自有其具藝術生命力的審美轉型與創作契機，這一點則是本文所要討論與強調的重心。

三、從復甦到顛峰：大陸「前新時期」報告文學的寫作熱潮

在沒有進入九〇年代的討論之前，有必要對「前新時期」（1977～1989）報告文學的表現做一番回顧，然後再進一步分析「後新時期」（1989 年至今）報告文學的轉折變化。大體上，可以將「前新時期」的報告文學分為復甦期、顛峰期兩個階段，而「後新時期」九〇年代則是平靜期。

「前新時期」第一個階段是復甦期。時間約為七〇年代末到八〇年代初。隨著文革結束，政治束縛的解放，加上「人」的意識覺醒，整體文學創作（包括報告文學）都有了全面的復甦與繁榮，嶄新的文學時代來臨。頌歌型、問題型的報告文學是此一時期的主潮，這與文學界「傷痕」、「反思」、「改革」的思潮有密切的關係。狹窄、單一、八股、制式的文學樣板已被徹底揚棄，自由、寬鬆、多元的外在環境提供了報告文學作家勇於開發、創新、探掘的寫作條件，他們藉由報告文學這一現實性強的文體揭示現實存在的各種社會弊端、歷史錯誤，矯正過去只寫工農兵及英雄模範的政治宣傳策略，將關懷視野投向普通的人、知識分子、為國爭光的體育選手、教育界、企業界等不同領域的改革者，題材

大學訊》1999 年 10 月號，後收入筆者《跨越邊界——現代中文文學研究論叢》（台北：文史哲出版社，2002）一書。

豐富，作者的思考力度與批判意識明顯增強，體現出對報告文學「現實主義」精神的回歸，在寫作藝術、文體意識上也有所突破。以頌歌人物為主的代表作有徐遲《地質之光》、《哥德巴赫猜想》，黃宗英《大雁情》，理由《她有多少孩子》、《揚眉劍出鞘》，柯岩《船長》，陳祖芬《祖國高於一切》，穆青等《為了周總理的囑託》，魯光《中國姑娘》等；以平反冤案為主的有陶斯亮《一封終於發出的信》，王晨、張天來《劃破夜幕的隕星》，遇羅錦《一個冬天的童話》等；以改革開放為主旋律的作品有程樹榛《勵精圖治》，李士非《熱血難兒》等；以審視社會問題、揭露愚昧和醜陋的作品有劉賓雁《人妖之間》，孟曉雲《胡楊淚》等。這些如雨後春筍般湧現的佳作、力作，標誌著報告文學已擺脫了過去的僵化思維，並為下一階段的繁榮成熟做出了強有力的宣告。

但是在寫作熱潮背後，依然存在著一些難以避免的缺失，說「難以避免」是因為作者的思想觀念和思維方式不容易一下子完全擺脫五〇、六〇年代報告文學的思維與寫作模式，政治氣氛的相對寬鬆不代表寫作及言論上可以完全開放，隨心所欲，因此，有些作品的思想性較薄弱，對問題的回答過於表面，沒有把筆觸伸到生活激流的深處，題材上多以一人一事為主，生活表現領域較窄，缺少輻射面廣、氣勢恢弘的作品，在敘述上仍偏重典型細節、典型事件、典型人物的描敘塑造，敘述視角也集中在第一人稱正面敘述等等，都是這個階段報告文學的不足之處。當然，比起五〇、六〇年代，這個階段的表現已經能夠呼應時代的召喚，透過新時代新生活新人物的刻劃，使報告文學有了正確的起步。

第二個階段是顛峰期。時間約為八〇年代中期到八〇年代末。在經濟、文化、教育、社會等各方面的改革開放大潮衝擊下，

加上國外各種思想觀念的蜂湧而入，潛藏在生活各個角落的問題、矛盾漸露端倪，就像潘朵拉的盒子一旦被掀開，所有陰暗面的弊病都開始攤在陽光下，難以遮掩或視而不見。這種氛圍給了報告文學作家們正面的激勵，他們嗅覺敏銳地率先將目光投入社會上的許多焦點、熱點、疑點問題，敢於以直接大膽的參與意識面對生活、剖析現實，使「問題型」報告文學在這個階段有更深刻而出色的表現。生活各領域所涉及的題材幾乎都成為探掘的對象，不僅重大事件重要人物被深入報導，連乞丐、妓女、獨身子女或環保、炒股票、年輕人愛情、城市交通、供水、住房等也都成為關注的新對象。與前一階段明顯不同的還有寫作格局的擴大，從一人一事走向多人多事、全方位、多視角的全景式寫作，篇幅加大，容量擴充，動輒 10 萬字以上的作品所在多有，對這個轉變，學者張升陽有以下的說明：

> 如果說，復甦期報告文學是一種微觀、單一、為重要事件
> 和優秀人物宣傳的「聚焦」式報告文學，那麼，這階段的
> 報告文學便是一種吸收了多學科的思維理論形式，善於綜
> 合地、立體地反映社會現象，掃描芸芸眾生的「廣角式」
> 報告文學。也有人稱這種「廣角式」報告文學為「全景式」
> 報告文學。「廣角」也好，「全景」也好，這裡均借用了新
> 聞攝影方面的術語，來說明報告文學作品的視角與視野。[5]

可以這樣說，「問題型」的題材透過「全景式」的寫法，構成了八〇年代中期以後報告文學的寫作主流。在作者自覺宏觀把握、整體關照的思考下，作品的綜合性、思辯性與深刻性都大大

---

5 見張升陽：《當代中國報告文學史論》（北京：中國社會科學出版社，2002 年），
　頁 124。

增強了。這類代表作有反映生態環保意識的如沙青《北京失去平衡》，徐剛《伐木者，醒來！》，岳非丘《只有一條長江》等；反映人際關係的如蘇曉康《陰陽大裂變》，涵逸《中國的小皇帝》，孟曉雲《多思的年華》等；反映政治、社會、教育、文化等方面結構問題的如蘇曉康《自由備忘錄》，胡平、張勝友《世界大串聯》，張敏《神聖憂思錄》，趙瑜《強國夢》等；反映各行業出現的經濟問題的如李延國《中國農民大趨勢》，賈魯生《第二渠道》、《丐幫漂流記》，龍慶文《今日大慶》等；反映對中國前途思索的如霍達《國殤》，孟曉雲《尋找中國潮》，大鷹《誰來保衛 2000 年的中國》等。

　　顛峰期的報告文學，表現確實亮眼，作家透過一篇篇現實性強的作品，生動結合啓蒙意識與平民意識，開放運用了哲學、社會學、歷史學、心理學、經濟學、生態學、未來學、文化學等不同學科的內涵來發現問題、剖析問題，報告文學逼視現實的價值得到廣大讀者的肯定，社會功能得到強化，全景式的宏大敘事使報告文學的藝術性特質得到進一步的擴展，不同素材的作品一發表，就在社會上引起轟動效應，和 70 年代相比，氣勢如宏的報告文學充分發揮了主導時代風雲的作用。雖然有人批評部分作品仍存在著「急功近利、浮躁不安」的缺失，篇幅上以長取勝、堆砌材料的不良風氣[6]，但不能否認，這個階段的創作成果是空前的繁榮與豐收。報告文學作家徐遲就說：「它的領地越來越大，讀者越

---

6 如張升陽就認為：「它過分強調文學的社會功能和社會作用，有時不惜以犧牲文學爲代價，以激進的態度和沉重的憂患意識干預政治、針砭生活，給人主題先行、急功近利、浮躁不安之感。……現在的報告文學越寫越長，而短小精悍的特寫速寫太少，也不能不爲新時期報告文學創作中的一個缺陷。」見前揭書，頁 133。

來越多。一切證明我們這個時代，可以說是報告文學的時代了。」[7]

從復甦期到顛峰期，「前新時期」報告文學寫作趨向的發展規律由單一、典型化表現型態向綜合、全景式表現型態傾斜，這是創作主體自覺、文體藝術規律衍變的進步發展。對於兩種報告文學寫作型態的差異，以下的整理對照可以清楚地區別：

	敘 事模 式	敘 事結 構	題 材	思 維模 式
復甦期（1976-1985）	微觀、聚焦、單一性的典型化模式	閉鎖式結構	以一人一事爲主	線性思維
顛峰期（1985-1989）	宏觀、廣角、整體性的全景式模式	開放式結構	以多人多事爲主	複合思維

必須得說，這種轉變一方面契合了時代社會的脈動，反映了社會大眾需求的心聲，另一方面也促成了報告文學這一文體自身的進步與昇華，尤其是作品中所蘊含著的對歷史、文化、社會的深入思考，對各種問題的整體觀照、掌握，系統追蹤、剖析，對歷史與現狀的關懷、審視，都呈現出一種開放思維方式和新的藝術視野。這是可喜的現象，也是可貴的轉變，更是報告文學存在價值的成熟表徵。

四、告別輝煌，轉入平靜：大陸「後新　　時期」報告文學的困境

當歷史進入九〇年代「後新時期」階段，報告文學逐漸趨於消退、冷寂，有人稱之爲「衰退期」，但我認爲以「平靜期」來描述更爲客觀、科學，因爲在衰退中其實有些作家依然堅守崗位，

---

7 徐遲：〈報告文學的時代〉，《長江文藝》1984 年第 10 期。

出色的作品在數量上雖然減少，但在品質上卻仍有向上提昇的跡象，新的寫作趨向在潛流中隱隱而動，蓄勢待發，這也是不能輕易否定的事實，因此，「衰退」是對照下的印象，「平靜」或許才是報告文學真正的處境。不錯，即使是優秀的報告文學作品，也不容易再出現像八○年代般掌聲如雷的轟動，高潮迭起的輝煌盛況失去了，部分作家曾有的鋒銳氣勢與創作活力淡去了，與八○年代中後期相比，九○年代（特別是中期以後）作品中明顯缺乏直面現實的勇氣與熱情，這都是九○年代報告文學陷入困境的徵兆，誠如張春寧所言，九○年代的報告文學雖也有其成就，「但如果和七、八十年代的奪目光輝相比，恐怕還是不得不承認它的光彩已變得黯淡，它在社會生活中的影響已大爲縮小，它在讀者中的形象已不那麼令人肅然起敬。」[8]

面對從絢爛歸於平靜的事實，分析其原因，或以爲與 1989 年天安門事件的政治動盪有關[9]，或以爲市場讀者的興趣轉移，或歸結爲作者的隊伍流散、文化品格下降等，這都有一定的正確性，但在我看來，更根本的因素是源自於社會經濟的開放轉型給文學帶來了前所未有的衝擊，以及電子媒介（包括電腦網路）強勢興起對讀者閱讀習慣的改變。在商業大潮與強勢媒體的雙重夾擊下，文學已不再居於社會的中心地位，作家不再被讀者們頂禮膜

8　張春寧：〈報告文學怎麼了 —— 關於報告文學現狀和前景的一些認識〉，《文藝評論》1995 年第 1 期。

9　例如陳信元、文鈺合著《大陸新時期報告文學概述》（台北：行政院文化建設委員會，1996）一書中，對 1989 年以後報告文學發展概況的描述就是「動亂平復後的徬徨與沉寂」，文中提到：「不論是在社會歷程還是在文學發展上，1989 年春夏之交發生的那場驚天動地的『六四』運動，都是一個具有重大轉折意義的事件。大陸新時期的報告文學至此脫離了原先的軌道，一時間變得茫然無主，不知所措。」見該書第 76 頁。

拜，作品也不再有洛陽紙貴的效應，文化也好，文學也好，面對
商業操作、新興媒介時尚的沖洗，不得不在一片商業化、市場化、
電子化、影像化的淹沒下，退守於邊緣的位置。報告文學其實是
整體文學在經濟中心地位鞏固之後被邊緣化的一環，張升陽對此
就一針見血的指出：「報告文學在九〇年代的文壇不再是被關注的
焦點，它和商品經濟時代剛開始，知識文人躁動不安，被推到社
會邊緣一樣成了一種邊緣化寫作。」[10]

　　報告文學在九〇年代逃不開被邊緣化的命運，經濟潮流全方
位的猛烈撞擊是最主要原因，由於這是九〇年代報告文學最受討
論的議題之一，相關的文章自然較多，或憂心忡忡，或義正辭嚴，
或冷靜以對，或強烈抨擊。在這些看法中，主要還是從市場強勢、
文學退化的角度來立論，例如李運摶就提出三個原因造成報告文
學的弱勢：一是文化商業化趨勢，使許多刊物靠發表「有償報告」
或曰「廣告文學」來彌補經濟虧損；二是「政府行為」的強化，
許多政府單位為了「宣傳任務」，出面組織人手集體寫作報告文
學，從而使「政治報告」再度流行；三是報告文學創作隊伍的文
化品格嚴重降低，一批寫作水準差的「廣告文學」謀利者反而能
夠如魚得水，心中只有經濟意識，沒有文化獨立意識。[11]趙聯成
也嚴詞批評報告文學「誤入歧途」、作家「下海」的不當表現：「近
年狀物寫人的報告文學中，為數不少的作品實際上是小說創作中
『廠長文學』和『經理文學』的翻版，是『廣告新聞』的變體。
文學向金錢獻媚，新聞與真實疏離，有償報告文學的越演越烈，

---

10 張升陽：《當代中國報告文學史論》，頁134。
11 李運摶：〈與文化共舞的報告文學 —— 對中國當代報告文學的文化思考〉,《當
　　代文壇》2000年第6期。

不僅嚴重悖離了報告文學的創作原則，損害了報告文學的聲譽，而且給精神文明建設帶來難以估量的負效應。」[12]作家喬邁來台灣參加「2002 年兩岸報導（告）文學的發展與未來研討會」的引言稿更是激動地表示，即使是廣告文學也「虛張聲勢，王婆賣瓜，是廣告而非文學。究其實，是經濟槓桿在起作用。你出錢，我寫作，大錢大作，小錢小作，無錢不作」，「它的一切『向錢看』和粗製濫造，損壞了報告文學和報告文學作家的名聲。」[13]

對於這類只有「廣告」沒有「文學」的作品，有的學者稱之為「偽報告文學」，這類「偽報告文學」的盛行，恰恰印證了報告文學此一文體的退化與媚俗。說得更嚴重一點，是一步步的墮落。對此，丁曉原的分析是發人深省的，他首先強調，報告文學是一種紀實性文體，但「九〇年代的報告文學對一些重大題材在報導的廣度和深度方面顯得明顯不夠」，因為作家們「在題材選擇上明顯地避重就輕，求小棄大。」其次，和八〇年代相比，「不少報告文學作家社會焦慮心明顯地釋然了，相應地社會責任感也淡化多了。這樣思想原創的思維機能也就大為弱化了」，整體而言，九〇年代報告文學存在著「主體意識淡化」、「主體思想貧乏」的重大缺失[14]。無論如何，當創作者的思想洞察力大大遲鈍，作品缺乏思想深度，創作者對社會問題漠視，作品缺乏高昂激情，對文體自身的發展來說都是一種退化，直接產生的後果就是：日趨通俗、

---

12 趙聯成：〈升騰與沉落 —— 論當代報告文學英雄主題的流變〉，《寧夏大學學報》1998 年第 3 期。

13 喬邁：〈雙重衝擊，三向分流 —— 報告文學現狀之我見〉，為台灣佛光人文社會學院文學所於 2002 年 11 月 8 日在台北主辦之「2002 年兩岸報導（告）文學的發展與未來研討會」的引言稿。

14 丁曉原：〈論 90 年代報告文學的堅守與退化〉，《文藝評論》2000 年第 6 期。

品級下降的「僞報告文學」受到歡迎，而嚴肅的報告文學則顯得少人問津、曲高和寡了。

　　面對市場經濟對文學的大力衝擊，導致文學被拋離社會中心而邊緣化的處境，以及媒體多元開放下，文字書寫日漸失寵的現實，予以理性檢討是必要的，但過於激情的不平之鳴實可不必[15]。台灣報導文學早在八〇年代中期以後即失去了過去那種呼風喚雨的聲勢，平面媒體不再大力支持，經費及版面減縮，文學獎停辦等，而電子媒體卻挾其更迅速的時效、更完整的報導、更生動直接的影像等優勢，很快地就讓報導文學從喧囂轉入沉寂，作家轉向，作品銳減。企業家、影歌星、政治人物等名人傳記大受市場歡迎，過去「上山下海」熱情投入的報導文學作品好像一下子就在市場競爭下銷聲匿跡了。大陸九〇年代以後報告文學的變化，在我看來，也正在重蹈台灣報導文學八〇年代走過的足跡。當然，其社會背景、時代條件、作家心理、文化思潮等環境並不完全相同，台灣似乎對此「資本主義競爭」現象較能接受，平靜以對；而大陸上大聲疾呼的聲音仍此起彼落，喬邁的說法就很有代表性：「我們看不上那兩種東西（按：指通俗報告文學和廣告文學），擔心它們弄髒了文學，攪昏了讀者的頭腦，我們尤其對那樣的東

15 例如在「2002 年兩岸報導（告）文學的發展與未來」研討會上，大陸報告文學作家何建明的引言稿〈新世紀報告文學創作的興衰將取決於作家對動感時代的感覺和把握〉中就有一段情緒性的看法：「現在在中國大陸經常有人評選什麼當代最優秀的五十個作家、一百部最優秀的作品等等活動時，從來就不把我們報告文學作家和作品放在裡面，我對此極爲卑視這種行爲，一個專門寫些個人隱私、個人小情調的作家，其作品充其量也就是在幾本雜誌上發一發，老百姓根本沒有幾個人知道，而這樣的作家和作品就可以成爲大師名作、經典傳世之作，我因此而一直認爲這是文學界和社會對我們報告文學作家及其作品的一種不公平！必須改變！」我們可以理解這種失落感，但這樣的情緒發洩恐怕還是於事無補的。

西居然能被市場接受感到不理解。我們大聲疾呼，不幸發現我們的聲音很微弱，有點底氣不足，以至於弄到連自己也搞不清報告文學到底應該是什麼樣子了。」[16]

不管是平靜以對，還是憤憤不平，報告文學在大陸、報導文學在台灣，最輝煌的時期確實都已經過去了。站在文學的立場，不再轟動，不再引爆話題，或許才是文學的常態。文學邊緣化是正常社會的必然現象，即使是與社會現實關係密切的報告文學也不例外。激濤如湧固然壯觀，平靜的潛流何嘗不是另一種風景？這不是阿Q心態，而是真正回歸到文學的本位，讓這一文體的裂變演化不再擔負超重的功能與使命。報告文學作家劉元舉對此的反省雖然有些以偏蓋全，但卻提供了另一種不同的聲音，他說：「過去的所謂前沿的寫作，揭露式的勇猛，其實是一種幼稚與盲從，是一種集體無意識的躁動，是一個激動的空殼，無血無肉，連筋骨都抹糊。是吶喊式寫作、口號式寫作。儘管那時的報告文學曾掀起過狂熱，但猶如繁榮的泡沫，沉靜下來的人們會看到摟抱的竟是一堆消失了的燦爛泡沫。」[17]

八〇年代報告文學的成就當然不是這樣簡單的概括意見可以抹殺的，但在激情之後，躁動之外，以一種冷靜、平實、沉穩的態度來重新思索報告文學的現狀與未來，確實是必要的。

---

16 喬邁：〈雙重衝擊，三向分流 —— 報告文學現狀之我見〉，「2002 年兩岸報導（告）文學的發展與未來研討會」的引言稿。
17 見劉元舉：〈我們進入了閱讀真實的年代〉，「2002 年兩岸報導（告）文學的發展與未來」研討會引言稿。

五、困境下的堅守：九○年代嚴肅
　　報告文學作家的堅持與追求

　　假如我們可以拋開過於商業炒作的「廣告文學」及題材狹隘、缺乏思想深度的「僞報告文學」不論，而願意平心靜氣地觀察九○年代以來報告文學的創作現象的話，我們將會發現，在商業大潮與強勢媒體的大軍壓境下，依然有爲數不少的報告文學作家堅持在邊緣發聲、熱情不減地以文學的筆、新聞的眼在爲時代變化留下生動紀錄，爲社會萬象提供第一手的見證，默默創作著寄寓理想與批判、反思與探索、現實與美學的嚴肅報告文學作品。他們有許多是八○年代顛峰期的代表作家，經過一段時間的沉寂、調整後，在九○年代依然活躍；也有一批更年輕的報告文學新寫手，以自己犀利的新思維和新觀念，投入報告文學的寫作行列中。在九○年代特殊的文學語境與生存環境下，這些作家與作品的存在，說明了報告文學這一文體的目標與追求並未完全失去。

　　有些觀察者便從這個角度表達了其樂觀的態度與高昂的信心，例如有人認爲「九○年代的報告文學在認識和反映世界方面，在思維的敘述方面，都顯得更成熟了」，作家們「在對前一段報告文學承襲與批判中開始顯示自己的整體風格，體現了中國九○年代文學新觀念和創作思維新方式」[18]；也有人認爲「進入九○年代，由於社會生活氛圍的變化，節奏的加快，人們的閱讀趣味有了很大的改變，各種純文學樣式相繼受到挑戰，報告文學卻一枝獨秀，仍然受到較大讀者群的歡迎」，分析其原因，「這與它能夠

18 楊穎、秦晉：〈不倦地探索與創造 —— 報告文學面面觀〉，《光明日報》1996年 12 月 19 日。

始終注意堅持其新聞性與文學性的良好結合，堅持直接敏銳地觸及人們普遍關注的社會重大題材、社會現象有著很大的關係」[19]。也有學者從八〇、九〇年代的傳承發展上肯定九〇年代的報告文學「繼續保持良好態勢，且更加引起人們重視」，「不少作家在自己原有的創作基礎上，進一步發展了自己的風格特色，寫出了超越自我的代表性力作」，「九〇年代的報告文學仍然保持了八〇年代報告文學的那種理性精神，即仍然表現出哲理思辯精神，文化啟蒙精神，歷史反思精神與現實批判精神，同時也表現出學術性、資料性與知識性等特色。」[20]

他們的樂觀不是沒有理由的。以下的幾個數字與現象可以對此作出一些解釋。例如八〇年代具有影響力的《報告文學》、《報告文學選刊》雜誌由於種種原因而停刊，但在九〇年代末新的《報告文學》雜誌又創刊了；成立於北京的「中國報告文學學會」，在會長張鍥、副會長張勝友等人的用心經營下，展現了充沛的活動力，散佈各地的數百位作家會員即是一支堅強的寫作隊伍，即使其中有些人輟筆、改行或下海，但創作不懈、用心研究的會員還是佔大多數；此外，對報告文學發表一直不遺餘力的幾份刊物如《中國作家》、《十月》、《當代》、《人民文學》、《崑崙》等，在九〇年代仍一如既往地熱心支持。換言之，嚴肅的報告文學作品依然有一定文學地位與讀者的發表管道，當通俗、商業化的「廣告文學」氾濫於媒體之際，報告文學的生存空間雖被壓縮，但尚未到難以容身的境地；八〇年代顛峰期的報告文學徵文活動的確辦

---

19 張鍥、周明：《中國當代文學作品精選・報告文學卷・導論》（北京十月文藝出版社，1999），頁 7。
20 章羅生：〈關於報告文學的回顧與思考 —— 兼談 90 年代文學的發展走向〉，《湘潭大學學報》哲科版，1995 年第 2 期。

得風風火火，有聲有色，但在九〇年代也依然有不少傑出的作品
產生自許多全國性的大型徵文競賽中，例如九〇年代初期的「1990
～1991 全國優秀報告文學評獎」獲獎的作品就有 8 部長篇、25
個中短篇；首屆「505 盃」中國報告文學獎也有 5 部長篇、10 個
中短篇獲獎；90 年代中後期的「魯迅文學獎」，第一屆（1995～
1996）和第二屆（1997～2000）就選出了全國優秀報告文學獎共
20 篇。這些得獎作品有力地說明了報告文學不死、報告文學作家
頑強的生命力與一貫堅持的文學使命。

　　配合在台灣舉辦的「2002 年兩岸報導（告）文學的發展與未
來」研討會，主辦單位特別編印了一冊《海峽兩岸報導文學專題
選刊》，其中有一份〈大陸「報告文學」精選書目〉[21]，對 1978
年至 2002 年的大陸報告文學書目作了分類統計表如下：

	1978-1985	1986-1990	1991-1995	1996-1999	2000-2002	合計
個人創作	2	7	8	0	4	21
作品選集	5	13	4	13	8	43
理論批評	4	5	2	5	1	17
合　　計	11	25	14	18	13	81

　　這份書目收錄了 1978 年以來大陸地區（含少量台、港出版）
出版之報告文學作品共 81 種，雖然疏漏之處在所難免，但從統計
分析表中可以看出，九〇年代之前的作品有 36 本，之後則有 45

---

21 《海峽兩岸報導文學專題選刊》由國家圖書館於 2002 年 11 月 8 日編印，取
　　材自 2002 年 11 月號的《全國新書資訊月刊》。本書目由佛光人文社會學院
　　文學所研究生吳正堂整理而成，資料則由該學院陳信元老師圖書室提供。

本,即使扣除 2000 年以後的 13 本也還有 32 本,這些作品都是能兼顧現實性與藝術性的嚴肅之作,可見商業大潮並未完全沖垮報告文學作家們的理想與熱情。

　　九〇年代一些有理想、熱情的報告文學作家,並不因爲金錢的誘惑而粗製濫造,也不因爲媒體的需求而作假速成,更不會因爲文學環境的不景氣、失去讀者的焦慮而放棄了對此一文體審美意識的追求與獨立品格的建立。以下幾位作家爲報告文學所付出的心血就很令人動容。例如長期關心高教問題的何建明,著有長篇報告《龍門圓夢 —— 中國高考報告》和探討貧困學生考得上大學卻讀不起大學現象的《落淚是金》,據作者發表於《報告文學》上的自述文章〈關注現實是報告文學創作的鮮活生命〉介紹,他爲寫這兩部作品,曾先後採訪了七百多人,走訪一百多所學校,花了三四年工作之餘的時間,爲了《落淚是金》,他甚至還打了一場官司;以《「希望工程」紀實》、《中國山村教師》等作品令人印象深刻的黃傳會,爲了寫這些作品,曾深入大陸 21 個省(區)的 63 個縣進行採訪,其中的艱辛不難想像;爲了替深受水污染之害的淮河兩岸百姓代言的作品《淮河的警告》,是陳桂棣 1996 年的代表作,他從淮河上游採訪到下游,歷時 108 天,經過 46 座城市,走訪了上千人,才完成這部八萬多字的報告文學;又如全副心力投入到人與自然的研究及生態環境文學創作的徐剛,1988 年曾以《伐木者,醒來!》受到文壇矚目,此後一直不斷到許多窮鄉僻壤去採訪,歷盡煎熬,在另一位報告文學作家胡殷紅筆下,徐剛的形象映射出許多認真、嚴謹的報告文學作家真實的身影:

　　　　徐剛已不再年輕。他爲腰椎尖盤脫出困擾多年,左腿常常

　　　　疼痛難耐,舉步維艱,但他仍在不停地走向荒漠、沙丘,

走近江河湖海。徐剛由於長年寫作，視力已相當脆弱，讀書、寫作有時不得不被迫暫停，但他的眼前只要不是模糊一片，他就不停地讀，不停地寫。他一直以愛因斯坦喜歡的叔本華的兩句話警策自己：「你可以做你想做的，你不能要你想要的」。[22]

這樣的作家還有許多，這類交雜著作家血汗與使命感的例子也還有許多，它當然不能證明九〇年代報告文學因爲這些作家的犧牲奉獻精神就具有崇高的藝術審美成就或成爲時代潮流的中心價值，但設若缺乏這種關懷現實、干預現實、批判現實的知識分子精神，以及不計後果、勇於揭發社會陰暗、人性醜惡現象的反思力量，則報告文學的文體品格將蕩然無存，面對「作家光環黯淡」、「轟動效應失卻」、「文學聖殿傾斜」等有增無減、鋪天蓋地的衝擊，報告文學的明天也將不再充滿希望。

整個「新時期」的報告文學，不管前期後期，也不管中心邊緣，顛峰還是平靜，令人慶幸的，恰恰是這種精神的不死，鬥志的堅持。這種精神與堅持，除了表現在作家身上，更重要的是透過一篇篇擲地有聲的報告告文學作品清晰地傳達了這個訊息。在90年代，這個訊息尤其顯得彌足珍貴。

六、新寫實・主旋律・史志性：九〇年代 報文學寫作趨向的三個主潮

多元格局、開放體系的形成，給九〇年代文學帶來一定的衝擊，但也帶來了一些新生的契機。八〇年代是中國 20 世紀文學發

---

22 胡殷紅：〈就這樣滿目荒沙、濁流滾滾地跨進 21 世紀？〉，「2002 年兩岸報導（告）文學的發展與未來」研討會引言稿。

展史上的一段活躍期、繁榮期，九〇年代承接其後，既有許多重要文學現象的順勢傳承，但也有新的發現與突破點。觀察九〇年代報告文學寫作、發表的情況，我們可以發現幾個突出的特點：一是八〇年代問題型、重批判的報告文學寫作潮流逐漸淡去，代之以重鋪陳、純狀態描述的新寫實報告文學；二是在歌頌與暴露中，以時代主旋律的張揚仍佔作品的多數；三是藉著述史寫志、寄寓現實意義的史志型報告文學成為一種新興寫作趨向。

（一）新寫實報告文學的興起

　　所謂「新寫實報告文學」是與九〇年代以後大陸文壇流行的「新寫實小說」相應的稱呼。根據唐翼明《大陸「新寫實小說」》一書的歸納，認為「新寫實小說」的文體主張如下：還原生活本相，表現生活原生態；不談理論；感情零度介入；避免做理性評價等[23]，這些細部的主張和報告文學不完全一致，但方向上有相近之處，因此我使用「新寫實報告文學」一詞。相對於八〇年代末期問題型報告文學作家那種充滿激情的尖銳批判，九〇年代的報告文學顯然有所冷卻與調整，張升陽指出這種趨向主要表現在以下兩點：一是「他們的作品更注重對實際材料的展覽和對現實狀態的描寫，而對現象背後的實質問題往往不作深刻的分析和過多的評判，即作家的主觀傾向不再直露表現」；二是「他們往往把批評與分析的對象泛化，即由具體的某人、某事擴大到普遍的一類人和事。」所以有些報告文學就在題目上加上「中國」二字，「以顯示作品所談問題是面向全中國的、典型的、類型化問題」，如《龍

---

23 唐翼明：《大陸「新寫實小說」》（台北：東大圖書公司，1996），頁 21-24。

門圓夢 —— 中國高考報告》、《中國知青夢》、《尋找中國農民的真理》、《中國人才大流動》、《中國山村教師》等。這類作品有人稱為「泛批判報告文學」或「狀態型報告文學」[24]。

　　新寫實報告文學仍然是直面人生、干預現實、探掘問題的，這只要從它的寫作題材上格外關注社會問題的呈現即可看出，例如探討教育改革、人才培養問題的有何建明《落淚是金》，黃傳會《「希望工程」紀實》，梅潔《西部的傾訴》等；關注農民生存狀態的有黃傳會《憂患八千萬》，周百義《變調的田野牧歌》，盧剛、張建剛等人的《尋找中國農民的真理 —— 中國兩位農民命運的啟示錄》等；反映環保生態意識的有徐剛《長江傳》，張建《輝煌的悲愴》，馬役軍《黃土地，黑土地》等；揭露腐敗陰暗現實的有盧躍剛《以人民的名義 —— 一起非法拘禁人民代表案實錄》，陳桂棣《民間包公》，吳海民《中國新聞警世錄》等；這一個個問題的提出，一樁樁案件的追蹤，說明了九〇年代報告文學作家文化批判角色的堅守，這種憂患意識、揭傷疤以引起療救注意的精神是繼承八〇年代的。不過，必須承認，這些作品在整體上的批判力度的確不如八〇年代末期的問題型報告文學，他們往往不直接、過多地表露自己的意見，而以現象的鋪陳渲染、真實狀態的呈現來巧妙地取代抨擊控訴的批判。這種寫作趨向的轉變，有人說是讓讀者有自己的思考空間，有人說是避免官司上身，不論如何，這和八〇年代的激情、規模相比，在創作心態與表現方式上確實是有所不同了。

---

24 張升陽：《當代中國報告文學史論》，頁 141。

（二）時代主旋律精神的張揚不減

所謂「時代主旋律」主要是強調報告文學應注重宣揚正面積極的人與事，多歌頌新人新事、好人好事，而不是一味暴露社會陰暗面，熱中於揭露醜陋，導致一些不良社會效應的產生。這種「主旋律」的基調，早在五〇、六〇年代就已有，但九〇年代畢竟不同以往，不可能再恢復到過去政策傾向明顯、宣傳意味濃厚、人物單一典型的文學水準，而是能在更寬廣的視角觀照，更成熟的藝術表現手法下，去塑造鮮活的人物，挖掘社會的問題，開發現實豐富的意義與啟示。這種時代意識，在九〇年代特別表現在以下兩點：一是歌頌某些崗位上的領導幹部、英雄人物，或是在不同領域中作出貢獻的無名英雄；二是報導改革過程的挑戰與成功事蹟。這兩點其實是大陸報告文學長期以來不曾偏離過的主線，九〇年代在這方面有一定的繼承，也取得了不錯的成績。

以歌頌幹部正面形象的作品不少，王宏甲的長篇《無極之路》是較早且有較大影響的作品，獲得 1990～1991 年度全國優秀報告文學評獎。作品記述了河北省無極縣縣委書記劉日銳意改革、造福人民的許多動人事蹟，塑造出一個處處為人民著想、廉潔清明、思路新穎的好官形象，而且他能打破陳規，作風民主，具備現代管理才幹，可說是新時代幹部的典型；賈宏圖《大森林的回聲》則是讚揚了新上任的伊春市委書記楊光洪務實創新的工作精神，掃除積弊，體察民情，迅速改善了伊春市的面貌；除此之外，歌頌縣農業銀行行長鮑江兮的《鮑江兮》，讚揚大連市長薄熙來的《世界上什麼事最開心》，肯定劉庄煤礦一班共黨黨員的《劉庄煤礦的紀實》等，都是這類符合主旋律精神的作品。

　　除了對領導幹部正面形象的營造外，九〇年代以來也湧現了一大批歌頌平凡、無名的英雄人物，將這些人在逆境、困境、險境中的堅強意志、不屈鬥志，以及最後取得的成果作了平實生動的報導，必須得說，這類作品對以改造人心、激勵民氣為目的的「時代主旋律」而言，發揮了更直接有效的作用。例如 1991 年的江南水潦災害，1998 年長江、嫩江流域的大洪水，許多軍民合作英勇抗洪救險的事蹟，便成為報告文學刻畫的素材，這類優秀的作品有江深、陳道闊的《人民子弟 —— 南京軍區部隊軍民抗洪救災紀實》，林謙《把我們的血肉築成我們新的長城》，郭傳火《汪洋中的安徽》，徐劍、陳昌本《水患成災》，李亞、趙建國、劉立雲《生死簰洲灣》等；「開發西部」作為大陸重要政策，相關的題材也得到報告文學作家的重視，如羅盤《塔克拉瑪干：生命的輝煌》把眼光伸向有「死亡之海」稱號的塔克拉瑪干沙漠，寫一批石油地質工作者向不可能挑戰的頑強意志與傑出貢獻；燕燕、劉衛明《雪域戰神》，徐志耕《莽崑崙》，王戈《通向世界屋脊之路》，王守仁《青藏高原之脊》系列等，則將視角對準了生活條件惡劣的青藏高原，寫出長年駐守在那裡的戰士、工人、科技工作者的犧牲奉獻事蹟。這些看似平凡卻偉大的心靈，使作品煥發出令人動容的精神力量。

　　另一類契合時代主旋律精神的作品，是對各項改革建設的深入報導，這符合改革開放的一貫路線，特別是對一些成功改革經驗的正面具體描寫，既能宣揚社會主義建設的成果，又能確定改革政策的正確性與必要性。這類代表作品有李存葆、王光明《沂蒙九章》，楊守松《昆山之路》、《蘇州「老鄉」》，葉鵬《希望在南方》，劉玉民《東方奇人傳》等。其中影響較大的是長達 13 萬字

的《沂蒙九章》，描寫沂蒙山區人民如何在改革開放時期實現富裕的夢想，找到人生的希望，全篇將歷史與現實生動穿插糅合，特別是對過去半個世紀的落後貧困、流血犧牲，與今日大廈村鎮的崛起、人民收入大增作對比，強力說明了改革不是夢的目標與追求；與《沂蒙九章》同獲 1990～1991 年全國優秀報告文學評獎的《昆山之路》，也是強調改革實績與成就的突出作品。昆山縣地處江蘇省東沿，雖緊鄰上海，但長期以來只是一個封閉落後的小縣，改革開放後，昆山人自辦科技開發區，以新思維、新方法，吸引大量資金，迅速繁榮發展，並帶動整個蘇南地區興旺起來，「昆山之路」因此被稱爲「開放改革之路」、「致富之路」，這種轉變的過程在楊守松的報告下，使昆山立刻成爲全國經濟發展學習借鑑的榜樣。這些從不同側面報導改革現實狀況的作品，在九〇年代仍是一個持續受到關注的熱點。

（三）述史寫志成為熱門嘗試

隨著九〇年代報告文學的榮景不再，整體批判火力的降溫，有些作家投入歷史題材寫作，藉此來表達對現實的某些看法，這種報告文學作品在九〇年代一時興起，並被命名爲「史志性報告文學」。除了報告文學作家有意藉述史寫志來曲折表達現實之思外，我認爲其一時興盛和九〇年代以來散文界流行歷史文化「大散文」有關。「大散文」的特色是以敏銳的現代眼光去觀照和思考歷史人物、歷史事件和歷史生活，從中尋求一種新的認識和詮釋，體現出作者因歷史而觸發的現實感悟，因而呈顯出比較宏大的氣象和強烈的人文印跡，如余秋雨的《文化苦旅》，卞毓方的《長歌當嘯》，王充閭的《滄桑無語》，夏堅勇的《湮沒的輝煌》等作品，

就是引人注目的「大散文」。這股以歷史精神體驗爲主的「大散文」寫作熱潮和「史志性報告文學」同在九○年代崛起，不能不說是時代與文學相互制約、影響下的一次呼應。

「史志性報告文學」這個概念首先由報告文學學者李炳銀提出，對此一名稱他有以下的詮釋：

> 「史志性報告文學」的思維核心是現實生活的敏感內容，只是借助了某些歷史的、行業和地域文化的資料，因此，這種類型的報告文學作品，在其思想內容方面對現實社會生活有著明顯地參與認識作用，在它的內容表現上又是有著突出地述史寫志的特點。「史志性報告文學」在歷史的有關領域尋求和報告對現實有啟發和參考的內容，試圖以史爲鏡，更清楚地了解和把握現實。……如果說，大多以現實題材爲對象的報告文學有著比較濃厚的現實生活氣氛的話，「史志性報告文學」因爲是以歷史題材爲對象的報告文學，就有著顯然的歷史內容和思辨力量了。[25]

換言之，明顯帶有歷史色彩和對現實生活的思考是「史志性報告文學」的品性和特點，它面對歷史，但思考現實，這使它同時具備了文學和歷史的雙重價值和意義。按李炳銀的說法，這種報告文學型態在二○年代就已出現，瞿秋白記述自己在蘇聯生活見聞的《餓鄉紀程》、《赤都心史》就是一例，范長江出版於30年代後期的《中國的西北角》也是。八○年代以來，徐志耕的《南京大屠殺》，錢鋼的《海葬》等都可算是具有史志性的內容，但作品數量不是太多。這種報告文學概念的明晰與確定是在九○年

---

25 見李炳銀編選：《史志性報告文學・序》（北京師範大學出版社，1999），頁8。

代，作品的湧現也是在九〇年代，它成了九〇年代報告文學的寫作趨向之一。

　　九〇年代初期的「史志性報告文學」代表作有張建偉描述1952 年兩位貪污犯被正法的《開國第一刀》，秦文玉等追述西藏解放歷史的《火、冰山、鴿子的壯歌》等；1995 年則是這類作品聲勢最高漲的一年，湧現一批優秀的作品如李鳴生《走出地球村》，張建偉《溫故戊戌年》，楊道金《黃河魂》，徐劍《大國長劍》等。李鳴生的《走出地球村》是他「航天系列三部曲」的最後一部，透過《飛向太空港》、《澳星風險發射》、《走出地球村》這三部報告文學作品，可以說串連成一部中國航天科技工程史，其中對「亞洲一號衛星」、「澳星」、「東方紅衛星」的研製發射過程有兼顧歷史與現實的生動報導；張建偉的《溫故戊戌年》和他的另一部史志性作品《大清王朝的最後變革》，都以清末變法維新失敗的事件為素材，前者從不同角度談戊戌變法，沒有直接的是非判斷，而是儘可能呈現歷史，留待讀者去思索；《大清王朝的最後變革》寫清末新官制改革過程中，袁世凱與瞿鴻禨間不同立場的鬥爭角力，透過許多生動細節的描繪，將這場重大的政治體制改革下驚心動魄的歷史變數，以冷靜、含蓄的筆觸娓娓道出，讓人在歷史的感喟中不禁興起現實的思考。這些佳作與較早前寫清朝北洋水師從成軍到毀滅的《海葬》，或是麥天樞、王先明痛斥英帝國主義發動鴉片戰爭與大清王朝腐敗無能的《昨天 ── 中英鴉片戰爭紀實》等作品一樣，都不是純粹歷史的追述，而是透射出作者對現實改革生活的嚴肅思考，正如李炳銀所說：「作者們的用意卻不全在於機械地再現歷史的本原，他們更多地慾望在於把歷史作

爲對象，從中發現總結出對現實有用的內容。」[26]

　　由李炳銀於 1999 年編選出版的《史志性報告文學》一書，再一次確定了這種報告文學型態作爲九〇年代文學潮流一環的歷史存在，此書爲李復威主編的《九〇年代文學潮流大系》中的一本，內容收具明顯史志性作品六篇：《大清王朝的最後變革》、《長江三峽：中國的史詩》、《歷史，不會永久被淹沒》、《走出地球村》、《沙漠風暴》、《生死簰洲灣》。盧躍剛的《長江三峽：中國的史詩》無疑地是其中耀眼的一篇，以追溯的方式，詳細報導了長江三峽水利工程興建決策的複雜歷史，特別是對主張興建的代表人物林一山和反對興建的李銳等人間的觀點分歧與論爭，有清楚而細膩的介紹，幾個人物爲真理而爭的形象突出而動人，全篇文學筆法時現，描繪深刻而鮮明，以下這段點題式的敘述就很能讓人感受到一種「史詩」的氣度：

> 半個世紀前，薩凡奇老人冒著挨日軍飛機轟炸的危險去勘查三峽工程壩址；三十四年前毛澤東順流而下，去圓那「高峽出平湖」的夢想。他們似乎都看到了生命的盡頭，看到歷史賦予他們的有限，看到了那不遠處可望不可即的三峽大壩。中華民族是一個創造史詩的民族，它注定會不甘寂寞，繼萬里長城、大運河之後，爲世界做出些驚天動地的事情來。這是一個歷史的宿命。
>
> 在長江上航行，我被這種宿命感深深地籠罩著。[27]

　　就是這種史志性的探索，使這篇報告作品轟動文壇，也是這種史詩性的追求，使「史志性報告文學」在九〇年代報告文學平

---

26 李炳銀：《當代報告文學流變論》（北京：人民文學出版社，1997），頁 332。
27 李炳銀編選：《史志性報告文學》，頁 132。

靜的潛流中，顯現出氣魄不凡的滾滾潮動。這類史志性報告文學作品最讓人震撼、動容，也最讓人期待的就是字裡行間湧動的史詩性，這種史詩性在現實的今天依然有其可貴的啓發意義。

九〇年代大陸報告文學的寫作趨向當然不只以上這三點，但這是主要的特色，在九〇年代有其自身發展的審美規律與獨特風貌。新寫實報告文學是對新變時代的調整與適應，主旋律報告文學使文體特徵與使命得到繼承與張揚，而史志性報告文學則在探索中走出了一條新路。不同的寫作趨向，或直接或間接，或委婉或強烈，都企圖與生活連結，與現實對話，即使是以歷史爲鑑的史志性作品，所體現的仍是現實主義精神，在這一點上，我們可以說，九〇年代的報告文學並未曾失去其文體特徵與功能。八〇年代多方嘗試的文體與表現手法如口述實錄體、日記體、書信體、小說式情節、戲劇式對白、電影蒙太奇手法、大特寫、多元敘事等各種方式，在九〇年代依然被作家所採用，創作出許多成功的作品，這些優秀的作品，共同有力宣示了九〇年代報告文學依然是文壇上不容忽視的一道風景。

七、結語：一個階段的結束與開始

整體而言，不管報告文學在今天受到重視的程度是如何大不如前，還是自身發展遇到了難以突破的瓶頸，亦或時代社會環境的變遷需要新的文學型態來呼應，報告文學在兩岸都已進入一種平靜、沉潛，甚至冷寂的階段，這是不必爭辯的事實。九〇年代大陸市場經濟體制的全面確立，對圖書市場的競爭格局、作家寫作的生存策略、讀者文化需求與審美趣味，也就是整體的文學生態環境，都產生了一定的衝擊與改變，也制約了這十年文學的發

展軌跡與架構。新舊世紀更迭，多元開放解構，其中的不穩定性與爭議、探索是無可避免的，這種困惑與反思，無序與無奈，顯然的將持續到下一個世紀。報告文學在趨時應變中走過了蹣跚的十年，艱辛摸索了十年，在文學環境沒有全面提昇的條件下，寬容與理解恐怕是評論九○年代文學不得不有的一種態度。

　　基於這樣的理解，本文最後要強調的是，看似平靜、淺緩、混沌的九○年代文學河流底下，其實有著一股蓄積的力量在醞釀、盤整，伺機破浪而出。平靜，是文學創造自己優勢的契機；平靜，也是作家審視和判斷自己存在價值的時刻。李復威對九○年代文學的觀察就看到了這一點：「與八○年代比較起來，九○年代相當數量作家的心態得到了不同程度的調整……在適應多元格局的競爭態勢下，求得自我的定位生存和不斷發展。浮躁之氣漸少，平實之風益多；急功近利之態漸弱，潛心創作之心益強；玩文學的氣氛漸淡，職業的敬畏感益濃。」[28]從報告文學的角度，我們可以這樣說，九○年代是一個輝煌階段的結束，也是一個蛻變階段的開始。在商業大潮席捲文壇、電子媒介來勢洶洶之際，我們看到作家們堅持追求文學志業的跋涉身影，也看到新寫實、主旋律、史志性報告文學在題材選擇、主題深化、審美意識、創作技巧上的自覺與突破。這就是九○年代報告文學的價值所在，文體魅力所在，也是新世紀報告文學有可能從邊緣重回中心，從平靜再掀喧騰新潮的希望所在。

【本文發表於 2004 年 3 月《中國現代文學季刊》第 1 期】

---

28 李復威：《90 年代文學潮流大系・總序》（北京師範大學出版社，1999），頁7。

大陸當代散文嬗變的歷史敘述

　　中國當代散文的發展，一方面繼承了中國現代散文既有的傲人成果與豐富面貌，一方面又隨著新的歷史形勢縱橫遷衍而走上獨特與嶄新的曲折道路。從 1949 年至今，當代散文已經走過半個多世紀，和現代散文相比，它的時間歷程更長，創作變化更劇烈，起伏跌宕，呈現出頑強、盎然的文體特色與多元氣象，不論是以抒情言志爲主的小品美文，還是以議論時事爲主的雜文，或是迅速反映現實的報告文學，都在這段時期有了新的轉折，並留下充滿生命力的動人軌跡。

　　現代散文三十年的主流趨勢，是由個人小我逐漸走向群體大我，從文學革命走向革命文學，從文學的啓蒙、審美逐漸走向政治、救亡，然而，當代散文五十年的主流趨勢恰恰相反，它從一開始的與政治關係密切，以意識形態爲中心，逐漸調整、轉變，在歷經「文革」非正常的文學劫難之後，個人的聲音開始出現，審美意識開始抬頭，雖然政治功利現象難以完全排除，但到了 20 世紀末，整體創作的審美情趣、美學理想與文學心態都已產生了深刻的變異，也從過往單音的教條變成了多元喧嘩的繁榮局面。

一、「十七年」散文：時代政治的頌歌

　　1949 年至 1966 年，一般習慣上稱爲「十七年」，這是新中國

成立之後的一個重要階段，當代散文的發展也由此揭開序幕。新中國的誕生，給作家們帶來振奮的激情與民族的自豪，從而發出對時代的歌頌與讚美，以巴金爲例，他在〈一封信〉中就語帶深情地寫著：「第一次在廣大群眾之間，如此清楚地看到中國人民光輝燦爛、如花似火的錦繡前程，我感受到心要從口腔裡跳出來，人要縱身飛向天空，個人的感情消失在群眾的感情中間，我不住地在心裏對自己說，我要寫，我要寫人民的勝利和歡樂，我要歌頌這個偉大的時代，歌頌偉大的人民，我要歌頌偉大的領袖。」這樣的政治氛圍，使這個時期的散文題材自然帶有鮮明的時代精神色彩，並且形成一股以「頌歌」爲主的寫作熱潮。這類作品的感情表達是真摯而強烈的，有其時代社會的意義，但其缺失也是顯而易見的，即在藝術審美層面上顯得不足，甚至趨於單一化、概念化的傾向。

「十七年」散文可以 1956 年爲界，從 1949 年到 1956 年爲前期，1957 年反右擴大化和 1958 年「大躍進」之後，到 1966 年「文革」前夕則爲後期。前期以報告文學的成績較佳，後期則有抒情散文的一度勃興。

（一）「十七年」前期以報告文學較突出

前期的散文創作觀念，基本上是四〇年代「解放區」散文觀念的延續，戰地通訊、特寫等報告文學程爲作家們最普遍採用的方式，也因此得到了迅速的成長。報告文學的題材主要有二：一是反映抗美援朝、保家衛國的勇敢事蹟；二是反映新中國社會主義建設的偉大成果。抗美援朝期間，許多作家奔赴前線，深入戰地採訪寫作，寫下了大量報告文學，較知名的有巴金的《生活在

英雄們中間》、劉白羽的《朝鮮在戰火中前進》、《英雄平壤城》、楊朔的《鴨綠江南北》等，其中又以魏巍的《誰是最可愛的人》中的一篇〈誰是最可愛的人〉流傳最廣，影響最大。值得一提的是，在許多作家的集體創作下，出版了三部大型的軍事報告文學集：《朝鮮通訊報告選》（共 3 集，109 篇）、《志願軍英雄傳》（共 3 集，60 篇）、《志願軍一日》（共 4 集，426 篇），爲這場戰爭留下了親歷其境的紀實作品。

　　爲社會主義建設謳歌的報告文學作品也大量湧現，如《祖國在前進》、《經濟建設通訊報告選》兩部大型專集，就是專門報導建國初期在經濟建設上獲得巨大成就的作品。此外，還有一批報導農村、工業和偏遠地區新氣象的作品，如柳青的〈一九五五年秋天在皇甫村〉、楊朔的〈石油城〉、靳以的〈到佛子嶺去〉、華山的〈大戈壁之夜〉、蕭乾的〈萬里趕羊〉、碧野的〈新疆在歡呼〉等，都在一定程度上留下許多動人的圖畫。不過，也有一些作品流於教條，盲目樂觀，宣傳意味過重。

　　前期的雜文在 1956 年時有了一度蓬勃發展的局面，《人民日報》等報刊先後推出雜文專欄，不少作家紛紛撰稿，葉聖陶的〈老爺說的沒錯〉、徐懋庸的〈真理歸於誰家〉、夏衍的〈「廢名論」存疑〉、唐弢的〈「言論老生」〉、秦似的〈比大和比小〉等，論點犀利，構思精巧，是出色的雜文。但這股雜文熱，在 1957 年反右鬥爭開始後即迅速消退。抒情美文的寫作，在反右鬥爭前夕，也一度興盛。現代文學的知名作家在此時都有佳作問世，如冰心的〈小桔燈〉、老舍的〈養花〉、巴金的〈秋夜〉、豐子愷的〈廬山真面〉、葉聖陶的〈遊了三個湖〉、沈從文的〈天安門前〉、從維熙的〈故鄉散記〉等，而楊朔發表〈香山紅葉〉，秦牧發表〈社稷壇抒情〉，

爲他們此後在散文寫作上大放異彩邁出了可喜的步伐。

（二）「十七年」後期抒情散文一度勃興

「十七年」散文在 1957 年後，進入相對活躍的後期。特別是抒情美文，在六○年代初期出現了名家群起、佳作迭出的創作高潮。1961 年年初，《人民日報》開闢《筆談散文》專欄，對散文進行討論，《文匯報》、《光明日報》等隨即響應，使散文創作和理論問題的討論廣泛而全面，同時，《人民文學》等刊物也紛紛發表散文作品，如楊朔〈茶花賦〉、〈荔枝蜜〉，劉白羽〈長江三日〉、〈紅瑪瑙〉，秦牧〈土地〉、〈古戰場春曉〉，冰心〈櫻花讚〉，吳伯簫〈菜園小記〉、〈歌聲〉，巴金〈從鎌倉帶回的照片〉等，均屬上乘之作，具有一定的藝術水準。由於在散文理論和創作上的豐收，1961 年因此被稱爲「散文年」。在十七年的散文中，致力於散文審美藝術建構，並在當時產生最大影響的是楊朔、秦牧、劉白羽。楊朔散文充滿對詩意美的追求，劉白羽散文昂揚振奮、華美壯麗，秦牧散文則兼具知識性與趣味性，他們的獨特風格已經形成，藝術審美傾向也成爲一種典範，被視爲「十七年」散文三大家，影響了一批作家和文學青年。

報告文學在「十七年」文學的後期表現依然搶眼，而且文體的獨立性也大致確立。1958 年，《文藝報》開闢了《大家來寫報告文學》專欄。1963 年，人民日報社、中國作家協會舉行報告文學創作座談會，這是建國以來第一次舉辦有關報告文學的專門討論會。在這樣的情勢下，湧現了一批依舊不離「頌歌」主調的報告文學作品，如魏鋼焰的〈紅桃是怎麼開的？〉，歌頌紡織女工、勞動模範趙夢桃；陳廣生等的〈毛主席的好戰士—雷鋒〉，描寫共

產主義戰士雷鋒「活著就是爲了革命」、「活著就是爲了使別人過得更美好」的崇高情操；穆青等的〈縣委書記的榜樣─焦裕祿〉，描寫共產黨幹部焦裕祿帶領人民戰勝自然災害、鞠躬盡瘁的感人事蹟；巴金、茹志鵑等的〈手〉，報導了中國歷史上第一次斷手再植成功的奇蹟。其他還有袁木等的〈大慶精神大慶人〉、黃宗英的〈小丫扛大旗〉、徐遲的〈祁連山下〉等，都是具有時代精神的作品，在歌頌式的題材背後，也流露出報告文學爲政治、政策服務的思維。

雜文在六〇年代初期也一度活躍。作家們敢於直面現實，議論時政，以雜文的批判性揭露社會的問題與矛盾，且又不失文采，嬉笑怒罵成文章，使雜文的文體特性有了發揮的餘地。鄧拓是此一時期雜文寫作的代表，他以「馬南邨」爲筆名從 1961 年 3 月起在《北京晚報》上開設《燕山夜話》專欄，同年 10 月，他又和吳晗、廖沫沙以共同的筆名「吳南星」在《前線》雜誌上開闢《三家村札記》專欄。鄧拓等的雜文多採以古論今，旁敲側擊的筆法，先從介紹歷史故事入手，再針對現實發表議論。1962 年 5 月，《人民日報》副刊開設《長短錄》專欄，約請夏衍、吳晗、廖沫沙、孟超、唐弢等人撰稿。這些專欄的出現，造成全國許多報刊仿造而開設各種雜文專欄，從而促進了雜文的興盛。但這股興盛的勢頭沒有維持太久，1962 年以後，隨著口號「千萬不要忘記階級鬥爭」的提出，這種針砭時弊的文體被有意的打壓而日趨消寂了。

「十七年」散文的發展是曲折而緩慢的，原本以自由、多元爲本質的散文，在要求配合政治運動與宣傳政策的束縛下，變得僵化而不自由，限制了作家在題材開發與主題深化上的進一步發揮，形成了以時代頌歌爲中心的寫作模式，加上許多作家爲歌頌

而故作豪語，說假話、空話，導致作家自我精神、個性的萎縮，這就使得散文違背了抒寫真情實感的審美原則，「五四」以來所推崇的個性色彩、自我抒情精神，在「十七年」散文中已經悄然遠去。

二、「十年文革」散文：曲折湧動的伏流

假如作家的自我個性在「十七年」文學中逐漸消退，那麼到了 1966 年至 1976 年的「文化大革命」期間，這樣的自由精神與自我意識可以說已經蕩然無存。這場史無前例的十年動亂，使作家創作力遭到嚴酷的摧殘，連生存都受到威脅，遑論提筆寫作，於是文學園地一片荒蕪。散文也不例外。六〇年代後期，公開性的文學讀物只有樣板戲和浩然的小說《艷陽天》。一連串政治運動的打擊，文學創作的成績乏善可陳，許多當代文學史書籍，對這段時期的介紹不是寥寥數行，就是根本不提。事實上，「文革」十年的文學創作雖然陷入停滯狀態，但也並非一片空白，在滿園荒蕪中仍有一些小花在頑強地開著，即使看來如此冷清、孤寂。隨著對文革文學研究的日漸深入，許多資料的重見天日，文革期間的創作已經逐漸受到研究者的重視。

(一)「潛在寫作」的重新發現

陳思和和王堯兩人應該是對「文革」文學研究的代表性學者。陳思和提出了「潛在寫作」概念，專指 1949 年以後到 1976 年「文革」結束期間，有些作家寫出作品但沒有及時發表的特殊現象。陳思和對「潛在寫作」解釋說：「指的是許多被剝奪了正常寫作權力的作家，在啞聲的年代裡依然保持著對文學的摯愛和創作熱

情，他們寫了許多在當時環境下不能公開發表的文學作品。」[1]他
主編了一套 10 卷的《潛在寫作文叢》[2]，收錄了胡風、無名氏、
彭燕郊、張中曉、綠原、阿壠、食指等人的作品，有小說、詩、
散文等，其中胡風、彭燕郊、阿壠、張中曉等人有爲數不多的散
文作品。王堯對文革文學研究多年，曾主編一套 12 卷的《文革文
學大系》（1966-1976）[3]，按文體編排，其中有《散文報告文學》
2 卷，收錄許多文革十年期間發表的散文及報告文學作品，這套
大系的出版，應是目前爲止收錄文革時期作品最齊全者。

　　雜文的批判本質，使它在文革期間銷聲匿跡。抒情美文和報
告文學則尙有一絲偷偷喘息的空間，但在質量與數量上都難以令
人滿意。從現有的資料來看，文革期間的散文創作，能夠淡化政
治，而以自我抒情敘事爲主體的作品不多，謝璞的〈珍珠賦〉、許
淇的〈琴手〉、豐子愷的《緣緣堂續筆》等作品應該算是荒涼文苑
中極少數教條色彩較淡者。〈珍珠賦〉發表於 1972 年 11 月 26 日
《湖南日報》，謝璞以充滿詩意的筆調描寫洞庭湖的新面貌：

> 離開漁船，走上堤岸，只見千百條水渠，像彩帶似的，把
> 無邊無際的田野，劃成棋盤似的整齊方塊。那沉甸甸的稻
> 穀，像一壟壟金黃的珍珠；炸蕾吐絮的棉花，像一箱箱雪
> 白的珍珠；婆娑起舞的蓮蓬，卻又像一盤盤碧綠的珍珠。

1　見陳思和：〈中國大陸當代文學史（1949-1976）的潛在寫作〉，《2006 年王夢
　鷗教授學術講座演講集》（政大中文系編印，2000），頁 25。
2　《潛在寫作文叢》共十卷，有胡風《懷春室詩文》、無名氏《花的恐怖》、《〈無
　名書〉精粹》、彭燕郊《野史無文》、阿壠《垂柳巷文輯》、張中曉《無夢樓全
　集》等，武漢出版社，2006 年 1 月。
3　王堯主編的《文革文學大系》（1966-1976），共有小說 5 卷、散文報告文學 2
　卷、詩歌 2 卷、戲劇電影 2 卷、史料 1 卷，台北：文史哲出版社，2007 年 12
　月。

　　那大大小小的河港湖泊，機帆船穿織如梭，平坦的長堤公
　　路上，拖拉機往來不斷，到處是機聲隆隆，水暢人歡。今
　　日洞庭，詩意盎然，彩筆難繪，簡直是一個用珍珠綴成的
　　嶄新世界！

　　雖然在景物的激情描寫中，作者不忘「歌頌」精神地寫到突
然傳來的一陣歌聲：「手握珍珠喜盈盈，千顆萬顆照洞庭；好水一
湖金不換，幸福源頭在北京……」但整體來說，個人的抒情已經
有了較多的發揮。

　　許淇的〈琴手〉發表於 1974 年第 1 期的《內蒙古文藝》，描
寫一位年輕女電工托婭從小和爺爺學習馬頭琴，但在祖國需要電
力建設的號召下，她疏遠了練琴，全心投入作業班的工作中，最
後在一次聯歡晚會中，原本要上去演奏的她，看到窗外山路有根
電線被風雪刮下來，使得對面宿舍燈火熄滅，於是暫停演奏，將
琴交給爺爺代奏，衝出去爬上電線桿修理，十幾分鐘後又奔回舞
台，從爺爺手中接過琴開始演奏，博得了台下熱烈持久的掌聲。
雖然有些八股，但全篇洋溢著青春的氣息，一些細節的刻劃也頗
為生動，例如琴與電的形象在托婭心中融合無間的一段即很出色：

　　有時候，電和琴這兩個夥伴的形象再拖婭的心裏融合在一
　　起。礦山的風，草原的風，塞北的風，時而狂暴，時而固
　　執，時而溫柔，在越嶺飛巒的電線上彈奏出各種聲音，就
　　像琴弦被琴手撥動，發出不同感情的音樂語言。托婭在電
　　線桿木下傾聽著，她能從風在電線上拉奏的歌，辨別出內
　　在的電流是暢通還是受到阻隔。當她爬上輸電塔，白雲勾
　　出她矯健的身影，她撥弄修理那電線的時候，輸電塔不正
　　像巨大的琴身，而電線不正像琴弦一樣嗎？

　　像這樣融抒情與敘事於一體，使人物心境鮮活呈現的文字，在文革期間並不多見。

　　文革期間，豐子愷受到無情的批判和審查，身心備受摧殘，寫作中斷，直到 1970 年才開始作畫寫字，並從事翻譯。1971 年，開始寫作《往事瑣憶》，後定名為《緣緣堂續筆》，共 33 篇，但當時均無法發表，是典型的「潛在寫作」。這些文章充滿樸質的趣味，描寫人物的有童年玩伴、隔鄰豆腐店的小老闆〈王囝囝〉，孑然一身、自耕自食的〈癩六伯〉，故鄉石門灣後河的四個老太婆〈四軒柱〉等，敘事之作則有〈吃酒〉、〈舊上海〉、〈暫時脫離塵世〉等。這些作品看不到時代風雲的劇烈變化，也沒有對現實政治的呼應或牽涉，完全是憶往懷舊，筆調文風頗似晚年的周作人。例如〈吃酒〉，寫到難忘的幾次吃酒情境，有和好友在日本江之島吃壺燒酒，或在上海一家百年老店吃素酒，也有抗戰期間逃難途中結識的老翁，兩人以花生米下酒，閒談瑣事，最後提及在杭州時一位釣蝦的酒徒，娓娓寫來，確有幾分情味，且看其中一段：

> 我和老黃在江之島吃壺燒酒，三杯入口，萬慮皆消。海鳥長鳴，天風振袖。但覺心曠神怡，彷彿身在仙境。老黃愛調笑，看見年輕侍女，就和她搭訕，問年紀，問家鄉，引起她身世之感，使她掉下淚來。於是臨走多給小賬，約定何日重來。我們又彷彿身在小說中了。

　　文章寫得趣味橫生，有出世之感，這和殺聲震天的文革氛圍，政治掛帥的文壇風向完全不相干，彷彿置身另一個世界。

（二）帶著鐐銬跳舞的艱難處境

　　和這些抒情散文相比，文革期間的報告文學在數量上顯得相

對豐富，題材上多敘述工農兵的偉大事蹟和祖國建設的新成就，對於政治正確人物的報導充滿激情和崇拜，在文革期間產生了一定的影響力。〈一心為公的共產主義戰士蔡永祥〉、〈一不怕苦、二不怕死的共產主義戰士〉、〈王鐵人的故事〉、〈人民的好醫生李月華〉、〈老紅軍團長方和明的新故事〉等，就是特殊時代下的產物，無可避免地充斥著濃厚的政治氣息，陷入八股教條的窠臼。即使是後來在散文領域大放異彩的余秋雨，他在文革期間寫的作品也難逃歌功頌德模式的影響，例如發表於 1975 年的〈記一位縣委書記〉，描寫新南縣縣委書記唐進照顧知識青年的感人事蹟，長萬餘字，雖然在題材上對共產黨領導的大加張揚，依然給人做作不真實之感，但在刻畫人物上不失成熟的技巧，許多場景的描繪也頗生動。文末寫道西山公社裡的知識青年爭先恐後地到大蒼山開辦農副結合的青年綜合場，作者隨行上山，而有了以下的觀察和體會：

> 越往上走，山勢越險峻，樹木越茂密，風景越壯美，我的心胸也越開闊。我邊走邊想：大蒼山，就和祖國的其他千山萬嶺一樣，在它這林深岩疊、莽莽蒼蒼的身軀裡，埋藏著多少可歌可泣的革命歷史故事？而今天，額角被革命風濤刻滿了皺紋的唐進同志、周大爺他們，帶領著自己的兒女，不，帶領著一支宏大的青年革命隊伍，在這裡又開始一次新的長征！快走，在他們裡邊，我又將會聽到多少動人的新故事啊！我們攀上了一座山峰，白雲就在我們頭上。極目望去，只見前面一座更高的山峰上有幾面火紅的旗幟在綠樹中飄揚，旗下人影綽綽。一陣山風吹過，帶來了一個女青年輕亮婉轉的歌聲：

大蒼山喲 —— 高又高呵，

紅軍的足跡喲遍山嶴囉；

今天來了咱新一代喲，

山巔紅旗喲呵嗨 —— 萬年飄囉！

　　文章的修辭是精美的，意象的塑造也是用心的，但這樣的報告文學作品在政治教條的束縛下，極左路線的控制下，也只能戴著鐐銬跳舞，文學審美精神在其中是微不足道了。

　　正如王堯所說：「曾經在很長的時期內，當代文學史的敘述是殘缺不全的，突出的問題是『文革文學』被擱置，當代文學史的敘述在進入到六〇年代中期後突然中斷了。這一現象可以稱為文學史敘述的『斷裂』問題。當初對這一現象的解釋是『文革』無文學，或曰：『一片空白』，無疑，這一解釋在學理上是不能成立的。現在，學界已經無須就是否有必要研究『文革文學』再做爭論。……如果不能改變『簡單中斷』的觀點，當代文學史寫作中的『整體性』構架是無法實現的。」[4]過去，對文革文學的認識是不足的，僅從公開發表的作品來觀察，這一階段的表現的確顯得貧乏，但正如陳思和所言：「我們要在上世紀五〇—七〇年代的文學史裏尋找時代精神的多重性似乎是很困難的，因為公開出版物裏不可能提供來自這方面的資訊。但在引入『潛在寫作』的文學史概念之後，這種單一的文學史圖像就被打破。」[5]即使如此，十年文革對文學的摧殘是嚴峻的，對文人的迫害是殘酷的，它使文學史的發展遇到挫折，甚至中斷，這也是不容否認的事實。這十

---

4 見王堯：《文革文學大系‧導言》。
5 陳思和：〈中國大陸當代文學史（1949-1976）的潛在寫作〉，《2006 年王夢鷗教授學術講座演講集》，頁 41。

年的文學，當然包括散文在內，就如同一條湮沒在沙土下的河水，
在潛伏中等待重見天日的到來。

三、「新時期」散文：抒情精神的復甦

　　走向開放，重返「五四」，強調抒情精神，找回個體意識，是
進入八〇年代「新時期」文學發展的基本軌跡和總體特徵。走過
「文革」十年的冰封狀態，新時期的散文以其多元的藝術追求、
自由真實的姿態，從內容到形式都有了新的面貌，呈現出欣欣向
榮的發展態勢。不管是抒情散文、批判性雜文，還是轟動一時的
報告文學，都在新時期有了明顯的拓展與進步。

　　1976 年，文化大革命結束，作家們迎來了撥亂反正、思想解
放的春天。尤其是 1979 年 11 月召開的第四次全國文學藝術工作
者代表大會，鄧小平明確提出「要著重幫助文藝工作者繼續解放
思想，打破林彪、『四人幫』設置的精神枷鎖」，並且重申「百花
齊放、百家爭鳴」的文藝方針，為文學的健全發展提供了有力的
支持。從檢討文革經驗、批評「四人幫」開始，文學創作邁向「新
時期」的嶄新局面。至 1989 年為止，這個階段的文學逐漸從為政
治服務的束縛中掙脫開來，創作主體意識逐漸增強，對散文文體
的探索也有所突破。政治上的撥亂反正，經濟上的改革開放，和
文學思想上的複調多元，共同匯聚成八〇年代文壇的繁榮浪潮。
老、中年作家如巴金、冰心、劉白羽、孫犁、秦牧、袁鷹、韋宜
君、楊絳、柯靈等，寫了許多思想深刻與情感真誠的作品；中、
青年作家如宗璞、賈平凹、趙麗宏、王英琦、謝大光等，成為八
〇年代散文創作的主力，個性突出，風格迥異；女性散文作家群
在新時期也昂然崛起，張潔、王英琦、蘇葉、葉夢、韓小蕙等，

以其女性獨到的觀察視野與細膩的情思，使新時期的散文天空燦亮多采。這些各擅勝場的作家，使八〇年代的散文創作匯聚成一股澎湃的潮流，成績斐然。

（一）浩劫之後，講真話、寫真情成為散文創作主流

浩劫之後的散文復甦是從悼念、揭露、反思「文革」的創作題材為標誌的。從 1978 年到 1982 年的新時期初期，「傷痕文學」與「反思文學」是文學的共同走向。散文也是和這個基本發展軌跡同步前進的。在傷痕累累與理性反思中，散文找到了呼應時代變化的突破口。陶斯亮的〈一封終於發出的信〉，揭開了「四人幫」對作者父親陶鑄迫害的真實內幕；巴金的〈懷念蕭珊〉，追憶亡妻最後幾年的生活道路，血淚交織；其他如樓適夷的〈痛悼傅雷〉、丁寧的〈幽燕詩魂〉、陳荒煤的〈憶何其芳〉、黃宗英的〈星〉、柯岩的〈哭李季〉等一批以哀悼為主的散文，由於觸動了人民的內心，被爭相傳閱，影響甚廣。哀悼之後，人們開始以較理性的眼光思索「文革」所帶來傷痕的歷史意義，作家們也開始從個人感受出發，表達對生活的深層體會，從而具有更寬廣的內容。巴金的《隨想錄》、楊絳的《幹校六記》、丁玲的《「牛棚」小品》、孫犁的《芸齋瑣談》等，即是反思歷史、正視現實之作。

以「講真話」為主要訴求的《隨想錄》，不僅是巴金個人晚年文學的代表作，更是一代知識分子自我懺悔、心靈拷問的精神紀錄。他寫這些文章的出發點是要對「文革」做出個人的反省，正如他在《隨想錄》合訂本新記中所說：「拿起筆來，儘管我接觸各種題目，議論各樣事情，我的思想卻始終在一個圈子裡打轉，那就是所謂十年浩劫的『文革』。……住了十載『牛棚』，我就有責

任揭穿那一場驚心動魄的大騙局，不讓子孫後代再遭受災難。」
這五卷書「就是用真話建立起來的揭露『文革』的博物館」。從這
個理念出發，他從 1978 年 12 月寫下第一篇〈談《望鄉》〉到 1986
年 8 月寫完最後一篇〈懷念胡風〉，在八年的時間裡，陸續寫了
150 篇，共 42 萬字，後來編成五集，由人民文學出版社於 1986
年出齊。這五集總稱為《隨想錄》，分別是《隨想錄》、《探索集》、
《真話錄》、《病中集》、《無題集》。可以說，《隨感錄》不僅是「新
時期」，更是整個當代文學最可貴的收穫之一，也是最重要的散文
創作成果之一。

　　歷經十年磨難，巴金基於歷史責任感與使命感，透過文字對
歷史和人生做出深刻反省與理性思考，其中有勇於批判的雜文，
如〈「遵命文學」〉、〈「長官意志」〉、〈文學的作用〉、〈小人・大人・
長官〉、〈要不要制定「文藝法」〉、〈沒什麼可怕的了〉等；也有情
真意切、感人肺腑的悼念散文，如〈懷念蕭珊〉、〈懷念老舍〉等，
表現出人間真摯的愛，以及對扼殺這種愛、扼殺人性的憤懣，這
些抒情散文為他贏得了更多讀者。〈懷念蕭珊〉是在蕭珊逝世六週
年紀念日時提筆撰寫，歷時六個月完成，可謂血淚之作。透過蕭
珊被迫害致死的悲劇，巴金企圖呈現的是一個時代的悲劇，他以
飽含深情之筆刻劃出蕭珊的動人形象，使本文成了哀悼散文的典
範之作。文中許多相處的細節，讀來令人動容：

> 我記得有一天，到了平常下班的時間，我們沒有受到留難，
> 回到家裡她比較高興，到廚房去燒菜。我翻看當天的報紙，
> 在第三版看到當時做了「作協分會」的「頭頭」的兩個工
> 人作家寫的文章〈徹底揭露巴金的反革命真面目〉。真是當
> 頭一棒！我看了兩三行，連忙把報紙藏起來，我害怕讓她

看見。她端著燒好的菜出來，臉上還帶笑容，吃飯時她有說有笑。飯後她要看報，我企圖把她的注意力引到別處。但是沒有用，她找到了報紙。她的笑容一下子完全消失。這一夜她再也沒有講話，早早地進了房間。我後來發現她躺在床上小聲哭著。一個安靜的夜晚給破壞了。今天回想當時的情景，她那張滿是淚痕的臉還在我的眼前。我多麼願意讓她的淚痕消失，笑容在她那憔悴的臉上重現，即使減少我幾年的生命來換取我們家庭生活中一個寧靜的夜晚，我也心甘情願！

全文語出肺腑，在椎心刺骨的哀傷中，飽含血淚的控訴，越是生活瑣事的點滴，感人的力道就越強。語言自然樸質是巴金散文最突出的藝術特色之一，他總能在普通的話語和平實的描寫中，寄寓深層的詩意境界。十年浩劫的急風暴雨，讓這些哀悼的抒情文字擁有真實深刻的動人力量。

（二）報告文學在八〇年代一度輝煌

1982 年以後，中國當代文學進入了黃金時期。由於思想的解放，使文學有了較為寬闊的天地，作家的自我意識抬頭，無論創作個性或藝術風格都有了深刻的變化。報告文學在八〇年代找到了發揮的舞台，以其迅速反應現實生活的文體特性，成為新時期文學的主潮之一，也是報告文學最「轟動」的時期。八〇年代的報告文學可以分成兩個階段，以 1985 年為界，前期主要是表現一人一事、以歌頌為主題的人物式報告文學，後期則轉為關注重大社會現象的問題式報告文學，作品視野開闊，從小景觀變成全景式的掌握。人物式報告文學的代表作品有徐遲的〈哥德巴赫猜

想〉，報導數學家陳景潤克服困難尋求科學突破的奮鬥故事，被視為新時期報告文學崛起的標誌性作品，帶動了以知識分子為題材的報告文學熱；黃宗英的〈大雁情〉、柯岩的〈船廠〉、陳祖芬的〈祖國高於一切〉、穆青等的〈為了周總理的囑託〉等文，也都是以知識分子和他們的實驗研究活動為課題的作品，肯定他們對國家貢獻的動人事跡，也意味著對「文革」期間迫害知識分子錯誤政策的反省。

隨著改革開放的深入，報告文學取材的範圍逐漸拓寬，有現實社會的各式人物，也有歷史事件的重新檢視，使報告文學積極干預生活、反映現實的文體功能有更大的發揮空間，如劉賓雁的〈人妖之間〉、程樹榛的〈勵精圖治〉、李延國的〈廢墟上站起來的年輕人〉、袁厚春的〈省委第一書記〉、張鍥的〈熱流〉、喬邁的〈三門李軼聞〉、理由的〈中年頌〉、魯光的〈中國姑娘〉等，反應並記錄了新時期的各種人物形象，有歌頌，有批判，也有較強的藝術表現力。

1985 年以後，報告文學從描寫真實人物形象轉為注重問題的深入挖掘，由微觀轉向宏觀，湧現了一批具有較大社會現實穿透力的作品，如涵逸所寫反映獨生子女問題的〈中國的「小皇帝」〉，錢鋼所寫紀錄唐山地震災害的〈唐山大地震〉，霍達所寫反映知識分子問題的〈國殤〉，沙青所寫探討環保問題的〈北京失去平衡〉，以及李延國的〈中國農民大趨勢〉、張勝友、胡平的〈世界大串連〉、大鷹的〈志願軍戰俘紀事〉等，都是探討問題、視野寬闊的作品，密集的訊息量與深邃的思考力，加上強烈的時代精神，使它們產生了一定的社會反響。例如〈中國的「小皇帝」〉，探討獨生子女的教育問題，文中對那些「由祖父母、外祖父母及父母用全部精

力供奉起來的、幾乎無一例外地患了『四二一』綜合症的孩子
── 獨生子女們」，有一針見血的觀察，許多例子真叫人啼笑皆
非，如一個小學三年級的 10 歲學生，每天晚上都由他母親半夜起
床爲他「接尿」，到了 11 歲還不會穿衣服；有一個四年級的學生
每天中午除了別的飯菜以外，還要帶一個雞蛋，都是由父母負責
剝淨蛋殼、裝進飯盒。但偶爾有一次，沒有幫他剝蛋殼，小孩子
竟左看又看，發現沒有縫可以下手，只好不吃，帶回家去。母親
問他，他的回答是：「沒有縫，我怎麼吃？」類此例子還有不少，
作者不禁思考：「愛孩子，是人類的天性，這是毫無疑問的。而時
下生活中反映出來的一個最尖銳的問題是：溺愛算不算愛？四個
祖輩、兩個父輩圍著一個小太陽旋轉，轉得頭昏眼花也樂在其中，
會不會總有一天樂極生悲？」這些以「問題」爲中心的報告文學
作品，真實而準確地呈現出社會中存在的嚴重問題，給人當頭棒
喝之感，也帶給讀者深沉的反思，無怪乎這些作品一發表，立刻
就會引起極大的迴響。

　　除了抒情散文、報告文學之外，以反映時代、表現生活，或
頌揚、或批判的雜文，在新時期也受到讀者的關注。雖然它沒有
報告文學那樣的轟動效應，但也穩定地向前發展，不論是作家隊
伍或作品數量均有可觀。巴金、夏衍、唐弢、舒蕪、林放、黃裳、
邵燕祥、孫犁、藍翎、李庚辰、蔣元明等，都在雜文領域辛勤耕
耘，陣容堅強，是雜文隊伍的中間力量。《人民日報》、《光明日報》、
《文藝報》、《人民文學》等許多報刊推出雜文專欄，吸引了廣大
的讀者群，加上各地雜文學會紛紛成立，使雜文寫作蔚爲風潮。
此外，這段時期還出現了專門提倡雜文寫作理論研究的《雜文界》
雜誌，以及專門登載雜文的《雜文報》，都有力推動了雜文的寫作

與研究。

　　這一時期出版的雜文集有：林放的《未晚談》、嚴秀的《嚴秀雜文選》、牧惠的《湖濱拾翠》、邵燕祥的《憂樂百篇》、藍翎的《金台集》、陳小川的《各領風騷沒幾年》等，都能延續「五四」以來傳統雜文的特性，注重批判鋒芒，把握時代脈動，與社會現實緊密互動，有論者就認為「這是自『五四』以來，整個中國現代雜文史上，雜文創作的第二個豐收期」[6]。

　　整體而言，在擺脫了「文革」的政治緊箍咒後，原本荒蕪的創作園地開始欣欣向榮，新時期的抒情散文、報告文學和雜文，在質與量上都有了明顯的提升。個人意識的覺醒，抒情精神的恢復，使新時期的散文表現千姿百態，不論在思想內容、題材範圍或藝術表現上都有所突破。

四、「後新時期」散文：繁華多元的審美景觀

　　1989 年後，文壇進入了九〇年代的「後新時期」，散文在這個階段有更多元型態的發展，不論是作家風格還是文體的嘗試，隨著藝術的成熟和視野的拓寬，獲得了豐碩的成果。一般論者都把「散文熱」視為九〇年代文學的重要現象，雖然這個熱潮與市場經濟下的文化消費特徵有關，但它的確在九〇年代形成一個熱鬧繁盛的局面。有論者指出：「有如七〇年代末八〇年代初小說、詩歌、戲劇浪潮迭起、紅紅火火越發襯托出散文緘默不語的窘態一樣，九〇年代小說、詩歌、戲劇等相繼偃旗息鼓、潰不成軍亦

---

6 見莊漢新編著：《中國二十世紀散文思潮史》（北京：學苑出版社，2005），頁341。

越發襯托出散文的一花獨放，極度活躍。」[7]這個論點或許稍有誇張，但它也道出了散文在九〇年代異軍突起的特殊現象。

散文在這一時期繁榮的局面是由以下幾個方面共同支撐起來的：一是發表散文的刊物增多，如《散文》、《散文百家》、《散文選刊》、《美文》等專門刊載散文的雜誌，以及如《十月》、《收穫》、《上海文學》等重要雜誌也都相繼開闢隨筆、小品等專欄，使散文的創作量激增；二是散文讀者群擴大，他們對散文作品的高購買力與閱讀風氣，使各種散文選本、書系，都有不錯的銷售佳績，如浙江文藝出版社的《現代散文全編》系列，百花文藝出版社的《百花散文書系》等，都受到讀者的喜愛；三是散文作者隊伍擴大，許多小說家、詩人、學者也紛紛提筆創作散文，使散文風格多元繽紛，從而促成了散文在九〇年代的大放異彩。小說家兼寫散文的如汪曾祺、王蒙、劉心武、史鐵生、張承志、韓少功、張煒、王安憶等；詩人兼寫散文的如周濤、于堅、翟永明、王家新等；學者兼寫散文的如季羨林、張中行、金克木、林非、周國平等。此外，還有一些新聞傳媒工作者也投入散文的寫作，如王充閭、梁衡、卞毓方等。這麼多的文人學者加入，散文的知識品味和文化份量也隨之提升，其盛況可與「五四」時期散文的興盛相呼應。有學者即認為：「一部 20 世紀的中國現代散文史，是一個兩頭高中間低的馬鞍型的發展歷程」，「世紀末的這一次散文創作的繁榮或高潮，與世紀初從五四至三十年代中國現代散文的繁榮和高潮，形成前後呼應和映照。這樣一個由現象得出的結論大體上是不會太離譜的。」[8]

---

7 見沈義貞：《中國當代散文藝術演變史》（杭州：浙江大學出版社，2000），頁 236。
8 見樓肇明等：《繁華遮蔽下的貧困 —— 九十年代散文之路》（山西教育出版社，

　　九〇年代以來的散文，較突出的是抒情美文與學者的文化散文，相形之下，雜文和報告文學則顯得有些冷清。

（一）雜文與報告文學聲勢減弱

　　雜文的聲勢在八〇年代達到高峰，但進入九〇年代以後就如淺灘行舟般陷入低潮。八〇年代特定的政治生活氛圍，爲雜文的成長提供適切的土壤，在人們對民主政治普遍要求的風氣下雜文應運而起，但不可否認的，其中有些作品虛僞迎合，不夠真誠，有些作品淺顯粗糙，藝術品格不高，這都爲九〇年代的頹疲不振埋下了種因。論者對九〇年代雜文的發展曾如此概括：「進入九〇年代以後，雜文寫作的勢頭有所減弱，這一方面由於社會政治環境的影響和制約，另一方面與市場經濟條件下人們傾向於休閒娛樂的文化消費觀念有關。人們面對世俗的誘惑，不再對現實的問題做出激烈的反應，人文關懷也逐漸淡漠，更多的是媚俗、迎合、即使還有少數人依然堅守人文立場，高舉啓蒙主義的大旗，堅持以批判爲己任，但在商品文化的滾滾浪潮中已不成氣候。」[9]一語道出報告文學在邁入九〇年代以後的困境。

　　報告文學在商業經濟大潮的衝擊下，由八〇年代的輝煌走向邊緣，形成一個極大落差，甚至呈現出衰退之勢。這一時期的報告文學，仍然以反映現實重大問題與事件爲主調，試圖以更貼近民眾需求、提供更多信息量來滿足讀者，但整體環境的改變，使報告文學和其他傳統文學創作都面臨了集體衰退的命運。在反映時代重大題材方面，報告文學其實與時俱進地發揮了其文體的特

1999），頁2。

9　見莊漢新編著：《中國二十世紀散文思潮史》，頁342。

性，陸續報導了如農村現實、扶貧工程、希望工程、航空航天事業、長江三峽、黃河移民、環境汙染、生態保育、貧困大學生、知識分子處境等問題，甚至於連新科技領域、高科技人才、尖端軍事國防題材等也都進入了被報導的範疇，可以說在題材上有所拓展。除了問題式報告文學，還有一批作品是把眼光投向歷史，試圖重新以現實眼光來審視歷史上的重大事件，由於帶有明顯的述史寫志的特點，因此被學者稱爲「史志性報告文學」[10]。這類作品如張建偉的〈大清王朝的最後變革〉，談的是 1905 年至 1906 年間由袁世凱、瞿鴻禨、慈禧等人參與的一次政治變革活動；盧躍剛的〈長江三峽：中國的史詩〉，以回溯的方式介紹了長江三峽水利工程從開始的構想到決議的過程，透過主要人物林一山、李銳的交鋒，對此一工程歷史作了詳盡的報導；何建明的〈歷史，不會永久被淹沒〉則對大慶油田的發現過程進行了生動的歷史描繪；此外，如麥天樞的〈昨天 —— 中英鴉片戰爭紀實〉、李鳴生的〈走出地球村〉、張勝友的〈沙漠風暴〉等，也被歸類於史志性報告文學。對於史志性報告文學的作用與價值，論者認爲「在歷史的有關領域尋求和報告對現實有啓發和參考的內容，試圖以史爲鏡，更清楚地了解和把握現實。」[11]換言之，「這些作品對以往冰凍或湮沒的重大史實重新化解、挖掘，力圖用歷史與現實的標準加以審視，使其本於歷史、指歸於現實。」[12]雖然經過數十年的發展，報告文學仍是尙在成長中的年輕文體，如何在文學的藝術

---

10 這個名詞是報告文學研究者李炳銀所提出，他並且編了一本《史志性報告文學》，1999 年由北京師範大學出版社出版。
11 李炳銀：《史志性報告文學‧序》（北京師範大學出版社，1999），頁 8。
12 王萬森、吳義勤、房福賢主編：《中國當代文學五十年》（青島：中國海洋大學出版社，2006），頁 258。

與新聞的素養中求取平衡的融合，即使是進入新世紀，也還是報告文學創作者與研究者必須面對的課題。

（二）「美文」與「大散文」構成九○年代散文主潮

九○年代的散文文壇，居主潮之一的抒情散文有著極為亮眼的表現。由賈平凹主編、以「倡導美的文章」為宗旨的《美文》雜誌在 1992 年 9 月創刊，其所標榜的「美文」和「大散文」樹立起九○年代散文的風格和品味的藝術追求。「美文」概念的提出，強調散文要回歸抒情的傳統，要強化散文的藝術本體特徵，汪曾祺、張中行、張煒、賈平凹、韓少功、周濤等人的作品即有此傾向，王英琦、舒婷、韓小蕙、唐敏、鐵凝、張抗抗等女性作家的散文也以此見長；「大散文」概念的提出，開拓了散文創作的領域，放開了作者思想的疆域，同時也加深了散文的知識品味和文化重量，余秋雨、季羨林、金克木、王充閭、卞毓方、林非、李存葆、夏堅勇、等人具歷史底蘊與文化思考的作品，以及史鐵生、張承志、韓少功、周國平等人的作品對人生和命運有形而上的思索、人文理想的堅守，都可歸入於「大散文」的寫作之列。

九○年代「美文」的提出，使抒情散文有了豐碩的收穫。汪曾祺以市民生活情趣為題材的作品，周濤以西部邊陲生活為背景的作品，賈平凹以西北獨特生活為背景的創作，都是充滿風土人情，地域色彩鮮明，堪稱抒情散文的代表作。汪曾祺，江蘇人，被稱為「京派」小說的傳人，同時又以散文集《蒲橋集》、《塔上隨筆》、《逝水》、《五味集》等馳譽文壇，其作品多寫故鄉風物、童年趣事、個人經歷的回憶，以其濃厚文化氛圍和語言的質樸有味，構成獨特的汪氏美學風格。丁帆在《五味集‧代序》中就指

出：「汪氏的散文卻是在平淡如水的敘述描寫之中，使你讀出無窮
的意蘊。它們的靈氣就在於作者把自己一生的文化、知識、經驗
變形於娓娓的談天說地式的平靜描述中，避開那種雕琢的人工匠
氣，走進真正的生活之中，將中國的傳統文化『化入』一種純真
無邪、清澈明朗的意境之中。」[13]如〈蘿蔔〉一文的首段，汪曾
祺美食家的品味在不經意中已輕輕帶出：

> 楊花蘿蔔即北京的小水蘿蔔。因為是楊花飛舞時上市賣
> 的，我的家鄉名之曰：「楊花蘿蔔」。這個名稱很富於季節
> 感。我家不遠的街口一家茶食店的屋下有一個歲數大的女
> 人擺一個小攤子，賣供孩子食用的便宜的零吃。楊花蘿蔔
> 下來的時候，賣蘿蔔。蘿蔔一把一把地碼著。她不時用炊
> 帚灑一點水，蘿蔔總是鮮紅的。給她一個銅板，她就用小
> 刀切下三四根蘿蔔。蘿蔔極脆嫩，有甜味，富水分。自離
> 家鄉後，我沒有吃過這樣好吃的蘿蔔。或者不如說自我長
> 大後沒有吃過這樣好吃的蘿蔔。小時候吃的東西都是最好
> 吃的。

　　沒有奇崛的語句，只有寧靜把玩的淡泊心態，但卻自成充滿
性靈的審美世界。在散文集《蒲橋集》中介紹汪曾祺散文的特點
時說：「此集諸篇，記人事、寫風景、談文化、述掌故，兼及草木
蟲魚，瓜果食物，皆有情致。間作小考証，亦可喜。娓娓而談，
態度親切，不矜持作態，文求雅潔，少雕飾，如行雲流水。春初
新韮，秋末晚菘，滋味近似。」[14]可謂一語道破。

　　周濤，山西人，九歲時因父親工作調動而進入新疆。八〇年

---

13 丁帆選編、汪曾祺著：《五味集·代序》（台北：幼獅文化公司，1996），頁5。
14 汪曾祺：《蒲橋集·自序》（作家出版社，1991）。

代初期以詩歌嶄露頭角，是「新邊塞詩」的倡導者之一。八〇年代中期以後改寫散文。九〇年代以後出版的散文集有《稀世之鳥》、《周濤自選集》、《秋風舊雨集》、《人生與幻想》、《周濤散文》等。周濤的散文以描寫西部邊陲的自然人文景觀爲主要內容，情感充沛，充滿想像，擅長描寫西部土地的廣漠、坦蕩與神祕，被稱爲「西部風骨」，如〈牧人的姿態〉、〈過河〉、〈鞏乃斯的馬〉、〈猛禽〉、〈北塔山紀事〉、〈西部與西部〉、〈天山的額頂與皺摺〉等即是這種風格的代表作。賈平凹，陝西人，散文集有《月跡》、《愛的蹤跡》、《心跡》、《人跡》、《商州三錄》、《商州散記》、《賈平凹散文自選集》等。賈平凹的散文取材廣泛，不拘一格，以生長的陝南商州大地爲創作基石，以充滿鄉土氣息的作品爲代表，厚重、樸實、率真的筆致，使他在後新時期的小說及散文界獨樹一幟。關於賈平凹的散文表現，以下將有一節特別介紹。

　　自新時期以來，女性作家就是散文創作中一支重要的隊伍，她們以清晰的性別意識，善於從日常生活中挖掘詩意，表達自我內心真實細膩的情思，抒情美文是她們的拿手戲。她們關注女性自身的命運，對「愛」與「美」執著追求，雖然有一部份作品因題材的狹隘、重複、瑣細，以及表現手法的簡單化、平面化，而被批評爲「小女人散文」，但大部分的女性散文，還是以其心靈的深刻內省、精神家園的執著追求、抒情筆法的豐富多變，織就散文的另一片天空，受到廣大讀者的歡迎。有論者認爲「20世紀九〇年代對於中國女性散文而言可謂是一個黃金時代」，不僅是女性作家隊伍壯大，而且大量的女性散文系列叢書、個集、合集相繼出版，「據不完全統計，從1990年到1999年十年間，出版各類女性散文集子400餘種，女性散文系列叢書20餘種，影響較大的如

《九○年代女性散文 11 家》、《風頭正健才女叢書》、《都市女性隨
筆（兩種）》、《紅辣椒文叢》、《金蘋果散文系列》、《紅櫻桃書系》、
《萊曼女性文化書系》、《她們文學叢書‧散文卷（4 輯）》、《野薔
薇文叢》、《金蜘蛛叢書》、《女作家愛心系列》、《心箭叢書》、《海
外著名華人女作家新潮散文系列》等。」[15]還有許多報紙、刊物
也推出專欄，大量刊發女性散文作品。

　　九○年代的女性散文作家中，慣於書寫女性生命意識覺醒、
歌頌母愛的有冰心、張潔、方方、蔣子丹、馮秋子、趙翼如、杜
麗、李佩芝等；筆觸能直指社會的有張潔、張抗抗、鐵凝、方方、
王英琦等；作品充滿文化味與書卷氣的有宗璞、楊絳、馬瑞芳、
樂黛雲、趙園等；其他如梅潔、舒婷、唐敏、蘇葉、斯妤、韓小
蕙、曹明華、殘雪、王安憶等人，也都透過散文展示了她們豐富
美麗的生命姿態。對於九○年代女性散文的表現，雖然有不少批
評的聲浪，但整體而言，肯定的聲音較多，有論者即讚揚道：「她
們所著力表現的，大部分都還是世界、國家、社會、人類、精神
家園、心靈歸宿、價值取向、人生追求以及終極關懷。格調是純
正的，胸襟是宏闊的，視野是高瞻的，在這幾方面均上升到了文
學的層面而不是單一地停留在性別的取向上。」可以說，和八○
年代的女性散文相比，九○年代的女性散文已經有了超越以往的
寫作高度。

　　「大散文」的概念具體落實在九○年代興起的學者散文、文
化散文和以精神思索、心靈追求爲傾向的一些散文作品上。它們
的共同點是作品能將學識與文化意蘊融爲有深度的思考，給讀者

---

15 引自劉思謙、郭力、楊珝著：《女性生命潮汐 —— 二十世紀九十年代女性散
　　文‧前言》（河南大學出版社，2005），頁 1。

思想的撞擊與知識的增長，呈現出較強的人文色彩與思索意味。在九〇年代商品經濟大潮衝擊文化市場的背景下，原本文學已經成爲消費市場的一環，輕薄短小的形式與內容成了消費時尙，但令人訝異的是，這類讀來有些沉重與哲理意味的作品卻仍能吸引許多讀者，甚至暢銷，令人對散文文體的包容性與藝術魅力感到振奮。

雖然有些研究者對於散文的文化轉型存有疑慮，認爲九〇年代學者的文化散文在整體狀況下其實並無多大成就，因爲「它所敍述的大多是與自己的專業、學術相關的知識或專業知識的通俗化、普及化，所採用的操作方式大多是一些現成的『文章作法』，質言之，既沒有在思想上有所獨創，又沒有在美學上有所推進，相反，過多地側重於專業知識的介紹無疑使散文泛化了，即重新回復到與文章糾纏不清的狀態，極大地削弱了散文的文學性。」[16]這是從狹義的純文學散文角度出發的觀點，「大散文」所要追求的恰恰是鬆綁的、廣義的散文，而這種帶有濃厚文化氣息和深沉文化感的散文在九〇年代的出現，毋寧說是給漸顯疲態的抒情散文一劑強心針，也拓展了散文的審美空間。

學者散文和文化散文略有不同。學者散文的作者大都是一些從事於人文或社會學科研究的學者，他們具有較爲豐富的學術涵養與人生閱歷，能將理性思考與生存的個人感受融合爲文，如較爲資深的學者散文作家有張中行、季羨林、金克木等，相對年輕的學者散文作家有余秋雨、劉小楓、朱學勤、雷達、吳亮、葛兆光、周國平、李慶西、王曉明、陳思和、王堯等一代學人；文化

---

16 見沈義貞：《中國當代散文藝術演變史》，頁242。

散文的作者不一定是學者（但大部分是），他們在寫作時能採用一種文化視角，表達他們對歷史、人生、文化和學術的感悟與認識，如余秋雨、王充閭、林非、李國文、卞毓方、李存葆、夏堅勇等人的作品即是。不管是學者散文還是文化散文，在九○年代的領軍者都是以《文化苦旅》、《山居筆記》成名的余秋雨。有學者就指出：「在所謂學者散文的潮流和風氣中，余秋雨的散文創作又不能不說是最領風騷的文學現象。《文化苦旅》等等成為九○年代學者散文話題中不容忽視和迴避的現象。如果將它們視為其中最為重要的創作現象，那也是完全不過分的。……他雖然堪稱學者散文的代表，但他的文學精神和情感方式卻不完全是學院式的，不如說是更接近和具有社會化和平民色彩的。……他已經為當代人文知識分子的價值實現方式找到了一條實踐的途徑，並且，余秋雨本身的實踐也具有典型的示範意義。」[17]對於余秋雨的散文特色與成就將在後面專節介紹。

　　學者散文、文化散文之外，另有一批作家如史鐵生、張承志、韓少功、周國平、南帆、張煒、梁曉聲、王小波等，個人姿態突出，以追尋精神信仰、維護精神家園的人文情懷著稱，對抗世俗的心靈萎縮、文學創作的媚俗傾向，從而使作品帶有哲理的詩意、生命的理趣與宗教的求索，從另一個角度實踐了散文文體的「大」。以史鐵生為例，他於 1969 年到延安地區插隊落戶，卻在 1972 年因雙腿癱瘓回到北京休養，後在街道工廠工作。1979 年開始發表文學作品。二十多年來，他坐在輪椅上，一面受病痛的折磨，一面又表現出超越生命局限的勇氣，以寫作記錄個人對生命

---

17 吳俊：〈余秋雨散文創作略談〉，《當代作家評論》2000 年第 6 期。

的體悟，從而確立了令人敬佩的精神境界。他的散文作品有《自言自語》、《我與地壇》、《病隙碎筆》等，其中以《我與地壇》最為讀者熟悉，史鐵生孤獨地坐著輪椅在生死之間徘徊的身影，從此深深烙印在讀者心中。學者李曉虹分析說：「精神的拯救是無法依靠外援的，他所需要的是自我精神拷問和提升，是對生命本質的全新認識。其實，當寫出〈我與地壇〉的時候，使鐵生已經走出了困境，走到一個新的境界。他站在了新的生命平台上，平靜地考慮生死，考慮生命的『來路』和『去路』，他越來越從容，越來越有氣度地與上帝坐在談判桌上，論人，論命運，論生命的偶然和必然。」[18]這種不斷追尋、扣問、拯救、超越的心靈旅程，使史鐵生的散文帶有濃厚的哲思色彩，帶領讀者進入人類命運與精神的深邃意境，這種「深」也就是一種「大」，可以說，九〇年代的「大散文」，因為有史鐵生、張承志等一批人文反思深刻的作品，而有了更精采、豐富、崇高的樣貌與意義。

　　九〇年代散文還有一個特殊現象，那就是 20 世紀二〇到四〇年代的中國現代散文作家的作品，在九〇年代再度進入讀者視域，擁有廣大的讀者群，一些散文經典的不斷重複出版，給九〇年代散文的繁榮創造了良好的氛圍。胡適、魯迅、周作人、林語堂、豐子愷、沈從文、徐志摩、郁達夫、梁遇春、張愛玲、錢鍾書等人的作品及其文化身影，在 20 世紀末又再度高大起來，他們作品中的文化性，使九〇年代在「散文熱」的同時也興起了一股「文化熱」、「學術著作熱」，這股「文化熱」間接地推動了學者散文、文化散文的發展。

---

18 李曉虹：《中國當代散文發展史略》（台北：秀威資訊科技公司，2005），頁 139。

五、新世紀散文：網路化、市場化下的新思維

21 世紀的散文與 20 世紀九〇年代的散文有著直接的血脈聯繫，在九〇年代所形成的格局基本上延續到了新世紀。包括散文作家群體、發表園地、寫作題材，都是在九〇年代的基礎上持續發展，並有了新的特色與轉換。大體而言有以下幾個特點：

1.新媒體散文的進一步深化：文學作品網路化是全球化後一個既有的發展趨勢，透過報紙、網路、電視等媒介的推波助瀾，散文的繁榮前景與可能性正在形成。湖北教育出版社於 2001 年企劃推出的五卷《新媒體散文》，幾乎囊括了在商報、都市報、城市周刊、時尚雜誌、網路等各種新媒體上的專業作家、自由撰稿人、媒體編輯和網路寫手的文章。叢書企劃人王義軍認為，從 2001 年開始，中國當代散文已經進入「新媒體散文」的時代。「新散文」網站的架設，對散文繁榮的推進也產生一定作用。許多作品都是先在網路上流傳，後來才被報刊轉載，如 2004 年有兩篇在網上廣為流傳的散文，一篇是王恆績的〈娘，我的瘋子娘〉，一篇是胡子宏的〈懷念我的妻子〉，透過網路迅捷、開放的傳播，很快就廣為人知。新世紀以來，媒體與文學的關係日益緊密，將來的發展有待觀察。

2.市場化下的消費傾向：在大眾文化的衝擊下，部分散文無可避免地染上了娛樂、消遣、遊戲的色彩，篇幅短小、帶有知識性、趣味性、情感性的短文，成了報刊媒體不可或缺的一部分。九〇年代興起的文化散文，那種氣勢恢宏、內容厚重的作品，新世紀以後漸漸減少。讀者的閱讀趣味發生很大的改變，促使散文的消費傾向日益明顯，而消費傾向又促使散文產生變化，這些變

化一時間還很難論斷其得失。從好的一面看，散文因此跳脫了以往單純的語言藝術的思維，「變成兼容音樂、繪畫、攝影、建築、影視等多種藝術和科技因素的有機綜合」[19]，如此一來，作家的思維觀念和藝術形式都將隨之調整，散文的生產與消費也將有所變革，以適應市場經濟的需求。這對散文的發展而言並非壞事，反而更能顯現出散文文體的伸縮延展性、包容性。當然，有些論者對於散文中的娛樂、遊戲色彩過重也提出了批評：「散文中休閒的、娛樂的、遊戲的成分太重，真正有思想深度和文化衝擊力的作品太少，閒情逸致的情調太濃，喪失了知識分子的批判立場，使散文便成了一種隨性書寫的缺乏美感的甜膩快餐，小資情調、市儈哲學、實用主義充斥文本，缺乏精神的良知和社會責任感，漠視社會的深層問題。」[20]如何在市場消費與純文學之間取得平衡發展，是 21 世紀散文創作仍需嚴肅面對的課題。

3.新生代作家的探索值得期待：儘管經濟的全球化、信息的網路化、市場的消費化所共構的新語境，對散文創作產生極大的衝擊，也促使散文文體的相應變異，然而，還是有一些新生代作家對「新散文」發出了呼喚的聲音，如百花文藝出版社的《後散文文叢》、《後散文書系》，《人民文學》的「新浪潮」專欄，《大家》的「新散文」專欄，「新散文」網站，以及各種「新散文」文集，推出了一批新銳散文作者，「這些新銳散文作者大多有著敏銳的直覺與豐富的想像力，試圖以其獨特的個性文本衝擊傳統的散文樣式。新銳作家的散文探索使散文園地有一種盎然的生機，無論題

---

19 引自吳秀明主編：《中國當代文學史寫真》（浙江大學出版社，2002）下冊，頁 1200。
20 見王萬森、吳義勤、房福賢主編：《中國當代文學 50 年》（青島：中國海洋大學出版社，2006），頁 299。

材、手法，還是語言表述都展現了散文探索的成就。」[21]這批年輕新秀有周曉楓、格致、劉亮程、黑陶、李曉君、雷平陽、方希、盧麗琳、馬明博、朝陽、沈念、劉春等。江山代有才人出，散文界也不例外，只有新的生命、新的聲音、新的力量加進來，散文才能在既有的豐厚傳統基礎上再求突破，再造新境。

整體而言，中國當代散文已經走過一甲子的歲月，雖然它有自己的藝術規律和發展歷程，但它也和當代文學的發展趨勢呈現共構共榮的局面。從新世紀回眸當代散文的曲折過程，可以清晰地看到「十七年」階段在時代性要求下的政治頌歌傾向，也可以看到「十年文革」時期散文的瘖啞、沉寂狀態，以及在政治共性壓迫下悄然堅持的潛在寫作現象，至於八〇年代「新時期」的來臨，給了散文回輕抒情傳統、個性私語發聲的空間，也從此迎來了當代散文的春天。雖然，市場經濟的大潮在上個世紀末排山倒海而來，衝擊了作家創作與作品出版的思維與型態，但堅持藝術審美、擁抱文學理想的創作者並未完全消失，史鐵生、黃永玉、楊絳、王蒙、張承志、周國平、王安憶、張潔、馮驥才、張抗抗、韓東、于堅、李存葆、賈平凹、李銳、余秋雨、鐵凝、韓小蕙、王英琦、葉夢、周曉楓、南帆、韓少功、王小妮、舒婷、池莉、陳丹燕、斯妤、劉亮程、筱敏等一長串的名字，以及這些名字所創作出的作品，就是最好的說明與見證。

從「新時期」開始，當代散文也匯入了文學多元、對話、複調、眾聲喧嘩的潮流中，發出與眾不同的聲音，展現獨立、自由的姿態，這種多元、自由、對話時代的來臨，也正是當代散文即

---

21 同上註。

將邁向又一次高峰的先聲。年輕的文學批評家謝有順的一段話可以為此做一總結：

> 當代文學的前三十年，基本上是同質性的文學，是用一種思想、一種手法、一種經驗創作出來的文學，到了近二十年，異質性的文化思想和文學觀念才開始在我們的國家慢慢浮出水面，並獲得公開談論的自由。如今，我們看到的中國文學，主流與非主流、歷史和現實、理想和虛無、現實主義和現代主義、現代主義和後現代主義、普通話和方言、追索意義和張揚無意義、為人生和為藝術、為社會和為自我，等等，互相對立、互相交織但同時共存。多聲部對話的時代真的已經初具規模，這就為我們時代產生偉大的文學奠定了一個很好的基礎。[22]

在這樣的基礎上，我們有理由相信，當代散文的發展已經走在令人充滿信心與期待的光明坦途上。

【本文發表於與欒梅健合編之《大陸當代文學概論》，五南圖書出版公司，2008 年】

---

22 謝有順：〈敘事也是一種權力〉，《先鋒就是自由》（山東文藝出版社，2004），頁 15。

體系化的探索、建構與可能
── 台灣報導文學理論研究綜述

一、前言：起步與回眸

　　嚴格來說，台灣的報導文學研究才剛起步。

　　「起步」是個相對性的詞彙。首先，相對於台灣上世紀七〇、八〇年代在報導文學提倡、創作、發表的熱潮，相關的研究確實顯得滯後而沉寂。除了陳銘磻在 1980 年將報章雜誌上零星討論的近四十篇文章編輯整理成《現實的探索》一書外，系統的理論研究一直要到 1999 年楊素芬撰寫的碩士論文《台灣報導文學研究》才打破沉悶的局面，這部學位論文在 2001 年以《台灣報導文學概論》一名出版時的封面上寫著：「第一，也是唯一的台灣本土報導文學研究」，這句話的另一層涵義是：上個世紀的台灣報導文學研究在理論專著方面基本上是交了白卷。這樣的成績是令人困惑且汗顏的。其次，相對於中國大陸在報告文學研究方面的理論深化與成果豐碩，台灣的相關研究明顯落後與不足。大陸上從上世紀七〇年代末期開始，一批年輕學者即涉足於報告文學理論的研究，二十多年來，不論是文體論、歷史論、創作論或作家作品論，都有全方位的探索與建樹，已初步形成了較完備的理論格局。從以上這兩個角度來看，台灣在報導文學理論的體系性建構與整體性探索方面都還有極大的拓墾空間。

　　「起步」不盡然是個貶抑的詞彙，它更多的是對未來的期待以及可能性的追求。當報導文學在上世紀八〇年代中期，原本風起雲湧的騷動漸趨平靜以後，對此一文類進一步的思考遂在沉潛中開始，這原也是文學發展的自然現象，因爲文學理論的建構是需要從大量創作文本中加以歸納分析的。在這方面作出貢獻的研究者有高信疆、李瑞騰、林燿德、鄭明娳、向陽（林淇瀁）、須文蔚、陳光憲、陳映真等，他們比較有學術份量的研究成果，是報導文學研究初期重要的收穫，也是他們許多獨到的見識，讓報導文學研究的起步穩健而充滿活力。然而，在尙未醞釀出完備體系性的研究成果時，他們已然成爲更年輕一輩學院研究人力的指導者或評論者，而年輕一輩的學位論文式的思維與寫作訓練，仍然缺乏成熟、深化的理論陳述與富創造性、新維度的見解闡釋，這使得報導文學研究在過去一段長時間內只能有積累性的成長，而未能有飛躍性的突破，這是十分可惜的。因此，不論從文類的可探掘性還是學科的成熟度來觀察，台灣目前的研究成果只能說是「起步」階段。

　　對於才剛發展起步的文類研究進行「回眸」式的檢視，似乎有些操之過急，然而這正是台灣「報導文學」這個邊緣性次文類的局限與困境。即使有研究者欣喜地找到楊逵在 1935 年就寫下「台灣文學史上最早的報導文學作品」──〈台灣震災地慰問踏查記〉[1]，也發現楊逵早在 1937 年就陸續發表了〈談報告文學〉、

---

1 〈台灣震災地慰問踏查記〉發表於《社會評論》第 1 卷 4 號，1935 年 6 月。收入彭小妍主編：《楊逵全集》（台南：國立文化資產保存研究中心籌備處，2001 年 12 月）第 9 卷·詩文卷（上），頁 204-217。譯者邱振瑞譯成〈台灣地震災區勘查慰問記〉。須文蔚在《中央日報》副刊的「書海六品」專欄中針對此文寫了一篇〈台灣文學史上最早的報導文學作品〉加以介紹，2003 年 11

〈何謂報告文學〉、〈報告文學問答〉等理論性的文章[2]，但就如陳映真所分析的：「報導文學的進步傾向性和改造論固然不見容於反共戒嚴體制的意識形態，報導文學干預生活、改造生活的特質，自與倡言反對文學表現任何思想、內容和意義，一味追求技巧的玩弄的現代主義格格不入。自 1937 年楊逵倡導報導文學以來，由於這些特殊的時代、歷史和政治條件，台灣的報導文學的作品和理論，呈現長達三十餘年的極度沉寂、不發達和荒蕪的景況。」[3]這種沉寂與荒蕪的景況，一般論者均同意要到上世紀七〇年代中期高信疆在《中國時報‧人間副刊》大力提倡後才開始甦醒、繁榮，並一度引領文壇風騷，然後在陳映真創辦《人間》雜誌四年，於 1989 年停刊之後，報導文學再度轉趨沉寂。換言之，報導文學在台灣的「黃金歲月」大約在二十世紀七〇年代中期到八〇年代末期，前後不過十餘年光景。面對這樣短暫的一頁「文類興衰史」，許多研究者早就迫不及待地想給予文學史的定位、討論與蓋棺論

月 13 日。
2 這幾篇文章都收入彭小妍主編：《楊逵全集》第 9 卷‧詩文卷（上）。〈談報告文學〉原發表於《大阪朝日新聞》台灣版（1937 年 2 月 5 日）；〈何謂報告文學〉原發表於《台灣新民報》（1937 年 4 月 25 日）；〈報告文學問答〉原發表於《台灣新文學》第 2 卷 5 號（1937 年 6 月）。見《楊逵全集》頁 466-468、500-502、512-521。這幾篇文章原用日文發表，也都使用「報告文學」一詞，但《楊逵全集》的譯者可能是鑑於「報導文學」一詞較為台灣讀者和學界熟悉，因此將「報告文學」都譯成「報導文學」，但「報導文學」一詞是在台灣七〇年代中期以後才普遍使用，而「報告文學」一詞則在三〇年代的中國已十分流行，因此本文採用原始的「報告文學」譯名。向陽在其文章〈擊向左外野—論日治時期楊逵的報導文學理論與實踐〉（2004）中就逕用「報告文學」，而陳映真可能一時不察，在其〈台灣報導文學的歷程〉（2001）一文中竟推論出：「引起人們注意的是，楊逵把法文的 reportage 同時譯成『報導文學』和『報告文學』」，事實上楊逵一直使用的就是「報告文學」。
3 陳映真：〈台灣報導文學的歷程〉，《聯合報》第 37 版副刊，2001 年 8 月 18 日。

定，事實上，當第一本學位論文以總結、概論式的筆調論述台灣報導文學的發展時，不難看出此一文類已被納入階段文學史視閾下的思考與論斷。

　　當高信疆在 1978 年於政大新聞學會演講〈永恆與博大 ── 報導文學的歷史線索〉時，他對此一文類的榮景充滿了信心；當陳銘磻於 1980 年編輯出版《現實的探索》一書時，報導文學還在文壇弄潮的勢頭上。但是，當林燿德寫〈台灣報導文學的成長與危機〉（1987），《中國時報》因 1998 年報導文學獎的從缺而在版面上寫著怵目驚心的「報導文學死了嗎？」幾個大字時，此一文類的衰退現象已經浮現，其如淺灘行舟的疲態也已盡顯，而當陳映真於 2001 年發表〈台灣報導文學的歷程〉文章時，已是在歷史的回眸中提出自己的的反省思考與暗暗追憶消逝不再的理想與風光。既然此一文類的創作歷程早已經可以做「回眸」式的觀察，那麼，針對已有的、剛起步的相關理論、批評、研究成果進行檢視與探討，應該不算是操之過急了。

　　雖然已有的報導文學研究成果，和散文、小說等龐大而成熟的理論系統相比，只能說是基礎工程，但它畢竟有著自身演進路徑的歷史，分析與檢視這段理論發生與發展的歷程，將有助於更完善地掌握報導文學研究的變化規律及其動向，也有助於從中獲得新的啟迪。大體來說，台灣報導文學研究經歷了四個主要時期：二十世紀三〇年代的萌芽期，八〇年代的豐收期，九〇年代的平靜期以及二十一世紀的深化期。以下即按照歷史發展的進程，對報導文學進行回顧性的檢視，並試圖提出一些未來發展的可能性。

二、〈何謂報告文學〉：楊逵的呼喚與理論的萌芽

　　楊逵發表於 1937 年的三篇文章不僅具有史料意義，也有理論價值，是台灣報導文學研究萌芽的標誌。1937 年 2 月 5 日發表的〈談「報告文學」〉是楊逵談報導文學的第一篇文章，文中強調「乍看之下，這種小兒科的文學好像是沒水準的文學形式，卻和社會有最密切的關係。」他從「文學的社會性」出發，認為報導文學的基礎穩固，「無疑是台灣新文學將會結出好果實的前提」，指出了此一文類的重要性，同時，在關心台灣文學整體發展的考量下，他呼籲「我們必須致力於報告文學」，因為「對目前的我們來說，連要放眼看整個台灣也似乎範圍太大。我們深深感覺到，應該從我們眼前、從我們週遭，踏實穩健地一步步邁出步伐才行。」他的這個與土地、現實結合的觀點，在接下來發表於 1937 年 4 月 25 日的〈何謂報告文學〉一文中有進一步的發揮。在該文中，楊逵首先對此一文體下了較明確的定義：「報告文學顧名思義，是筆者以報導的方式，就其周邊、其村鎮，或當地所發生的事情所寫下來的文學。」而它與一般文學不同之處有三：「第一，極為重視讀者（閱讀報導的人）。第二，以事實的報導為基礎。第三，筆者對應該報導的事實，必須熱心以主觀的見解向人傳達。」在「文學」與「新聞」、「真實」與「虛構」、「主觀」與「客觀」的對立矛盾與相容共生的概念處理上，他明確地指出：「報導文學雖然允許對事實做適度的處理與取捨，但絕不允許憑空虛構。報導文學也不能像新聞報導，不能以事實的羅列始終其事。因為缺乏作者感情的新聞報導，不算是文學。沒有讓讀者感受到作者的氣氛情感之作，絕非藝術。」可以看出，楊逵對此一文體的定義與期待

都以文學爲中心,並突出其與一般文學不同的特質。在第三篇文章〈報告文學問答〉中,他一開始就把報導文學置於台灣「新文學」而非「新聞學」的基本領域,並再度強調其間的差異:「新聞報導只要羅列事實就夠了,但是報告文學要作爲文學的話,必須要有某種程度的形象。將某一事實或事件以生動的姿態,讓讀者深刻地印在腦海裡,這就是文學的生命。此處報導的性質和文學的性質必須渾然成爲一體。」可以看出,楊逵一貫主張的是文學的本位,重視文學的結構形式,反對虛構,並且要立足於週遭的生活和土地,關懷地方與大眾。正是這樣的報導文學觀,使他在1935年就寫出了〈台灣震災地慰問踏查記〉、〈逐漸被遺忘的災區 ── 台灣地震災區劫後情況〉這兩篇充滿人道關懷色彩,並且「足以光照台灣文學、歷史與社會的報導文學作品」[4]。

可惜的是,他想要掀起的、帶有思想啓蒙與社會革命的文學主張並沒有得到徹底的實現,陳映真分析道:「楊逵對報導文學的認識和理論,特別是放在1937年的時代背景下來看,是獨一的、宏亮的高音。但是回答他的,竟是漫長的沉默。1937年以後,日本在台灣殖民統治全面法西斯化,並且隨著日本侵華戰爭的展開而加劇。而逐漸強化起來的『皇民文學』風潮,使台灣新文學被迫組織到侵略戰爭體制,在嚴格思想控制和壓迫下,報導文學所不可少的思想性、傾向性、批判鬥爭性是和日帝侵略戰爭意識形態完全抵觸的。楊逵苦心呼喚和啓蒙的報導文學論終於胎死夭折,是必然的結果。」[5]雖然如此,在三○年代的台灣文壇,楊逵

4 語見林淇瀁:〈擊向左外野 ── 論日治時期楊逵的報導文學理論與實踐〉,《台灣史料研究》第23期,2004年8月,頁143。
5 同註3。

的「報告文學」論述就能如此清楚、直接地將報導文學的定義、
功能、使命及寫作手法等加以宣揚，並從理論上強調其對台灣文
學發展的重要性，同時，又在《台灣新文學》雜誌、《力行報》的
《新文藝》副刊上公開徵求報導文學作品[6]，不論在創作還是理論
上，楊逵都堪稱爲「呼喚台灣報導文學的第一人」。

　　在楊逵提倡報導文學的十年後，劉捷也在 1947 年 2 月 5 日出
版的《台灣文化》月刊第 2 卷第 2 期中發表一篇〈關於報告文學〉，
這也是早期難得的相關文獻。劉捷在這篇短文中對西方及中國興
起的報導文學有簡要的歷史介紹，並主張報導文學寫作者應該「像
新聞記者式的採訪」，因爲要「依據事實」，但同時「作者必有強
力的社會情感，沒有社會情感的描寫，它只可以說是平面的新聞
記事，而不能表現出重輕濃淡。」他對報導文學有自己的定義：「報
告文學作品是藝術家所寫的新聞記事，它有過濾藝術家強烈之主
觀，然後以藝術之形式形象出來的。」[7]對報導文學的理論推介，
此文雖晚，但和楊逵的文章同具史料文獻價值[8]。

---

6 楊逵在 1937 年 6 月《台灣新文學》上不但發表了〈報告文學問答〉一文，同
　時也刊登公開徵求報導文學作品的啓事，可惜刊物只出了幾期就停刊了，沒
　有看到具體的創作成果。1948 年 10 月，楊逵在《力行報》的《新文藝》第
　11 期副刊上發表〈「實在的故事」問答〉，同時也公開徵求「實在的故事」作
　品，並獲得一些反應，他還寫文章評論了兩篇來稿。見彭小妍主編：《楊逵全
　集》第 10 卷・詩文卷（下），頁 259-262。
7 劉捷：〈關於報告文學〉，《台灣文化》月刊（覆刻版）第 2 卷 2 期，1947 年 2
　月 5 日，頁 15。
8 鄭梓發表於 1997 年 5 月《台灣史料研究》第 9 期上的文章〈二二八悲劇之序
　曲 ── 戰後報告文學中的台灣「光復記」〉，文中提到劉捷〈關於報告文學〉
　是「首度將此文學體裁引進戰後台灣的文壇」，由於當時楊逵的文章尚未翻
　譯，所以才有這個錯誤的推論。

三、《現實的探索》：初步的檢視與豐收

　　楊逵在 1937 年倡導的「報告文學」沒有得到預期的迴響與成績，一直要到 1975 年，高信疆在《中國時報》的《人間》副刊上開闢「現實的邊緣」專欄，接著又設立「報導文學獎」，有計畫地大力鼓吹並刊登一系列報導文學作品，這個文類才真正獲得廣泛的注意，並在創作和理論上有了初步的建樹。在創作上，有高上秦（即高信疆）主編的《現實的邊緣》（時報，1975）、《時報報導文學獎》（時報，1979）等作品集；在理論上，則有陳銘磻主編的《現實的探索 —— 報導文學討論集》一書。《現實的探索》在 1980 年出版，是報導文學正處於熱潮階段的產物，也是台灣報導文學理論初步的成果展現，因為直到 1999 年才有楊素芬的學位論文出現，這本書在近 20 年的時間裡成了唯一的理論文本，其代表性不容忽視。

　　陳銘磻本身是報導文學創作者，缺乏學術理論的訓練，因此這本討論集只是 36 篇文章的匯編，沒有體系架構的編排，殊為可惜。書前有一篇由他執筆的序言：〈打開一個新的文學領域〉，一開始就提到，自 1975 年高信疆的提倡之後，「『報導文學』這個名稱才開始出現台灣文壇」[9]，這個看法其實是錯誤的。根據資料，早在 1966 年，第二屆「國軍文藝金像獎」（國防部舉辦）及「嘉新新聞文藝創作獎」（嘉新水泥和《台灣新生報》共同舉辦）就不約而同地設立了「報導文學」獎項，前者的首屆得獎作品是〈勇士們〉、〈枕戈待旦〉，後者的首屆得獎作品是鍾梅音的《海天遊蹤》

---

9 陳銘磻：〈打開一個新的文學領域 —— 《現實的探索》編輯記實〉，《現實的探索》（台北：東大圖書公司，1980），頁 1。

[10]。換言之，不論是報導文學獎項或「報導文學」這個名詞都在六〇年代就已出現了。不過，或許是這些作品並未加以推廣，也或許是報導文學的普及性及特殊性尚未被「發現」，這些獎項似乎未能在文壇掀起報導文學熱潮，開始正視此一文類的價值並熱情投入於創作與理論場域仍得等到七〇年代中期高信疆的登高一呼。

（一）一本專著與三場座談：理論豐富性的探掘與呈現

　　相應於許多年輕作家的積極參與，媒體版面的推波助瀾，相關作品的陸續結集出版，對於報導文學的討論與研究在二十世紀七〇年代中期以後開始出現，《現實的探索》正是七〇年代後半期一些關心其發展的學者、文化人士與實際參與寫作的報導文學工作者意見與經驗初具規模的呈現。編者陳銘磻在序言中坦承：「曾經也為了它的定義和型態困惑過」，而書中幾位學者的意見不一，也讓他不得不說：「報導文學究竟是一種怎樣型態的文學，到目前為止是沒有一定的看法」，因此，這本討論集的目的與功能不在於試圖解決此一文體令人困惑的許多疑點，而只是將這些言人人殊、觀點歧異的文章集中呈現，「藉著這些學者、工作者的探討，

---

10 長期以來，認為「報導文學」是在七〇年代中期或由時報文學獎首度設立而新創者不乏其人，例如李瑞騰的〈從愛出發 —— 近十年來台灣的報導文學〉（《文藝復興》第 158 期，1984 年 12 月）說：「從七〇年代中期開始，『報導文學』這個文學術語開始出現在台灣的文壇」；彭家發的〈細說新新聞與報導文學〉（《新聞鏡》周刊第 263 期，1993 年 11 月 22 日）中也認為：「民國六十年代中葉之前，在台灣是聽不到這個名詞的。」又如記者徐淑卿的〈報導文學死了嗎？〉（《中國時報》第 43 版，1998 年 10 月 8 日）提到：「第一個設立『報導文學』獎項，而於七〇年代掀起紙上風雲的時報文學獎」。因此，陳銘磻的誤解並不顯得突兀。

報導文學能更澄明一些，意義更深一些。」[11]在 36 篇文章中，大約一半是討論文體特性、功能、起源的短篇評論，一半是對報導文學作家作品的採訪評介。高信疆是台灣報導文學運動的旗手，他的觀念直接影響和啓發了包括林清玄、古蒙仁、陳銘磻、李利國等報導文學的中堅寫作者，因此書中共收了三篇與他有關的文章。第一篇是在理論上爲報導文學尋根溯源的文章〈永恆與博大 —— 報導文學的歷史線索〉，在諸多有關報導文學起源的說法中，一般歸納成古代說、近代說、三〇年代說等三種，高信疆一方面主張古代說，認爲中國的第一個報導文學家是司馬遷，而報導文學的濫觴是《詩經》，但另一方面，他也從西方新聞報導歷經客觀報導、綜合報導、解釋報導、深度報導、調查報導幾個階段，最後發展到「新新聞學」的歷史演變，爲報導文學如何從新聞領域「向文學借火」的過程中，找到近代理論的依據與定位。他的說法涵蓋了中西古今，從古代一路論述到近代、當代，思路清晰，主線分明，可以說，後來研究者在「起源說」的探討基本上都沒有脫離高信疆的範疇。第二篇是高信疆接受李利國專訪而成的〈從擁抱自己的土地開始 —— 高信疆先生談報導文學〉，這篇文章除了前言是李利國的說明外，全文以高信疆第一人稱的語氣敘述，從報導文學是什麼、報導文學工作者的條件，到報導文學的意義、歷史回顧等，都做了清楚的闡釋，是高信疆報導文學理論比較完整的表達。第三篇是林清玄的採訪文章〈報導文學的根與果 —— 高信疆的心願〉，泛論式的介紹，多取材自〈永恆與博大〉。

　　如果扣除掉一般作家作品的訪談介紹、文學獎的評審意見，

---

11 同註 7，頁 5、6。

書中屬於理論層次的文章不到十篇，而且以泛論、概論、經驗論的內容爲主，整體來說缺乏理論的深度與系統性。荊溪人〈泛論「報導文學」〉、何欣〈報導文學與文學創作〉、尹雪曼〈從報告文學到報導文學〉等文泛論了文體、源流、功能與寫作特色等；周錦〈新文學第二期的報告文學〉一文節錄自其《中國新文學史》一書，簡要介紹了三〇年代報告文學萌芽期的幾篇作品；朱俊哲〈現實的探索〉則主要論述報導文學的社會功能與價值；向陽〈呈現以及提出〉從社會性的角度，指出報導文學創作者「不僅欲求將一真實事件或對象呈現給讀者，也在有意無意間，提出了對於該事件或對象的遠景，來取得讀者的認可或參與。」對報導文學的功能與使命做了切中肯綮的定位。

　　較特別的是，編者刻意選了林清玄的〈竹筍與報導文學〉，以及讀者白冷針對此文提出質疑的〈報導文學是竹筍嗎？〉，讓我們嗅到了一絲當時不同見解間筆戰交鋒的煙硝味。林清玄透過形象化的比喻，以「竹筍」來闡發他個人對報導文學的三個理念：第一、「報導是竹筍出青的部分，文學是竹筍埋在地底的部分」，地底的是「白筍」，而「白筍」比「出青筍」更重要；第二、「報導是挖竹筍，文學是煮竹筍，兩者互爲因果。」強調既要有好題材，也要有好的廚師；第三、「好的報導文學工作者不是天生的，像不是人人生而可以成好的筍農一樣。」強調要長時間經驗的累積。林清玄是散文創作者，他的看法偏向文學性，他說：「一篇成功的報導文學作品，它的文學性一定要強過報導性，在這裡，事實的時地人事物並沒有絕對的價值，人物的姓名不必全真，時地不必全真，只要反映出一個問題、一個意象、一種理念的癥結所在，便可以成爲一篇優秀的報導文學作品。」這段話使讀者白冷質疑「他說人物以及人物的經歷都可以由作者玄想假設。這樣的作

品，和小說還有什麼分別？」加上以挖竹筍、煮竹筍來比喻，白
冷認為「風馬牛不相及」，經過一番推論，他認為林清玄「意念模
糊，前後矛盾而似乎不自知」[12]，並在文末再度強調了報導文學「真
實性」的必要。其實林清玄想表達的是對報導對象應進行勘察和
精選，擇取有新意的材料加以深度的挖掘，同時在表現手法上不
妨寬容而不自我設限的態度。這裡涉及的仍是報導文學文體本質
的問題，對「真實」與「非虛構」的定義，「新聞」與「文學」的
比重等，這些問題在當時所引起的熱烈討論與困惑，於此可見一
斑。

　　不論如何，書中的每一篇文章都是早期對報導文學思索的印
記，為報導文學的發生、發展做了不同角度的紀錄，在理論貧乏
的年代，這本書的出現意味著對新的文學領域的墾荒與耕耘，對
報導文學理論研究的深入開展奠定了良好的根基。陳銘磻作為報
導文學的創作者，〈賣血人〉、〈鷹架上的夕陽〉、〈最後一把番刀〉、
〈最後的妝扮〉等報導文學作品，已為他贏得不小的喝采，這本
書的編選充分顯現出他對此一新興文體的真誠投入與持續不懈的
關注。

　　除了《現實的探索》的問世，這個階段在報導文學理論探討
方面值得觀察的還有以報導文學為討論主題的大型座談會，在八
○年代共舉辦了三場，分別是：1980 年 10 月 26 日由文建會主辦、
高雄《台灣新聞報》承辦的「文藝主流座談會 —— 報導文學何去
何從？」座談會，由沈岳主持，出席者有尹雪曼、趙滋蕃、公孫
嬿、陳銘磻、李牧、胡有瑞、簡靜惠、呼嘯、臧冠華等；1982 年
10 月 22 日在中國電視公司會議室舉辦的「報導文學的現況與未

12　以上林清玄、白冷的文章見《現實的探索》，頁 95-103。

來」座談，這是文建會「文藝季」的活動之一，由耿修業、潘罕主持，高信疆、尹雪曼、孫如陵、周錦、徐佳士、陳銘磻、劉紹唐等 23 人出席；1987 年 3 月 7 日在《文訊》月刊編輯部舉辦的第二場「當代文學問題討論會」，由李瑞騰主持，與會者有林燿德、古蒙仁、李利國、心岱、陳銘磻、潘家慶。這三場座談之後，類似的較大型的討論會要到 2001 年才出現，整個九〇年代似乎不再把目光注視這個逐漸失色的文類上，分析其原因，主要與 1988 年 1 月 1 日報禁解除，報紙增張，副刊優勢不再，報導文學逐漸失去媒體寵兒的地位有關。參加座談者多來自新聞界與文學界，特別是具報導文學寫作經驗者也在受邀之列。由於報導文學的理論尚缺乏一致的共識，對此一新興文體的定義、源流、特性、功能等仍存在著莫衷一是的分歧現象，三場討論的意見不免流於各陳己見，但在理論起步階段，這些不同觀點的衝撞與交流還是為理論的充實與發展做出了一定的貢獻。

這個階段報導文學面臨的困境，以及理論方法的不足，高信疆在「報導文學的現況與未來」座談會上的發言較具代表性，觸及的層面較廣，提出的問題也都能切中問題核心，例如在學院教育方面，他提到文化大學中文系文藝組和新聞系分別創設「報導文學」課程，但遺憾不久就取消了，因此，「基於我們對報導文學的期待，我們希望學術界能夠重視這一個問題，無論新聞系或中文系，都應該加強、加重有關它的教育和研究。」他進一步呼籲：「我們今天並沒有一個報導文學的正式團體，是不是我們也可以結合一些同道，創立一個『報導文學學會』的組織呢？我們是不是也該有一本探討報導文學理論與實際的刊物呢？」至於既有的創作成果，他也不滿地指出其瓶頸：「在題材上，過分的貴遠而抑

近，重奇特而疏忽了平凡的事物；在表現上，則浮面的涉獵多，
深沉的掘挖少；有的是資料多而消化不了，有的是根本忽略了資
料的搜集與印證。有的太冷靜，像一篇論文；有的又太熱情，混
亂了報導的主體……而更多的是，抓不住他所報導事物的內在肌
理，掌握不住它們的意義，無法說出事件以外更深刻、更久遠的
恆久諦旨。」作為台灣報導文學最重要的推手，高信疆的評論是
一針見血且又語重心長。對於報導文學方法論問題，他也提到：「今
天的報導文學不但沒有它足以依恃的理論，也缺乏相關的方法的
研究。而史學研究法、社會學研究法、人類學的田野調查……都
可以補充它的不足並有所發揮。」[13]他的感慨、觀點與期待，基
本上代表了八〇年代台灣報導文學理論研究的中心與方向。

　　由於報導文學的新穎性與不確定性，這三場座談會所觸及的
議題大部份關注的焦點仍集中在文體論的辨證、創作論的探索、
歷史論的溯源以及未來發展的可能性。在文體論方面，主要討論
「新聞」與「文學」的對立統一，「主」與「從」的矛盾，文體的
功能與使命等，如李明水〈從新聞學觀點探討所謂的「報導文
學」〉、葉建麗〈淺談報導文學的屬性〉、趙寧〈水火同源〉、盧幹
金〈因時代而生，為時代而作！〉、潘家慶〈社會責任‧報導文學〉
等；在創作論方面，主要討論「光明面」與「黑暗面」的題材爭
論，作家「心態」與作品「型態」的分析，如劉毅夫〈報導文學
之我見〉、陳銘磻〈報導文學的兩面觀〉等；在歷史論方面，主要
探討與西方「新新聞學」、三〇年代中國興起的「報告文學」間複

---

13 以上高信疆的說法均見其在「報導文學的現況與未來」座談會上的發言，以
　〈試探‧問題與可能〉為題收錄於文建會：《中華民國71年文藝季座談實錄》
　（1983年），頁432-437。

雜的關係，如楊月蓀〈淺談報導文學寫作〉、尼洛〈淺析「報導文學」〉、尹雪曼〈論報導文學的寫作〉等；在未來發展方面，有馬驥伸〈如何提高報導文學的水準〉等。

　　值得一提的是，《文訊》所舉辦的討論會是由林燿德提交論文〈台灣報導文學的成長與危機〉，再由古蒙仁、李利國等人針對論文提出質疑與意見交流。林文是一篇綜論式的作品，從名詞的界定、台灣發展的情形、與「報告文學」的差異比較到文體本質的矛盾、自身背負的危機等，都做了精要且有創見的梳理與析論。透過不同背景、不同區域、不同時段的對照比較，林燿德對台灣報導文學做了大體上符合實情的觀察與歸納，對於林清玄、古蒙仁等的報導文學觀也提出了他的見解與批評，表現出一定的思辨能力，例如林清玄的「竹筍論」，他認為這將「使得報導文學塗抹上了一層玄學色彩，但卻無法拭去報導文學作品實證上的危機。」從方法論上，他也指出「在同一文學體裁中報導語言和文學語言之間的結合顯然是一大難題」，這是報導文學本質上的矛盾，許多的爭議均由此而生。林文同時列舉報導文學所面臨的六項「普遍缺憾」：過度的適用性、氾濫的抒情性、牢固的意識形態、浮誇的說教心態、因襲的舊觀念、難產的新生代，均能切中問題的要害。

（二）單篇論文：多重視角的借鑑與觀察

　　從七〇年代中期到八〇年代末期的理論豐收期，除了以上一本專書、三場座談外，還有幾篇單篇論文值得一提。李瑞騰〈從愛出發 —— 近十年來台灣的報導文學〉發表於 1984 年 12 月 1 日《文藝復興》第 158 期，論述了七〇年代中期到八〇年代中期近十年間台灣報導文學發展的概況，介紹了高信疆與報導文學興盛

的原因，強調七〇年代台灣文化界普遍存在著覺醒與理性的批判精神，加上新聞事業的空前發展，爲報導文學的蓬勃發展提供了條件，同時又以「台灣本土現實的探索」來概括這十年的創作主流，而文末對報導文學界新生代如林清玄、古蒙仁、翁台生、陳銘磻、李利國、邱坤良、徐仁修、馬以工等八人的推介，也有爲這十年報導文學發展的成績做階段性總結的意味，全文以「愛」爲題，基本掌握了此一新興文體的特質。尹雪曼〈報導文學與報告文學〉發表於 1989 年 4 月《中華文化復興月刊》第 22 卷第 4 期，以中外報導文學的興起與代表作品介紹爲主。尹雪曼對名稱的分析頗有見地，認爲「導」比「告」深入，如果報告文學是平面的，報導文學就是立體的，有「指導」、「引導」的意思，而報告文學僅著重於某一事件或某一人物的說明。在西方，不論新聞界或文學界都沒有「報告」與「報導」之分，都是 reportage，但尹雪曼主張報告文學可稱爲 reportage，報導文學則應稱爲 feature，「因爲我們主張的，或理想中的報導文學，文學性要勝過新聞性，而主觀性也絕不低於客觀性。因此，相當接近於『專欄』與『特寫』。『專欄』與『特寫』，英文上都可以 feature 這個字來代表。」他的說法對報導文學名義的釐清可以提供一些不同的思考。陳飛龍的〈論報導文學 —— 兼談司馬遷的史記〉發表於 1979 年 12 月的《國立政治大學學報》第 40 期，算是較早的一篇學術論文，他認爲「報導文學原本是土生土長的，也就是所謂的『道地土產』。」沒有必要去「貼用外國商標」，而且報導文學之所以令我們產生「親和力」和「好感」，正足以說明「報導文學在我們的傳統文學中，不獨真正的出現過，而且，它是根深柢固、源遠流長的。」然後他就從《史記》中舉例取材加以論證，得出「太

史公實在道道地地的是一位撰寫報導文學的高手」的結論[14]。這個
觀點當然會令人聯想到前一年（1978）高信疆在〈永恆與博大〉
中所提出類似的說法。高信疆將《史記》視爲報導文學源流的見
解，顯然影響了許多人，詩影的〈《史記》是報導文學初論〉即是
一例。此文發表於 1989 年 8 月《文藝月刊》第 170 期，對《史記》
何以是報導文學作了析論，主要論點有二：「報導文學非虛構文
學，所報導之人或事，必須是事實。《史記》的內容合乎此。」；「報
導文學須有作者自我的表現，即『有限度的筆鋒自由』、『有限度
的筆鋒感情』等等，《史記》一書也都具備。」這些論點和陳飛龍
的論文相近，而且基本上都是高信疆〈永恆與博大〉的延伸與發
揮。

　　以散文理論研究見長的鄭明娳，對報導文學理論的研究也致
力甚深，在 1987 年 4 月舉行的第一屆「科技整合研討會」上發表
〈報導與文學的交軌 ── 報導（告）文學初論〉，接著 7 月舉行的
「抗戰文學研討會」上又發表〈三、四十年代報告文學論〉，同時
在其初版於 1987 年 2 月的《現代散文類型論》中也有一節專論報
導文學，可以說，她是八〇年代學界對報導文學研究致力最多的
一位。〈報導與文學的交軌〉主要討論「報導與文學寫作的分立
性」，認爲「這是三、四十年代的理論家及創作者從來沒有意識到
的。在台灣被提出來，是因爲對新聞寫作更進一步的研究以及文
學理論的發達而產生科技整合的一個難題。」她主張應從語言角
度來破除這個問題，但她也承認「目前我們幾乎找不出文學與報
導語言都很平衡穩當的作品」，因此，她呼籲「我們應該調和報導

---

14 見陳飛龍：〈論報導文學 ── 兼談司馬遷的史記〉，《國立政治大學學報》第
　 40 期，1979 年 12 月，頁 178、194。

文學的危機，發展新的方法論，才能整合溝通文學與新聞間的橋
樑。」[15]此文指出了許多問題的癥結，對解決之道也有一些想法，
可惜僅在結尾匆匆敘述，未能進一步申論。此文與林燿德〈台灣
報導文學的成長與危機〉同時發表，但兩人都未提及陳映真於
1985 年創辦的報導文學雜誌《人間》，則有研究者對此表示不解
[16]。至於《現代散文類型論》中的〈報導文學〉一節，因爲側重
討論結構的類型，因此鄭明娳依據「報告者參與報導客體的狀況」
將報導文學分成兩類：直接經驗的報導文學（也稱經驗式）和間
接經驗的報導文學（也稱考證式），並舉了一些文例加以說明。在
間接經驗的報導文學範疇界定上，她主張基於「報告人處於彙整
資料及查訪考證的立場」，因此「田野調查報告、口述文學與通訊
稿的彙編也都可以歸納入報導文學的範疇」[17]。

　　以上這幾篇論文有的從創作現象立論，有的追溯歷史源流，
有的從科技整合角度提出看法，有的討論文體分類，不同視角探
討與思索的成果，顯示了這一時期對台灣報導文學理論的充實成
熟所做的努力。

---

15 鄭明娳這篇論文在第一屆「科技整合研討會」上宣讀後，發表於《台灣新聞
　報》的《西子灣副刊》，1987 年 4 月 16、17 日。後收入其《當代文學氣象》
　（台北：春暉出版社，1988），再收入《現代散文現象論》（台北：大安出
　版社，1992），改題爲〈新新聞與現代散文的交軌〉。本文所引出自《當代
　文學氣象》一書。
16 楊素芬在《台灣報導文學概論》第 3 章就指出：「還有另一個奇怪的現象，
　林燿德、鄭明娳兩人的論文發表於 1987 年，陳映真創辦以報導文學及攝影
　爲主的《人間》雜誌，在 1985 年 11 月創刊，兩人的論述文章均不曾提到《人
　間》雜誌，照理說《人間》作爲一份完全以報導文學爲主的專門性雜誌，應
　佔有一席之地，林燿德、鄭明娳兩人有默契似的隻字不提，這樣的遺漏相當
　怪異，顯示文評家所關注的僅集中於某一時期的特定作品。」
17 見鄭明娳：《現代散文類型論》（台北：大安出版社，1987），頁 258。

四、〈報導文學死了嗎？〉：創作
沉潛、理論沉寂的九〇年代

　　當 1989 年 9 月《人間》雜誌黯然停刊之際，事實上正意味著
七〇年代中期在台灣掀起的報導文學熱潮已經逐漸消歇，曾經引
領文壇風騷的榮景已經不再，報導文學在台灣的黃金時期也已然
過去，從這個角度看，1990 年出版、由陳銘磻編選的《大地阡陌
路 ── 台灣報導文學十家》也就有了文學史的階段意義。作爲台
灣報導文學第一個選本，陳銘磻對此一文類的持續用心明顯可
見。他在編者的序言中說：「我希望藉著他們十位的十篇作品，讓
讀者略窺報導文學發展近十五年來的成就之一斑。」現在看去，
這十位作家及其作品確實有一定的代表性，代表了創作蓬勃期的
突出表現。值得觀察的是，序言中花了不少篇幅討論「光明面與
黑暗面」的問題，這是報導文學寫作者在題材選取上面臨的困擾，
序言中引用荊溪人、何欣、黃春明、尹雪曼、高信疆等不同見解
來申論，最後指出：「道德與良知，是文學創作的基本知識，報導
社會陰暗面，不以建設、改善或喚醒人心爲著眼點，勢將污衊社
會，破壞文學本質；報導社會光明面，如若阿諛超過真實，那將
使我們的社會陷入不忠不義、虛假無知的境地。」[18]對如何在二者
之間求取平衡做了清楚而適切的註腳。

　　和前期創作的蓬勃繁榮相比，九〇年代雖然在《聯合報》、《中
國時報》兩大報的文學獎仍設有報導文學獎項，中國文藝協會的

---

18 見陳銘磻編：《大地阡陌路 ── 台灣報導文學十家》（台北：業強出版社，
　　1990），頁 8。此書於 2000 年 9 月易名爲《台灣報導文學十家》。這裡的「十
　　家」是指：心岱、古蒙仁、李利國、林清玄、徐仁修、馬以工、陳銘磻、睦
　　澔平、翁台生、楊憲宏。

文藝獎章和中興文藝獎章、中山文藝創作獎等也有報導文學類，但不容否認地，整體的創作聲勢已日漸下滑，前期的代表作家如林清玄、古蒙仁、馬以工等人均淡出此一行列，在創作發展上步入了瓶頸與低潮的沉潛期，一直到 1998 年第 21 屆《中國時報》的報導文學獎竟然全部從缺的震撼，正如張大春所言：「是一個重大的遺憾和警訊」，他相信這個挫折「正是此間文學表現及創作活動的一個集體性衰退的癥狀」[19]。記者徐淑卿對此做了一個聳動標題的報導：「報導文學死了嗎？」令人訝異、震驚不已，而決審會議紀錄的標題「驟然消逝的雷聲」，則給人不勝唏噓之感[20]。相對於創作的沉寂，理論研究也隨之沉潛，到 1999 年為止的十年間，相關論文不到十篇，且都以回顧性質的探討為主，這是否預示了才興起的報導文學就已急速沒落了呢？我們知道，文學理論的建構必須從經典或大量創作文本中加以歸納分析，只有持續性的創作才能提供文學理論成長的養分，雖然在媒體經濟奧援不再、網路媒體興盛的困境中，由各縣市主辦的地方性文學獎徵文活動對培養報導文學寫作的新生代具有積極的鼓勵意義，與社會／社區運動結合也使報導文學找到一條新的出路，但寫作熱潮的消退、閱讀人口的銳減、題材的枯窘、獎項光環的褪色等，確是不爭的事實，如此一來，理論研究的貧乏自是合理的現象。

　　楊素芬在《台灣報導文學概論》中說，至 1999 年為止，單篇論文方面僅有四篇，而且九〇年代只有一篇，這個論斷過於草率

19 張大春：〈尋找發現的刻度 —— 對報導文學獎從缺的說明〉，《中國時報》第 37 版，1998 年 12 月 23 日。
20 徐淑卿：〈報導文學死了嗎？〉，《中國時報》第 43 版，1998 年 10 月 8 日。〈驟然消逝的雷聲〉是第 21 屆時報文學獎報導文學類決審會議紀錄，由陳大為記錄整理，《中國時報》第 37 版，1998 年 12 月 23 日。

[21]，雖然成績不盡令人滿意，但至少九〇年代就有以下幾篇相關論文具有一定的學術價值。彭家發的〈細說新新聞與報導文學〉與蔡源煌的〈報導文學與新新聞〉同為探討文類源起的文章，彭文雖不長，但指出台灣報導文學的源起主線有二：抗日時期報告文學、反越戰興起新新聞。他強調「新聞體的困境舉世皆然」，對於報導文學定義的莫衷一是，他認為是使發展陷入瓶頸的主因，因此建議「改名」或能突破困境，例如「紀實文學」、「新聞文學」，或者基於兩岸三地的文學整合，不妨統稱為「報告文學」，這些建議應該有進一步討論的空間[22]。蔡文的理論性強，針對美國「新新聞學」的興起與發展做了詳盡的說明，並反省台灣報導文學在受到「新新聞學」啟發鼓勵的同時，似乎未深究其寫作方式的一些局限，例如美國「新新聞」的作者寧可稱自己的作品是「非虛構小說」，當「面對新聞界的指責，這些作家就標榜自己的作品是小說，而非報導；面對文學評論家的排擠，他們則反過來強調歷史事實和新聞性。」因此，他主張用「主觀的寫實」來詮釋較為恰當，因為要求作者毫無預設立場，做到「零度詮釋」並不容易，但若只是「徒託報導的形式」，刻意「突顯作者的立場」，那也是「無可救藥的單薄」[23]。對於報導文學的本質與創作手法問題，

---

21 楊素芬在《台灣報導文學概論》第 74 頁中提到，至 1999 年為止，單篇論文僅有四篇：李瑞騰〈從愛出發〉（1984）、林燿德〈台灣報導文學的成長與危機〉（1987）、鄭明娳〈報導與文學的交軌〉（1987），以及須文蔚〈報導文學在台灣〉（1995），顯然不符事實。

22 彭家發是政大新聞學者，此文發表於《新聞鏡》周刊第 263 期，頁 30-33，1993 年 11 月 22 日。在文中他說，要解決報導文學的諸多問題，「關鍵性問題，似乎首在文體定義及『名稱』方面，則回過頭來，思考一下『改名』的可能性，或許可收舉重若輕之效。」

23 蔡源煌：〈報導文學與新新聞〉，《當代文化理論與實踐》（台北：雅典出版社，1996），頁 63-74。

此文所論一語中的。

　　須文蔚發表於 1995 年的〈報導文學在台灣，1949～1994〉，對報導文學的源起、衝擊、爭議與式微、展望，做了全面的介紹與評論，雖然無法深入，但觸及的都是此一文類無可迴避的核心議題。該文較有新意的是拈出報導文學的兩大「爭議」：第一、「強烈的目的性」，「違背了文學所強調的藝術自主與創意，違背了新聞或社會研究所強調的客觀與真實，而使它招致各方的責難。」但須文蔚認爲「上述的責難似乎忽略了報導文學的特殊性格」；第二、「方法論的欠缺」，解決之道是「以一套新的標準來詮釋這個新文類」，「要在方法上找出報導文學的出路，無庸膠著於『文學』與『報導』，乃至於『主觀』與『客觀』的對立，論述的重心應當轉向社會研究方法論的領域，思索報導文學特有的地位。」他認爲社會學研究中的民俗誌法（ethography）將會是一套「具有效度的方法和理論」，有助於「提升作品在資料蒐集與印證事實的確實與深刻」。基於這樣的認知，他在文末呼籲：「理論界應當拋棄單純援引附會純淨新聞寫作的標準，才有可能鬆開報導文學創作者的束縛，還原此一文類原始的面目。」[24]此文精準掌握了一個獨立文體的特性，也能在現象剖析之外，提出可行的方法論，發表以來，受到不少後來者的引用與討論。楊素芬曾質疑其強調「1949-1994」，但「細看全文卻找不出從 1949 年開始的線索」，文中所參酌的報導文學作品也幾乎都是 1987 年之前，「完全忽略了報導文學的寫作發展是動態在前進的，而不是靜止於前十年的

---

24 須文蔚：〈報導文學在台灣，1949-1994〉，《新聞學研究》第 51 期，1995 年
　　7 月，頁 121-141。

黃金期。」[25]對於《人間》雜誌的忽視就使這篇以斷代視角的討論為主的論述顯得不足。

鄭梓發表於 1997 年 5 月《台灣文學史料》第 9 期的〈二二八悲劇之序曲 —— 戰後報告文學中的台灣〉，對戰後台灣初期報導文學的史料蒐集與解讀很下了一番工夫，爬梳了所謂「光復元年」期間兩報（《民報》、《台灣新生報》）、兩刊（《新新》雜誌、《台灣文化》月刊），以及兩位來台採訪新聞的記者（特派員）李純青、蕭乾筆下的報導文學作品，讓我們回到當年現場，感受歷史實況，並對當年的政治悲劇有所省思。作者並不企圖界定報導文學，而是以寬泛的報導文學認知進行史料的分析，認為這些作品「至少在形式及內涵上皆已為那個鉅變的『光復元年』遺下了既寫實又藝術的多元見證」[26]。尤其李純青將近一個月的全島旅行、採訪，相繼撰成的〈台北一月〉（又名〈台北散記〉）、〈二十三天的旅行〉（又名〈在愛國熱潮中訪問台灣寶島〉）等七篇報導，以及蕭乾距離二二八事件僅月餘的報導〈冷眼看台灣〉，都是筆冷心熱的出色報導文學作品。鄭文述多論少，對史料的處理細膩且能掌握重點，像這樣的論文對報導文學的深化研究是很有助益的。

陳光憲對報導文學的研究、教學多年，也寫了許多相關的論文，發表於 1999 年 8 月《市立師院應用語文學報》創刊號上的〈二十世紀報導文學的回顧〉，回顧了世界、中國與台灣報導文學的興起、發展，並對二十世紀具有代表性的相關名作加以評析。全文主要集中在世界報導文學部份，中國與台灣部分則相對薄弱。他

25 楊素芬：《台灣報導文學概論》，頁 75-76。
26 鄭梓：〈二二八悲劇之序曲 —— 戰後報告文學中的台灣「光復記」〉，《台灣史料研究》第 9 期，1997 年 5 月，頁 48-81。「光復元年」是指 1945 年 10 月 25 日（即「光復節」）起，至 1947 年春二二八事件爆發前的年餘期間。

將世界報導文學分成戰爭報導、災難報導、內幕報導、社會事件
報導四類加以介紹，內容詳盡豐富，但台灣部分只有三頁簡要的
介紹，不過，他將台灣報導文學作品依題材分成六類：成功人物
的歌頌、國家建設的描述、戰地生活的報導、鄉土文化的關懷、
弱勢族群的關懷、生態環境的關懷，有自己的觀察與歸納。此外，
陳映真發表於 1996 年 1 月 6 日至 9 日《聯合報》第 34 版的長文
〈台灣文學中的環境意識〉，雖然是以生態環境意識的探討為主，
且論及散文、小說，但其中一節專談報導文學，主要討論女作家
心岱《大地反撲》和《回首大地》這兩本報導文學作品的環境意
識，兼及馬以工、韓韓兩人。陳映真認為，直到今天報導文學的
定義還是曖昧不明，「這主要是因為在台灣文壇一直未見眾所公
認，影響深廣的報導文學典範性作品。」因此，「一直到今天還普
遍存在著無法區別深度報導、新聞特寫、專題報導這些篇幅較長，
敘寫比較深入生動的新聞寫作與報導文學的具體差異的問題。」
從這個角度看，陳映真認為心岱的作品「正好可以看出文學環境
比較特殊的台灣，報導文學如何先從新聞寫作逐漸另結新胎而緩
慢成型的過程。」在作家創作論的背後，其實有著陳映真一以貫
之的報導文學理念。

　　這六篇直接或間接觸及台灣報導文學的文章，在近十年的時
間裡顯得孤單而寂寥，九〇年代創作的式微以及評論研究的沉
寂，兩者互為因果地宣告了報導文學的高峰已過。它曾經是文壇
矚目的新寵，如今卻被冷落於主流之外，安守於邊緣一隅，做著
猶如困獸之鬥的轉型努力，前景如何，很難令人樂觀。對於研究
者而言，則似乎覺得對此一文類「蓋棺論定」的時刻已經悄然到
來。

五、《台灣報導文學研究》：理論的總結與深化

從理論上對風光不再的報導文學進行總結與深化的嘗試，在上個世紀結束的時刻應運而生。學院內的學位論文開始將視角朝向報導文學。繼第一本學位論文之後，至 2005 年止，相關的學位論文幾乎是以一年一本的速度出現，這和一般零星、單篇的發表型態迥然不同，雖然學位論文多半未能正式出版，但其系統、深入、專論的研究成果仍值得參考。在資料的整理、議題的開發、作品的解讀與歷史意義的詮釋上都有著令人眼睛一亮的出色表現。

作為「第一，也是唯一」出版的台灣報導文學研究專著，楊素芬的「起步」是成功的。這本約二十萬字的《台灣報導文學概論》（原名《台灣報導文學研究》）在熟悉報導文學發展的李瑞騰教授指導下，不迴避關鍵但難解的問題（如文類界定、特徵的分析等），對歷史線索也做了必要的勾勒（如三種源流說、台灣報導文學興盛的原因與思潮演變等），同時在資料的爬梳掌握上花費不少心力（如對相關文學獎資料的彙編、大事年表的呈現等），在文本解讀與現象論述上也都要言不繁地重點探討（如對寫作題材的分類研究等），整體來說，已能從點到面地窺見出報導文學在台灣二十餘年間發展的重要現象。更可貴的是，在佔有資料的基礎上，她能有自己的歸納與觀點表達，例如在寫作方法論方面，她提出四點：向新聞學借火、向歷史學求佐證、田野調查找線索、照相攝影窺真相，條理分明，具參考價值；能從社會、媒體與文學思潮三方面來論述興盛的原因，符合此一文類的特殊性與現實性。全書對相關議題本身及周邊的細節都能擇其大要地關照與論析，

由於這是第一次系統而具體地研究台灣報導文學的理論著作，走向系統，就成爲這部著作最重要、最有價值的特徵。楊樹清在序言中則肯定此書「在『報導』與『文學』的模糊、弔詭、爭議、不確定地帶，提供了一個較具包容性的對話、討論空間。」[27]不過，作爲一本「概論」性質的專著，其不足也是顯而易見的，如對早期文獻的掌握不足（楊逵、劉捷等理論資料未見），源流說、題材分類介紹過於簡要（西方報導文學有哪些代表性的作品應該略加提及），《人間》雜誌的重要性未被突出，以及理論論述的相對欠缺等，都是尚待開拓的空間。

楊素芬畢業於中央大學中文研究所的碩士論文《台灣報導文學研究》完成於 1999 年，第二年 7 月，由張雙英教授指導、劉依潔撰寫的東吳大學中文研究所碩士論文《〈人間〉雜誌研究》完成，這份專論《人間》雜誌與創辦人陳映真理念的學位論文，擺脫過去台灣報導文學研究過多集中於高信疆與《中國時報》的模式，探討了《人間》雜誌創刊的背景與過程、陳映真在《人間》雜誌中表現的媒體觀點與實踐方式、《人間》雜誌中的主要題材與涵義、時代性與世界觀等，對於 1985 年 11 月創刊到 1989 年 9 月停刊的《人間》雜誌，做了開放、整合、批判性的評介與論述，填補並強化了解嚴前後台灣報導文學發展的現實情況與文學史意義，對之前許多論文疏略的提及或浮光掠影式的評論，本論文的價值不容忽視。尤其是第五章討論《人間》的時代性與世界觀部分頗有可觀。在時代性上，作者指出《人間》一方面結合鄉土文學運動發展歷程中的三項主流：回歸本土、左派階級意識和台灣

---

27 楊樹清：《台灣報導文學概論・序》（台北：稻田出版公司，2001），頁 18。

文學本土化，另一方面也沿襲了《文季》集團那股強烈的社會意識與批判風格，在融合傳統理念之後，又能突顯獨特的面貌，可說是一份思想狀態非常複雜的刊物；在世界觀上，指出《人間》「在處理任何題材時，均會詳加思考國家、政治、經濟、被殖民等因素與陳述主題間的關聯，並會參酌國際情勢予以分析，因而在報導作品中展現出台灣『中心──半邊陲』的被殖民性格。」《人間》「在本土化與國際化兩者界線逐漸消融的八〇年代，既沿襲了臺灣文學傳統中寫實、反帝的台灣意識，也吸納了第三世界反殖民的論調」[28]，從而建構起其獨特的世界觀。《人間》雜誌是陳映真人格力量、人文理念、媒體觀點、報導文學觀的具體實踐，全部 47 期中都可以感受到陳映真堅持的信念，這一點在論文後面所附錄的〈陳映真訪問稿〉中也能得知。這部論文當然也存在著一些缺失，但在刊物定位、創辦理念與實踐結合的掌握上都有不錯的成果。

　　由陳光憲教授指導的台北市立教育大學應用語言文學研究所碩士論文有兩部：林秀梅的《台灣原住民報導文學作品研究》（2001年 6 月）和張明珠的《〈中國時報〉與〈聯合報〉報導文學獎得獎作品研究（1978～2000）》（2004 年 6 月）。前者共分六章，主要從文本解讀入手，依寫作內容題材的不同分成原住民處境作品、傳統民俗作品、尋根作品、社會問題作品四大類、共 14 篇作品逐章介紹評述，涉及的作家有浦忠成、曾月娥、王蜀桂、鄧相揚、劉還月、古蒙仁、陳銘磻等十餘位，分析方式稍欠變化，論述少而背景資料多；後者也是六章，但不論資料、架構與書寫都較前

---

28 參見劉依潔：《〈人間〉雜誌研究》（東吳大學中文研究所碩士論文，2000 年 7 月），頁 87、91。

者出色，但探討「台灣報導文學發展的時代背景」不出楊素芬論文的內容，對「兩報報導文學獎的創設與演變」則敘述條理井然，對發展狀況的觀察也有己見，如「時報報導文學獎」的發展如同人生，有生（出發）、老（停辦）、病（從缺）、死（消失），而「聯合報報導文學獎」雖是「從平穩中求成長，仍抵不過社會的快速變遷及報導文學的式微，終究還是走到了盡頭。」[29]論文的重心擺在第四、五章得獎作品的析論，分成教育類、原住民、生態環境、醫療關懷、生活人文、民俗歷史、城市風貌、海外作品八類，其中以原住民 14 篇最多，海外（包括大陸、泰棉、非洲）13 篇次之，最少的是生活人文類的 6 篇，較特別的是，文本析論過程中不時有對標題、語句、修辭的分析，這或許和「應用語言文學」研究所的訓練有關吧。

　　蔡豐全畢業於政治作戰學校新聞研究所的碩士論文《國軍文藝金像獎報導文學獎得獎作品分析》（2002 年 5 月），由林元輝教授指導，大量採用表格方式整理資料，幾乎是以資料的介紹為主，其優點是對過去研究者長期忽略的這個獎項進行了詳細的搜羅與分析，指出其特殊背景下的特殊表現型態與成果，甚具參考價值，但全篇敘述凌亂，目次安排與一般學術論文的習慣略有出入，看不出論文的構想與突顯的重心，頗為可惜[30]。謝明芳《當代台灣報

---

29 張明珠：《〈中國時報〉與〈聯合報〉報導文學獎得獎作品研究（1978-2000）》（台北市立教育大學應用語言文學研究所，2004 年 6 月），頁 95。

30 論文共分五章：一、緒論；二、文獻探討，但所論卻是報導文學的歷史、軍中的文藝工作推展、文學獎相關理論探討；三、研究方法之使用及介紹，有歷史分析法、類型分析法、敘事分析法、深度訪談法、訪談簡表；四、資料與作品分析，本章對得獎作品類型、敘事及訪談資料進行分析，看似正要進入正題，卻接著就是最後一章的結論。70 幾張表格穿插文中，不免顯得凌亂。

導文學的興起與發展》是 2003 年 6 月南華大學文學研究所的碩士
論文，陳章錫教授指導，共分六章，除緒論、結論外，分別探討
「報導文學之源起」、「報導文學的角色定位」、「報導文學的分
期」、「報導文學的發展」，架構與內容都不離楊素芬的論文，開創
性不足，雖然在其結論時有自覺地提到：「綜觀台灣報導文學的研
究面向，仍然將重心放在理論基礎之探討，反而忽略了整體的論
述，是爲缺憾。」但事實上，整體概論性的介紹並不缺乏，理論
基礎的探討才是應該致力的重心，如能有所突破或深化，才有研
究的價值。至於結論的建議：「未來如能針對兩岸之間的報導（告）
文學的差異性，做出分析與探討，相信對此等文類的具體研究成
果將會更爲豐碩。」[31]這項建議很快就有所落實，吳薇儀 2005 年
畢業於台灣師範大學國文研究所的碩士論文《兩岸當代報導文學
比較研究（1976～2004）》即是首部將兩岸當代的報導文學發展、
現況進行比較分析的作品，從發展歷程、文本創作到理論批評都
做了詳盡的比較研究，文末的附錄有兩岸報導文學大事紀、重要
作家生平簡介及獲獎篇目資料匯編，都具有一定的參考價值。作
者的企圖心不小，對兩岸相關的資料也盡力蒐羅，當然不免落入
「詳台灣、略大陸」的困境，同時對具體文本的分析比較稍嫌不
足，但觸角廣、視野寬，知難而進的勇氣還是值得肯定的。其結
論所條列的十點異同，涵蓋了文學現象、思潮、傳播、網路、創
作世代、題材取向、篇幅結構、藝術表現、理論視角、批評特色
等，具有參考價值[32]。

---

31 以上謝明芳的結論見其論文《當代台灣報導文學的興起與發展》第 126 頁。
32 以藝術表現及美學特質爲例，吳薇儀的結論是：「台灣報導文學重在敘事，
　　表現手法較爲單純，反觀大陸報告文學，借鑑小說、散文、電影文學等多種

在學位論文方面，還有一部東華大學民族發展研究所的碩士論文《原住民報導文學與原住民運動之聯繫 —— 從公眾行動的角度探討報導文學的社會功能》（2004 年 7 月），須文蔚、孫大川兩人共同指導，作者陳震將報導文學視為原住民運動公共關係中的一環，分析原住民運動中幾個重要議題的相關書寫作品，並從分析中得知，原住民報導文學書寫者常是站在運動者或行動者的立場來進行書寫，此外，論文利用後殖民理論中幾個重要的指標概念，如混種（hybridity）、融合（syncretism）、流離（diaspora）等與遷徙、跨越和邊界等隱喻，與原住民運動中的認同、族裔等概念對話，探討這些觀念與時代變遷的關係，至於作品內容的分析，計有 131 篇，採數據、表格量化、交叉分析等方法，顯現一定的思辨力與解釋力。在前人研究的基礎上，這部論文在議題選定、研究方法上都有後出轉精的出色表現。

以上八部學位論文，有的全景綜論，多面考察，有的精選議題，深入辨析，涵蓋了報刊雜誌、原住民題材、文學獎現象與兩岸異同的比較等，相對於之前理論批評的散文化、作家化，逐漸走向學術化、學人化，研究的質與量都有可觀，對現象的總結與理論的深化，使報導文學研究進入新的境界，這些年輕研究人力的加入，將可充實和壯大台灣報導文學的研究隊伍，加速拓展報導文學理論批評的空間。

在深化期這個階段，另一個突出的指標是大型報導文學研討會的舉辦。佛光人文社會學院文學所陳信元教授是主要的推手，

文體的藝術方法，顯現出豐富多彩的創作面貌。台灣報導文學較多展現了真實美，而大陸報告文學則在典型美有較為突出的藝術追求。」類此的見解多是符合實情的精準評價。這部論文由張素貞教授及筆者共同指導。

在他的規劃下，分別於 2001、2002 年舉辦了兩場「兩岸報導（告）文學的發展與未來研討會」，分別邀請了包括張鍥、周明、李炳銀、陳祖芬、張勝友、喬邁、長江、涂懷章等大陸報導文學作家來台，和台灣學者作家陳映真、陳銘磻、古蒙仁、黃春明、李利國、楊樹清、陳光憲、須文蔚等人進行學術交流，別具意義。2001 研討會集中探討了兩岸報導文學發展歷程、創作特色及發展趨勢等課題，2002 研討會則以作家自身創作經驗交流爲主，同時也暢述了對報導文學的認識、憂心與期待，兩岸學者對報導文學這個文體都表現出高度的關切與使命感，相互激盪的思想火花將可爲未來更具規模的學術交流、理論切磋奠定良好的基礎。在 2001 研討會上，陳映真應邀演講〈台灣報導文學的歷程〉，全文後來在《聯合報》副刊發表，對台灣報導文學自楊逵開始提倡的發展歷程，做了具個人觀點的理性回顧，特別對七〇、八〇年代的分析以及《人間》角色的定位等，言之有據且獨到深入，結尾對報導文學的瓶頸與生機也有深刻的建議，作爲台灣報導文學發展過程中的「參與者」與「倡導者」，他的觀察總能抓住此一文體與時代變遷的脈動。

　　這個階段和陳映真的文章同樣具有理論價值的還有：陳光憲的〈論報導文學的樣式〉（《台北市立師院語文學刊》第 4 期，2000 年 6 月）、〈論報導文學的時代性〉（《語言文學之應用學術研討會論文集》，2000 年 11 月）、余昭玫的〈當前的報導文學與《史記》〉（《中國現代文學理論》季刊第 18 期，2000 年 6 月）、顏秀芳與傅榮珂合撰的〈陳銘磻報導文學之研究〉（《嘉義大學學報》第 74 期，2003 年 4 月）、向陽的〈擊向左外野—— 論日治時期楊逵的報導文學理論與實踐〉（《台灣史料研究》

第 23 期，2004 年 8 月）、王文仁的〈從「幌馬車之歌」看藍博洲的報導文學創作 ── 兼論台灣報導文學的幾個文類問題〉(《東華中國文學研究》第 3 期，2005 年 6 月）等幾篇學術論文。陳光憲的兩篇論文並不全然針對台灣報導文學，而是概論此一文體的時代性、特質、興起與樣式，蒐集諸家的說法，仍屬鳥瞰似的述介，但其中也提及台灣報導文學。所謂「樣式」，包括了題材與寫作手法、呈現方式等，共分成六類：危險的文學樣式、重現史實的樣式、災難報導的樣式、歌頌英雄的樣式、弱勢關懷的樣式、環境保護的樣式，和已有研究成果的說法並無太大出入。余昭玟的論文仍是爲高信疆早期的源流說下註腳，分從以下四個角度立論：作者的基本修養 ── 實地考察，多聞闕疑；描繪人物的藝術 ── 開展視野，傳神寫形；歷史的深度 ── 鑑往知來，歷久彌新；文學價值的提升 ── 善用想像，辨而不華。以這四點來論證《史記》堪爲報導文學的典範。

　　至於專論陳銘磻、楊逵、藍博洲的三篇論文，都能言之有物、論證有據，展現了學院訓練的一定水準，理論的深度與思辨的力度都能代表這個時期的研究水準，尤其是向陽試圖釐清楊逵的「報告文學」理論與中國左翼「報告文學」無關的論述十分精采，他指出：「作爲左翼作家，楊逵不是教條主義者，他的心中存在著作爲讀者的大眾，也爲作爲大眾的讀者而寫。他的提倡並從事報導文學創作，是在這樣的理論基礎上出發，而非全然爲了政治與階級鬥爭。」因此，與同年代中國左翼作家的「報告文學」並非同源，也找不到與中國左翼作家或批評家類同的用語或語境。他認爲楊逵之提倡「報告文學」，主要是「受到日本媒體、批評家的啓發」，同時在美學、方法論、目的論上，都比較接近馬克思、

恩格斯的文藝美學理論。他的結論揭示了楊逵理論的重要性與特殊性：「他的『報告文學』論述無一字及於階級鬥爭，只強調『從眼前、從周遭』寫起，以真相為念、以大眾為師、以歷史為鑑；同時強調媒體的傳播與運用——在這個部分，『報告文學』因此也被他當成提升台灣文學水準、深化台灣文學大眾化的工具或技藝。他的『報告文學』書寫與理論的倡議，從這個部分來看，更靠近台灣的土地和大眾，更具有鮮明亮燦的『台灣味』。這是他的『報告文學』理論最特殊之處，也是日治年代台灣報導文學與當時的中國報告文學最殊異之處。」[33]在楊逵談報導文學的史料「出土」之後，向陽此文堪稱是最具深度的一篇論析文章。

　　學位論文的相繼投入研究，大型研討會的舉辦（可惜只有兩屆），加上學院中不少學者兼具犀利文采與獨到洞見的理論文章，新世紀的開始，報導文學研究已經累積了卓然可觀的成果，對報導文學理論批評的許多重要領域都有深入的探索，可以說已為報導文學文體理論的發展構築了一個雛形的框架。除了陳映真、陳銘磻偶有相關文章發表，這時期的研究人力幾乎都是學院內的學者，如果他們願意持續、專注於這個領域研究的細化、深化工作，則新世紀報導文學理論的向前發展才能樂觀期待。

六、結語：問題的呈現與可能性的提出

　　對於「報導文學」這個似已漸失舞台、卻又尚在成長之中的年輕文學樣式，在寫作方面，它所遇到的困境與瓶頸，已經透過許多學者的研究分析得出一定的共識，包括：文類定義的模糊不

33　向陽（林淇瀁）：〈擊向左外野——論日治時期楊逵的報導文學理論與實踐〉，《台灣史料研究》第 23 期，2004 年 8 月，頁 148。

明、媒體應用性的過度干涉、意識形態的僵化牢固、題材的未能
推陳出新、媒體氾濫下影像取代文字、新生代的參與意識低落等
[34]。和向陽一樣長期研究報導文學的須文蔚，在 2002 年時與向陽
共同編選了《報導文學讀本》，這是繼陳銘磻《台灣報導文學十家》
後的第二個選本，書前由須文蔚執筆的長篇導論〈再現台灣田野
的共同記憶〉，是一篇立論札實、角度多元，同時又有自己立場的
文章。在文中，他也指出台灣報導文學長期以來所面臨的瓶頸與
迷思有三：一、強調報導的絕對客觀化；二、過度表彰「學術化」
的書寫框架；三、忽略散文以外的文學體式。針對這些困境，他
提出報導文學的「鬆綁論」以去除迷思，具體的作法有四：一、
主張報導文學的任務是「再現」田野，「借用新聞寫作的聲調，但
是讓報導文學『姓文不姓新』，回到文學傳統中。」；二、回歸「實
在的文學」的報導傳統，鬆開「學術化」書寫框架的限制；三、
採用散文以外的多元化文體，但內容仍以紀實為主；四、等待更
多來自現場的聲音，「相信只要社會運動不停歇，人文關懷不停
歇，報導文學工作者就有豐厚的田野可投身。」[35]如能朝這個方向
努力，展望新世紀的報導文學書寫，他認為實不必悲觀。對於報
導文學的作者與讀者來說，或許只有這樣寬容、鬆綁、開放與多
元的態度和視野，才能重新喚回上個世紀曾有過的高亢熱情與潛
藏的活力。

　　至於在理論研究方面，筆者以為，至少有四個困境是必須面
對的：第一、文體定義、本質、特性的莫衷一是，導致研究者各

---

34 參見張堂錡：〈台灣報導文學發展的困境〉，《空大學訊》第 242 期，1999 年
　11 月，頁 47-51。
35 以上須文蔚的說法引自〈再現台灣田野的共同記憶〉，《報導文學讀本》（台
　北：二魚出版社，2002），頁 32-39。

說各話的混亂，這個問題存在已久，而且是所有研究者無法迴避卻又感到棘手、不易釐清的難題。楊樹清 2001 年在為《台灣報導文學概論》寫的序中說：「報導文學的文類歸屬、『報導』與『文學』的定義，卻依然未有定論。」而陳映真在 2001 年的演講〈台灣報導文學的歷程〉中也有相同的憂慮：「一直到今天，報導文學的定義、報導文學的歷史發展過程、報導文學的特色、世界和中國重要報導文學作家論和作品論等，至今還十分混亂、空白，往往在課堂上教報導文學的教師、報導文學徵文評審者的認識都言人人殊，甚至還分不清楚報導文學與一般其他形式文類的文學的差別、分不清楚報導文學與一般新聞寫作的差異……這問題是比較嚴重的。」第二、方法論的欠缺。這個問題高信疆很早就揭示，他提出史學、社會學、人類學的田野調查；鄭明娳提出文學與新聞的科技整合，楊素芬則提出新聞學、歷史學、田野調查、照相攝影等方法，須文蔚曾提出民俗誌、社會運動，這些方法論的進一步整合歸納與分析，也是當前必須著手的。

　　第三、典範性力作的缺乏。理論來自經典文本，但「廣為讀者所難忘的典範性力作」、「引人注意的、長篇報導文學作品」，陳映真認為尚未出現，而大陸上「有定評的報導文學傑作」卻多不為台灣所知，導致「對報導文學十分缺乏感性的、思想的和審美的體驗。」[36]不必諱言，即使是七○、八○年代具代表性的作品，今天看去，不論在語言、結構、思想、技巧、風格等方面都仍嫌粗糙、平面、單薄，離經典性的作品還有一段不小的差距，這個存在的事實，導致文學史對報導文學有意的忽視[37]。報導文學雖

36 本小節中所引陳映真的說法均見其〈台灣報導文學的歷程〉一文。
37 葉石濤的《台灣文學史綱》，在談七○年代文學時，只有鄉土文學，完全不

然只是「次文類」，而且很長一段時間是邊緣性文體，但它曾經存
在的影響與文學意義，和文學史的對待卻是不相稱的；第四、研
究人力的不足。正如向陽的感慨：「台灣報導文學最主要的困境是
沒有寫手。寫作者的生活無法受到保障，也沒有地方發表。」[38]在
研究方面也面臨同樣的困境。目前這一領域的研究者以碩士研究
生居多，李瑞騰、陳光憲、向陽、須文蔚等早期的研究者已經成
為新一代研究人力的指導者，雖然他們偶有相關研究成果，也具
備進行系統理論研究的能力，甚至於可以期待他們寫出內容豐
富、涵蓄中外、理論體系完備的學術專著，但因著種種原因，這
樣的期待終究落空。相對於大陸上自八〇年代初在中國社科院新
聞研究所招收第一代報告文學研究方向的碩士生起，至今已培養
出二十多屆碩士生，蘇州大學還培養了首屆博士生，我們的研究
陣容、梯隊都尚未達到成熟的階段。研究人力的單薄，與報導文
學的學科化尚未完成直接相關。根據許多學者的看法，一門學科

提報導文學，而談八〇年代的文學時，也不提《人間》雜誌，寧可介紹大眾
文學，也無一字論及報導文學，彷彿並不存在。而據台灣文學史的研究者與
寫作者陳芳明教授向筆者表示，由於在審美意義上台灣報導文學缺乏出色的
作品，他也只能簡要提及有此寫作風潮，但不會多加介紹。大陸上也存在類
似的情形，但原因不盡相同，主要是研究者仍有文學定位的困惑與考量，認
為這只是「亞流」而有意忽視。大陸報告文學研究者尹均生就指出：「最近
出版的《中國當代文學史》（洪子誠著）和《中國當代文學史教程》（陳思和
著），被視為當代文學教材的權威之作，教育部認定為全國教材，其中寧肯
對『朦朧詩』、『先鋒小說』闢專章論述，而對報告文學僅在行文中以數行文
字帶過……這裡有意的忽視也是頗為明顯的。」，見尹均生：〈報告文學理論
的形成、拓展與前瞻〉，《廣播電視大學學報》2002 年第 1 期，頁 31。
38 向陽的說法見詹宇霈：〈刻畫黑暗的臉——「從災難看報導文學」座談會紀
錄〉，《文訊》雜誌第 245 期，2006 年 3 月，頁 85。這場座談會於 2005 年
12 月 23 日舉行，由台灣文學發展基金會主辦，《文訊》雜誌社等執行，由
李瑞騰主持，大陸報告文學作家錢鋼和台灣學者、作家林雲閣、楊渡、向陽、
阮桃園與會。

的確立應有三個標誌：一是要有專門的學術園地；二是要能登上大學講壇；三是要有全國性的學術組織。這三個條件，除了第二項部分實現外，其餘均遙遙無期，而大陸上在八〇年代末就已具備。組織、課程、發表園地的不足，使報導文學難以成爲研究者持之以恆的學術標的。

　　看來，不管是創作還是研究，台灣報導文學都陷入了難以克服的困境中。大陸報告文學作家錢鋼於 2005 年底應邀來台訪問一個月，他在一場座談會上很訝異地表示：「報導文學卻不見了，我想問的是報導文學去了哪裡？」，而主持人李瑞騰的開場白是：「國內報導文學似乎式微久矣。」[39]創作的式微直接影響的是理論的貧乏，只有質量俱豐的作品才有理論的說服力。面對新世紀的報導文學研究，若要突破或成長，必須寄望於創作的突破與成長。在「起步」之後，更困難的是「起飛」。「起飛」需要許多條件的成熟，例如：在從事報導文學的理論批評時，擁有自身的學術操作話語，有學者就建議不妨用「非虛構性」取代「真實性」，用「可傳播性」取代「文學性」等[40]，類此的術語革命值得思考；研究方法的理論參照應該深化，除前述一些理論的借用外，西方敘事文學理論、文藝社會學等，都可以運用以強化這門學科的廣度和深度；對報導文學理論的體系建構，也是這門學科擺脫「起步」邁向「起飛」的重要標誌，如報導文學的創作特徵、審美規律等都應該作體系性的闡論，中外經典報導文學作家與作品也要進行理論上的總結，如何將報導文學這種特殊的文類納入整個文學系

---

39 同前註，頁 81、82。
40 參見丁曉原：《20 世紀中國報告文學理論批評史》（安徽大學出版社，1999），頁 18。

統，如何從全球化視野審視台灣報導文學的生存與發展等，都需要報導文學理論工作者去開拓，去探索。這些可能性的存在，正意味著台灣報導文學研究的空間尚待開拓，期待不久的來日，《台灣報導文學發展史》、《報導文學寫作理論》、《報導文學文體學》、《報導文學文藝學》、《報導文學美學》這一類體系化研究的專著得以出版，因為，只有這些著作相繼完成，報導文學的學科化工程才算是擺脫了稚嫩、起步的階段。

回顧這段報導文學發展的歷程，令人百感交集，因為許多問題至今仍未解決；前瞻報導文學在台灣的未來發展，則令人難以樂觀，因為還有一段漫長的路要走。正如向陽所說，報導文學的功能是「呈現以及提出」，而非解決問題，作為一個研究者，筆者也只能同樣遺憾地試圖做到「呈現以及提出」，許多問題的解決，必須更有耐心地，等待更多創作者、研究者的投入才能克竟其功。

【本文宣讀於 2006 年 4 月 9 日由台灣師範大學主辦之「漢學研究之回顧與前瞻國際學術研討會」，後發表於 2006 年 6 月《政大中文學報》第 5 期】

附錄：

臺灣地區報導文學研究概況

（1978-2006）

時　間	篇名/書名	作　者	備　註
1978/4/29-30	〈精神的關照‧文學的感染 —— 評古蒙仁的報導文學集《黑色的部落》〉	沈　謙	《中國時報‧人間副刊》
1979/12	〈論報導文學 —— 兼談司馬遷的史記〉	陳飛龍	《國立政治大學學報》第 40 期
1980/4	《現實的探索》	陳銘磻編	台北：東大
1980/11/20-21	〈報導文學往何處去〉	陳慧華紀錄	《台灣新聞報》12 版
1982/1	〈報導文學的興起〉	趙滋蕃	《湖南文獻》第 10 卷 1 期
1982/10/22	〈報導文學的現況與未來〉	馬星野等	收於《中華民國 71 年文藝季座談實錄》（台北：文建會，1983）
1984/12	〈從愛出發—近十年來台灣的報導文學〉	李瑞騰	《文藝復興》158 期。收入《台灣文學風貌》（台北：三民，1991/5）
1985/12	〈幾番阡陌草率行 —— 馬以工的報導文學成績單〉	張大春	《文訊》第 21 期
1986/2	〈近三十年來報導文學選集提要〉	鐘麗慧	《文訊》第 22 期
1987/2	〈報導文學〉	鄭明娳	此為其《現代散文類型論》（台北：大安）中的一節
1987/4	〈台灣報導文學的成長與危機〉	林燿德	《文訊》第 29 期。收入《重組的星空》（台北：業強，1991/6）
1987/4	〈報導與文學的交軌 —— 報導（告）文學初論〉	鄭明娳	發表於第一屆科技整合研討會，後收入《當代文學氣象》（台北：春

			暉，1988/4），再收入《現代散文現象論》（台北：大安，1992/8），改題爲〈新新聞與現代散文的交軌〉
1987/7/4	〈三、四十年代報告文學論〉	鄭明娳	發表於「抗戰文學研討會」，後收入《當代文學氣象》（台北：春暉，1988/4）
1989/4	〈報導文學與報告文學〉	尹雪曼	《中華文藝復興月刊》第 22 卷第 4 期
1989/8	〈「史記」是報導文學初論〉	詩影	《文藝月刊》第 170 期
1990/9	《大地阡陌路：台灣報導文學十家》	陳銘磻編	台北：業強。2000/9 易名《台灣報導文學十家》出版
1993/11/22	〈細說新新聞與報導文學〉	彭家發	《新聞鏡週刊》第 263 期
1993/9	〈有關「人物報導」的書目提要〉	邱佩文	《文訊》第 95 期
1993/10/16-17	〈期待報導文學再出發〉	李利國	《聯合報》25 版
1995/7	〈報導文學在台灣（1949-1994）〉	須文蔚	《新聞學研究》第 51 期
1996/1/6-9	〈台灣報導文學中的環境意識〉	陳映真	《聯合報》34 版
1996/3	〈論「報告文學」〉	方祖燊	《中國現代文學理論》季刊第 1 期
1996/9	報導文學與新新聞	蔡源煌	收入《當代文化理論與實踐》（台北：雅典）
1997/5	〈二二八悲劇之序曲 ── 戰後報告文學中的台灣「光復記」〉	鄭梓	《台灣史料研究》第 9 期
1998/10	〈報導文學死了嗎？〉	徐淑卿	《中國時報》43 版
1998/12	〈「有怪獸」--看報導文學的式微〉	馬以工	《中國時報》37 版
1999/6	〈二十世紀報導文學的回顧〉	陳光憲	市立師院《應用語文學報》創刊號
1999/6	《台灣報導文學研究》	楊素芬	中央大學中國文學研究所碩士論文。後以書名《台灣報導文學概論》

			出版（台北：稻田，2001/9）
1999/11	〈臺灣報導文學發展的困境〉	張堂錡	《空大學訊》第 242 期。收入《跨越邊界：現代中文文學研究論叢》（台北：文史哲，2002/5）
2000 年	〈族群的傷痛：以 1978-1995 年時報報導文學獎得獎作品爲例〉	江育翰	《南師語教系學刊》第 4 期
2000/6	〈論報導文學的樣式〉	陳光憲	《市立師院語文學刊》第 4 期
2000/6	〈從《人間》雜誌及其創始歷程探陳映真的人文理念〉	劉依潔	《中國現代文學理論》季刊第 18 期
2000/6	〈當前的報導文學與《史記》〉	余昭玟	《中國現代文學理論》季刊第 18 期
2000/7	《「人間」雜誌研究》	劉依潔	東吳大學中文研究所碩士論文
2000/9	〈大陸報告文學在臺灣的出版〉	朱嘉雯	中央大學中文系主辦兩岸文學發展研討會論文
2000/11	〈論報導文學的時代性〉	陳光憲	《語言文學之應用學術研討會論文集》
2001/6/15	《2001 年兩岸報導（告）文學的發展與未來研討會》		三場引言及一場綜合座談
2001/6	《台灣原住民報導文學作品研究》	林秀梅	臺北市立師範學院應用語言文學研究所碩士論文
2001/8/18-20	〈台灣報導文學的歷程〉	陳映真	《聯合報》37 版
2002/5	《國軍文藝金像獎報導文學獎得獎作品分析》	蔡豐全	政治作戰學校新聞研究所碩士論文
2002/8	〈再現台灣田野的共同記憶〉	須文蔚	《報導文學讀本》（台北：二魚）
2002/11/8	《2002 年兩岸報導（告）文學的發展與未來研討會》		
2002/11	〈鬆綁論下的台灣報導文學讀本〉	須文蔚	《全國新書資訊月刊》
2002/11	〈尋找失去的熱情—關	吳正堂	《全國新書資訊月刊》

	於台灣「報導文學」精選書目〉		
2003/4	〈陳銘磻報導文學之研究〉	顏秀芳傅榮珂	《嘉義大學學報》第 74 期
2003/7	《當代台灣報導文學的興起與發展》	謝明芳	南華大學文學研究所碩士論文
2003/10/30	〈臺灣報導文學誕生的歷史線索〉	須文蔚	《中央日報》副刊
2003/11/13	〈台灣文學史上最早的報導文學作品〉	須文蔚	《中央日報》副刊
2004/6	《中國時報與聯合報報導文學獎得獎作品研究（1978-2000）》	張明珠	臺北市立師範學院應用語言文學研究所碩士論文
2004/7	《原住民報導文學與原住民運動之聯繫—從公眾行動的角度探討報導文學的社會功能》	陳震	東華大學民族發展研究所碩士論文
2004/8	〈擊向左外野—論日治時期楊逵的報導文學理論與實踐〉	林淇瀁	《台灣史料研究》第 23 期
2005/6	〈從「幌馬車之歌」看藍博洲的報導文學創作—兼論台灣報導文學的幾個文類問題〉	王文仁	《東華中國文學研究》第 3 期
2005/6	《兩岸當代報導文學比較研究（1976-2004）》	吳薇儀	國立臺灣師範大學國文所碩士論文
2006/3	〈刻畫黑暗的臉 ——「從災難看報導文學」座談會紀錄〉	瞻宇霈	《文訊》第 245 期

走過暗夜的戰士

── 論柏楊和他筆下的異域孤軍

一、前言：親愛的孩子你為何哭泣？

　　也許有人還記得，1990 年 8 月底在台灣的四十多家戲院同時上演了一部由朱延平導演的電影「異域」，一時引起轟動與討論，該片的主題曲「亞細亞的孤兒」，由羅大佑詞曲，也因此讓人印象深刻。這首歌的歌詞非常符合電影的劇情與劇中人物的處境，至今聽來仍讓人有泫然欲泣之感，它的歌詞是：「亞細亞的孤兒在風中哭泣，黃色的臉孔有紅色的污泥，黑色的眼珠有白色的恐懼，西風在東方唱著悲傷的歌曲。/亞細亞的孤兒在風中哭泣，沒有人要和你玩平等的遊戲，每個人都想要你心愛的玩具，親愛的孩子你為何哭泣。/多少人在追尋那解不開的問題，多少人在深夜裡無奈地嘆息，多少人的眼淚在無言中抹去，親愛的母親這是什麼道理？」孤兒的絕望心情，環境的惡劣與險詐，人性的欺騙與爭奪，無奈的吶喊與控訴，在這首歌裡充分的、悲愴的、揮之不去的流露出來。從這首歌中我們可以感性地認識這部電影真實而強烈的主題意識。這部電影是由同名的作品《異域》一書改拍而成，而《異域》這本書的作者「鄧克保」正是柏楊。

　　《異域》一書的內容大意是敘述 1949 年從雲南流離到緬甸、泰北的一批國軍，克服了邊遠山區的種種障礙，自力更生，最後

組建成一支軍事力量強大的「滇緬軍」，守著有台灣面積三倍大的
中緬游擊邊區，其中最著名的據點就是位於泰北的「美斯樂」，在
11 年間曾一次反攻大陸，兩次大敗緬軍，以致緬甸政府不得不向
聯合國一再控告這批孤軍「侵略」其主權領土，最後導致孤軍兩
次撤退到台灣，第一次是 1953 年前後，第二次是 1961 年。這之
間有太多可歌可泣的故事，令人肝腸寸斷的悲壯事蹟，《異域》正
是這群中南半島上「西南軍魂」悲壯事蹟的生動呈現。對現在的
年輕人來說，這樣的故事似乎已經有些遙遠，甚至已經完全遺忘。
即使是這批孤軍的第二代，對上一代的奮鬥血淚也不一定能完全
清楚掌握。2004 年 8 月《民生報》有一則報導，談到這批孤軍的
現況及成立史料館的必要，該報導指出，1961 年撤退時李彌將軍
帶領三百多位孤軍來台，並在政府安排下於清境山區設籍落戶，
從事開墾，逐漸形成「壽亭」、「定遠」、「博望」三個聚落。時隔
四十多年，第一代已老成凋零，以博望村為例，當年落腳的孤軍
有 31 人，現在只剩 6 人，且年紀都在 70 歲以上，為避免其歷史、
文化因此而湮沒，孤軍第二代在該村活動中心成立了史料館，希
望透過舊照片圖像的整理，重現滇緬軍曾經輝煌的史頁[1]。

　　《異域》的故事曾經感動過許多人，也得到過文壇高度的重
視與肯定，1999 年 6 月的《亞洲週刊》曾舉辦過一次「20 世紀中
文小說 100 強」的評選活動，第 35 名就是《異域》，也是柏楊唯
一入選的作品。有趣的是，名單中寫的是「鄧克保，即柏楊」。《異
域》一書先是於 1961 年以「鄧克保」化名在《自立晚報》的「社
會版」連載（而非文學性的「副刊」），接著又由平原出版社以化

---

1 施豐坤：〈當年異域情，今留博望村〉，《民生報》，〈城鄉采微〉版，2004 年 8
　月 10 日。

名出版，這使讀者一開始就誤以爲作者「鄧克保」真的是孤軍之一，而且「還要回到游擊區」去，換言之，它與柏楊無涉，而是以另有真人真事的面貌進入讀者的閱讀視閾。1968 年柏楊入獄，包括小說、雜文在內的所有「柏楊」作品都被查禁，唯獨這本以化名出版的書逃過查禁的命運。一直要到 1977 年柏楊出獄後，《異域》一書的真相才逐漸清晰，人們才知道原來鄧克保是虛構的人名，這本書的作者其實是柏楊。

　　雖然《異域》的銷售量驚人[2]，也得到《亞洲週刊》的肯定，然而，從 1961 年發表至今，它在學界所受到的注意，和柏楊及這本書的高知名度實不成比例，對柏楊作品長期關注的應鳳凰就指出：「作爲單本圖書，總銷售量雖創下台灣出版市場從未有的高紀錄，但作爲戰後臺灣文學領域裡的一部『作品』，它卻極少被推薦、討論或研究。除了讀者用購買給予實質肯定，它從未得過什麼獎，很少書評，各種文學史書更少談及，此一奇特現象與柏楊在戰後文壇的高知名度，形成鮮明對比。」[3]經查台灣「全國博碩士論文資訊網」，以柏楊及其作品爲研究對象的，只有一本 2004 年由楊舒媚撰寫的逢甲大學中文研究所碩士論文《柏楊雜文析論：以不同版本的考察爲主》，全篇以雜文爲主，並不涉及《異域》；李瑞

2　在 1988 年由躍昇文化公司印行的新版《異域》中，有署名「鄧克保」寫於 1977 年的〈《異域》重印校稿後記〉，文中提到，已經銷售達 60 萬冊；另外，根據應鳳凰的說法，這本書「不論正版或地下版，或後來隨《柏楊全集》而更換的各種新版，總銷售量在七〇年代便已超過百萬冊。九〇年代初，導演朱延平將之改編成同名電影上映，票房大賣座之外，再次帶動圖書新一波熱賣。」參見其〈紀實與虛構，冷遇與熱銷 —— 柏楊《異域》從出版到流通〉，《中華日報》副刊，2006 年 7 月 17 日。

3　應鳳凰：〈紀實與虛構，冷遇與熱銷 —— 柏楊《異域》從出版到流通〉，《中華日報》副刊，2006 年 7 月 17 日。

騰的專書《情愛掙扎 —— 柏楊小說論析》（台北：漢光文化公司，1994 年 7 月），以小說作品研究爲主，也不涉及此書；李瑞騰主編的《柏楊文學史學思想國際學術研討會論文集》（台北：行政院文化建設委員會，2003 年 12 月），收錄 14 篇論文，但未見專文討論此書；只有黎活仁主編的《柏楊的思想與文學：柏楊思想與文學國際學術研討會論文集》（台北：遠流出版公司，2000 年 3 月），收錄 19 篇論文，其中有大陸學者雷銳所撰〈爲時代的悲劇小人物撰史立傳：論柏楊的報導文學〉，以及筆者所撰〈從《異域》到《金三角·荒城》：柏楊兩部異域題材作品的觀察〉兩篇論文，對《異域》的文體屬性、寫作筆法和藝術成就進行了探討。本文正是在該文的基礎上再加申論，希望對柏楊其人和《異域》一書作較爲全面的分析與評價。此外，應鳳凰也有兩篇關於《異域》的專文發表，分別是〈柏楊《異域》的戰爭想像與歷史再現〉、〈紀實與虛構，冷遇與熱銷 —— 柏楊《異域》從出版到流通〉，對文本解讀與史料掌握都很用心，她也是少數長期對柏楊文學關注的學者之一[4]。

二、經過長夜痛哭的傳奇作家

詩人拜倫（George Gordon Byron，1788～1824）說：「未哭過長夜的人，不足以語人生。」柏楊這一生歷經磨難，坎坷起伏，多次長夜痛哭，但又挺了過來，在當代作家中堪稱傳奇。柏楊，

---

4 〈柏楊《異域》的戰爭想像與歷史再現〉一文，發表於 2005 年 8 月 24 日至 26 日由北京中國社會科學院文學研究所主辦的「東亞現代文學中的戰爭與歷史記憶國際研討會」；此外，她還曾發表〈柏楊五〇年代小說與戰後台灣文學史〉（1999）、〈「文學柏楊」與五、六〇年代台灣主導文化〉（2003）等與柏楊相關的論文。

本名郭定生，1920 年生，河南開封人。1936 年報名參加高中考試時，父親為他改名郭立邦；1943 年假造證書，冒充日本佔領區南京「中央大學」的學生，因流亡由教育部戰區學生招致委員會重新分配入學進國立東北大學插班政治系三年級就讀，在那張證書上，他自己根據原證書所有人名字「郭大同」偏旁稍作修改而改為「郭衣洞」，後來他就以這個名字從事小說創作。不過，就在畢業後的第二年，被教育部查出偽造證件，下令開除學籍，並且通令全國，所有大學永遠不得收留。教育部的嚴厲處分，讓柏楊耿耿於懷至今[5]。1949 年來台，曾任中國青年寫作協會總幹事、成大副教授、台灣藝術專科學校教授等職。

　　他在台五十多年，一般論者將其人生歷程分成十年小說、十年雜文、十年牢獄、十年通鑑、十年人權等五個階段。這樣的分期只是便於突顯其不同階段的主要活動特色，自然不免有些粗略，例如雜文期間，他也同時出版小說《曠野》和《異域》等書；牢獄期間，他仍然進行歷史的研究，完成《中國歷史年表》等書。

　　來台初期，因當時政府提倡反共文學，他以郭衣洞之名寫了許多反共小說，如《蝗蟲東南飛》等。但他很快就從這種教條式思維中走出來，寫了一些較具藝術價值的小說，如《打翻鉛字架》、《兇手》、《掙扎》等。他以悲憤的心情，透過小說形式生動表達了五○年代的苦難。這是一般所稱的「十年小說」。至於「十年雜

---

5 柏楊說：「這件事使我五十年後仍在思索，……教育部撤銷我的畢業證書，我認為懲罰已經夠了，不應該對一個只為了升學而偽造學歷證明的年輕人，趕盡殺絕，剝奪他一輩子求學上進之路。那些官員可能有法規的依據，但他缺少人性中最寶貴的寬恕和愛心。」見柏楊：〈喜遇良師益友 ──「柏楊思想與文學國際學術研討會」閉幕禮致詞〉，香港《明報月刊》1999 年 8 月號，頁22。

文」，是指 1960 年 5 月開始，他正式以「柏楊」爲筆名，在《自立晚報》寫雜文專欄《倚夢閒話》，十年雜文寫作下來，柏楊的雜文家形象獨特而鮮明，尤其是 1962 年，他的雜文集接二連三出版：先是由《倚夢閒話》結集的《堡壘集》、《聖人集》、《鳳凰集》、《紅袖集》；接著是《西窗隨筆》專欄的結集《高山滾鼓集》、《道貌岸然集》，「一年之中，六本集子出版，不僅對柏楊來說是大大的豐收年，也引起文壇的震動，柏楊作爲雜文家的地位由此正式奠定。」[6]集中心力創作雜文的同時，精力旺盛的他，還陸續完成兩部長篇小說《曠野》和《莎羅冷》，引起囑目的《異域》也是寫於這個階段，他同時自己開辦平原出版社，印行一系列暢銷文學作品。1968 年至 1977 年，則是柏楊「十年牢獄」的黯淡歲月。作爲一個叛亂政治犯，他在獄中羈押了 9 年又 26 天，期間遭逢種種心理與身體上的折磨，尤其被迫與妻倪明華離婚，更令他痛澈心扉，但他憑著與女兒佳佳通信的慰藉，以及對文學創作、歷史研究的寄託，艱苦地撐了過來。至於獄外的朋友多方奔走、想方設法地要求釋放柏楊的種種努力，更是人性溫暖而可敬的見證，尤其是因文章結識的美國科學家孫觀漢教授幾次寫信給蔣經國總統，「跪求」釋放柏楊，耗盡心血，十年不懈，這種精神實在令人動容。

柏楊的政治獄，肇因於文字獄。柏楊在《倚夢閒話》和《西窗隨筆》兩個專欄中長期批判傳統「醬缸」文化[7]和台灣社會現實，

---

6 見雷銳：《柏楊評傳》（北京：中國友誼出版公司，1996），頁 118。

7 「醬缸」一詞，在柏楊的雜文集中常見，他爲「醬缸」下的定義是：「夫醬缸者，侵蝕力極強的混沌而封建的社會也。也就是一種奴才政治、畸形道德、個體人生觀和勢力眼主義，長期斲喪，使中國人的靈性僵化和國民品質墮落的社會。……醬缸文化也有它的產品，曰『權勢崇拜狂』，曰『牢不可破的自

早已引起當道不滿，至於入獄的導火線則是一組「大力水手」漫畫的翻譯[8]。不過幾次審訊下來，柏楊逐漸清楚真正的原因是他的雜文中許多不爲當道所喜的言論所惹的禍。從調查局到景美監獄，再被送到綠島監獄，柏楊的政治犯鐵窗生涯讓他經歷了一次人性最殘酷無情的考驗，他在《柏楊回憶錄》中說道：「政治犯監獄，是出懦夫的地方，也是出勇士的地方；是出呆子的地方，也是出智者的地方；是出瘋人的地方，也是出英雄的地方；是出廢鐵的地方，也是出金鋼的地方。一個人的內在品質和基本教養，坐牢的時候，會毫無遮攔的呈現出來。」[9]他在獄中除了發憤寫史，也留下了一冊《柏楊詩抄》[10]，雖僅收舊體詩 40 首、詞 12 首，但詩中斑斑血淚的控訴，對親人相思入骨的愛，誠爲「獄中文學」之佳作。例如〈囚房〉一詩寫道：

　　重鎖密封日夜長，朦朧四季對燈光。天低降火類爐灶，板

私』，曰『文字魔術和詐欺』，曰『殭屍迷戀』，曰『窩裡鬥』、『和稀泥』，曰『淡漠冷酷忌猜殘忍』，曰『虛驕恍惚』……」，見《死不認錯集・醬缸特產》（台北：遠流出版公司，2000），頁 35-36。柏楊以「醬缸」指涉中國人的劣根性與醜陋面，見解新穎犀利，學者雷銳甚至認爲：「它在思想上的豐實深刻，見解卓特，自成體系，直追現代雜文的宗師魯迅。」見雷銳：《柏楊評傳》，頁 168。

8　從 1967 年夏天起，柏楊的妻子倪明華主編《中華日報》家庭版，爲提高讀者興趣，刊登了美國的連環漫畫「大力水手」，其中的人物對話有專人翻譯，柏楊有時則對譯文加以潤飾，使之更爲輕鬆幽默。不料 1968 年 1 月 2 日刊出的一組漫畫，卻使柏楊觸怒當道，惹下大禍。該漫畫內容是波派和他的兒子流浪到一個小島上，兩人要競選總統，波派開場演說時稱「Fellows…」，柏楊將 fellows 譯成蔣介石總統演說的常用語：「全國軍民同胞們」，因此被「以影射方式，攻訐政府，侮辱元首，動搖國本」的罪名，判刑 12 年。

9　柏楊口述，周碧瑟執筆：《柏楊回憶錄》（台北：遠流出版公司，1996），頁 295。

10　柏楊的《柏楊詩抄》最早於 1982 年由四季出版社出版，後有學英文化公司、躍昇文化公司重新出版，2001 年更名《柏楊詩》由遠流出版公司出版，並收入《柏楊全集》中。

浮積水似蒸湯。起居坐臥皆委地，呻吟宛轉都骨殭。臭溢
馬桶堆屎尿，擁擠並肩揮汗漿。身如殘屍爬黃蟻，人同蛆
肉聚蟑螂，群蚊叮後掌染血，巨鼠噬罷指留傷。暮聽狂徒
肆苦叫，晨驚死囚號曲廊。欲求一刹展眉際，相與扶持背
倚牆。

囚室環境之穢亂不堪，等待判決的如坐針氈，在詩中都有深
刻的描繪，而〈家書〉中的「人逢苦刑際，方知一死難」；〈幾番〉
中的「天上千年如一日，獄中一日似千年」；〈有感〉的「閉眸便
見嬌兒女，展眉仍自對鐵門」等心境與體驗，實非身歷其境者不
能言也。然而，他沒有因此喪志或絕望，在獄中完成了史學研究
《中國帝王皇后親王公主世系錄》、《中國歷史年表》、《中國人史
綱》等書，印證了他「戰馬仍嘶人未老，待碎殘月迎曉星」（〈謝
虞和芳〉）、「不負滿頭蒼白髮，尚存一夕仍吟詩」（〈渺茫〉）的堅
持與不屈服的鬥志。

1977 年重獲自由後的柏楊，筆耕不輟，意志力與爆發力均十
分驚人，雜文集《活該他喝酪漿》、《大男人沙文主義》、《按牌理
出牌》、《早起的蟲兒》、《踩了他的尾巴》，報導文學集《金三角·
邊區·荒城》等一部部問世，且都引起了一定的轟動效應。1983
年起，柏楊爲自己開闢了另一個戰場 —— 全面白話翻譯《資治通
鑑》，計劃每月譯 15 萬字，月出一冊，三年完成。這個龐大的寫
作及出版計劃，得到遠流出版公司的協助，1983 年 9 月，《柏楊
版資治通鑑》第一冊《戰國時代》出版，到 12 月共出了 4 本，不
僅成爲「1983 年度出版界十二大新聞」之一，而且連續四個月蟬
連「暢銷書排行榜」之首，可以說，這套書的出版計劃是該年度
最受矚目的文學大事。爲了翻譯《通鑑》，柏楊整整花了十年，沒

有假期，除了開會、演講、訪問，每天早上八點坐在書桌前，直到午夜二點才就寢，每天寫四千至六千字，十年如一日，柏楊戲稱書房是「勞改營」，自己是勞改犯[11]。譯文近一千萬字，直到 1993 年 2 月，最後一冊《分裂尾聲》出版，十年近乎自虐的勞改式寫作生活才終於畫下完美的句點。這套為兩岸文化界帶來極大影響的書，再次展現出柏楊過人的毅力和堅強的意志。

「十年通鑑」之後，74 歲的柏楊又開始了另一個新的有意義的工作，那就是推廣人權理念與教育。他在 1993 年 9 月被推舉為台灣「國際特赦組織」總召集人，籌備總會的成立工作，第二年正式成立後當選為首任會長；1994 年又成立「人權教育基金會」，致力於人權教育的宣揚工作。到 2004 年為止，「十年人權」的工作仍在進行中。柏楊因其卓越的文化貢獻曾獲 2002 年行政院文化獎，公共電視製作的「文化大師・薪火相傳」紀錄片也拍攝了柏楊等 12 位文化獎得主的專輯。值得一提的，由於他的積極奔走，促成綠島人權紀念碑的成立。對於「火燒島」這塊傷心地，柏楊的心情是萬分複雜的。1994 年，他曾應電視台「台灣風雲」節目之邀，隨製作小組赴綠島，拍攝當年的牢獄生活。重新踏進當年的牢房，鐵窗糞池尚在，心潮澎湃的他，想不到當年能活著出去，也想不到近二十年後會再舊地重遊，世事難料，唯有無語淚下。

既曾為火燒島中的階下囚，又曾為總統府中執手笑談的座上賓，這就是柏楊的傳奇性。獨力翻譯《通鑑》長達十年有成，數十本雜文集蔚然可觀，十幾本小說集深刻紀錄人性與社會，這也是柏楊的傳奇性。愛情、婚姻路上幾次的坎坷際遇，晚年的幸福

---

11 見《柏楊版資治通鑑》第 72 冊（即最後一冊）《分裂尾聲》的〈後記〉。

美滿，同樣充滿著許多不可知的傳奇色彩[12]。一個長夜痛哭過的苦難心靈，在走過暗夜之後，歷史與社會終於還給了他一個公道。

三、異域孤軍的悲壯史詩

1961 年春，任職於《自立晚報》的柏楊，在台北偶然地認識了幾位從緬甸撤退來台的孤軍，他們悲壯的傳奇經歷使柏楊深受感動，決定為他們寫一本書，將孤軍的血淚歷史公諸於世。根據《柏楊回憶錄》的記載，《異域》的寫作過程是「根據駐板橋記者馬俊良先生每天訪問一兩位從泰國北部撤退到台灣的孤軍，他把資料交給我，由我撰寫。」[13]也就是說，他既沒有親歷其境，也沒有親自採訪孤軍，而是透過記者提供的採訪資料，加以想像、組織、改寫而成。他以《血戰異域十一年》為題，以「鄧克保」為名，在《自立晚報》發表，連載了兩個月後由他和幾位朋友合辦的平原出版社出版，並改名為《異域》。柏楊在〈《異域》重印校稿後記〉中曾提到改名的原因有二：「一是原書名太像一個電影院所演出的片名，一是事實上全書只寫了前六年，後五年還沒有提及，與書名並不相符。」不管什麼原因，柏楊對《異域》的書名卻深表滿意，因為這兩個字傳達出「戰爭、奮鬥、掙扎，和流

---

12 他有五任妻子：艾紹荷、崔秀英在大陸所娶；1953 年經人介紹與同為大陸來台的齊永培結婚，後因個性不合而離婚；1957 年與第四任妻子倪明華結合，後因柏楊入獄而仳離；1977 年出獄後，柏楊結識了現任妻子張香華，年近 60 的柏楊在一次宴會上認識張香華，立刻展開追求，兩人很快就結婚，至今恩愛不渝。張香華也是位出色的詩人，柏楊晚年因她而過著幸福平靜的生活，他之所以能心無旁騖地翻譯《資治通鑑》，並多方為人權教育奔走，多賴張香華的扶持與照顧。一個經過長夜痛哭的人，老來能有此際遇，相信柏楊自己也始料不及吧！
13 柏楊口述：《柏楊回憶錄》，頁 246。

不盡的眼淚，都在非自己的鄉土上。」[14]非常符合書中人物的處境與心境。

　　柏楊虛構了「鄧克保」這一人物，以他的「親身經歷」爲線索，採第一人稱敘述方式描繪了這批孤軍從雲南邊境撤退到緬甸的艱辛過程，以及生聚教訓、企圖反攻大陸的戰鬥意志，但更多的是孤立無援、生離死別的哀歌，被拋棄、被出賣、被遺忘、被犧牲的悲劇。鄧克保的兒子安國因爲盼望父親歸來，爬上椰子樹遠望，不料緬軍轟炸，樹被炸斷而摔死；女兒安岱生下即是白痴，後來被毒蛇咬死；妻子政芬才三十多歲即已狀如老嫗，滿臉滄桑絕望；至於鄧克保自己，除了飽嚐妻離子散之苦，多次在槍林彈雨中出生入死，即使可以到泰國曼谷遠離戰爭與困苦，也可以隨軍撤退到台北，過安逸的日子，卻仍堅持回到蠻荒之地，和游擊隊的弟兄在一起，「我將留在這裡，即令沒有一個夥伴，我也要在這裡等待那些冒險來歸的青年，即令沒有一個冒險來歸的青年，我也要把青天白日旗插在山頭，無論是共軍和緬軍，在打死我之前，都不能宣傳他們把游擊隊消滅。」（頁269）對祖國的效忠，對反共復國的信仰，對長官意志的服從，對弟兄夥伴的扶持，在時空的錯置、政治的操弄、人性的虛假下，竟遭致「不合時宜」的無情嘲弄。欲哭而無淚，欲振而乏力，欲歸而無路，欲死而無所，鄧克保個人的悲劇，一家的悲劇，和一國的悲劇、時代的悲劇都戲劇性地交纏在一起，他成了「孤軍」悲劇形象的化身與縮影，他的吶喊與呼號：「我也常常哭，毫無羞恥之感的哭，在我們

---

14 見鄧克保（即柏楊）：〈《異域》重印校稿後記〉，《異域》（台北：躍昇文化公司，1994），頁271。以下引《異域》書中的文句悉依此書，除非必要，僅在文末標明頁碼，不另加註。

活在非人類所能活下去的中緬邊區那裡，只有眼淚才能灌漑出我
們的力量，你要知道，我們是一群沒有人關心的棄兒，除了用自
己的眼淚洗滌自己的創傷外，用自己的舌頭舔癒自己的創傷外，
誰肯多看我們一眼？」（頁 16）讓人不禁潸然淚下，爲之扼腕，
爲之長嘆。

　　就是這股濃厚的悲劇意識，以及對應台灣五〇、六〇年代特
殊的政治時空環境下「難言的隱痛」，使《異域》一出版就受到讀
者歡迎，且產生深遠的影響力，王德威對此有精到的觀察：

> 鄧克保的《異域》敘述大陸淪陷後，自黔滇撤退至緬北的
> 一批孤軍，如何在窮山惡水的異域裡，繼續抗爭求存的經
> 過。退此一步，即無死所，此書所展現的孤絕情境，扣人
> 心弦；而部分角色知其不可爲而爲之的悲劇意識，比起彼
> 時一片鼓吹反攻必勝的作品，誠屬異數。在反共文學式微
> 之後，此書仍能暢銷不輟，除了得力於討好的戰爭場面及
> 異鄉風情外，恐怕也正因其觸動了老一輩讀者難言的隱痛
> 吧？[15]

　　《異域》因其書中有不少愛國、反共的描述，輕易地被貼上
「反共小說」的標籤，但它又不同於當時教條八股的反共文學，
反而道出了許多人不敢/欲言的真相，這些真相卻可能觸犯當
道，但柏楊透過孤軍的悲慘遭遇，都赤裸裸地呈現出來，這種與
當時政治處境、軍事態勢、人事鬥爭糾結在一起的「難言的隱痛」，
是《異域》一書成功的真正原因，而它最大的藝術感染力正來自
於對這些孤軍血淚、悲劇的出色刻劃。

---

15 王德威：〈五十年代反共小說新論〉，《四十年來中國文學》（張寶琴等編，台
　　北：聯合文學出版社，1997），頁 74。

　　孤軍的隱痛與悲劇，首先表現在揮之不去的孤兒／棄兒意識。這種對「祖國」、「母親」的愛怨交織，深深觸動了讀者對當時台灣所扮演的無力角色的失望與不平。孤軍們吶喊著：「我們真正是一個沒有親生父親的孤兒，在最需要扶持的時候，每一次都遭到悲慘的遺棄。」（頁 212）「難道國家就只剩下我們這一千多人嗎？我們反攻，我們死，是義不容辭的，但我們覺得我們的擔子是太重了，不是我們挑得動的。」（頁 135）「我不是說過我們是孤兒嗎？是的，民國三十八年我們便開始嚐到孤兒的味道了。」（頁 27）這種渴望與絕望交織的呼號，特別在生死交關之際會不自禁地表現出來：「世界上再也沒有比我們更需要祖國了，然而，祖國在哪裡？」（頁 11）強烈的被棄意識，使孤軍們對人物的評價自然會以「板蕩識忠臣，疾風知勁草」為最高的準則，某些長官的志節不堅，他們毫不留情地加以抨擊、唾棄，某些可以棄他們而去、享受榮華富貴卻自願留下來與孤軍一起受苦的將領，就成為他們心目中的英雄。強調堅貞氣節的「忠臣意識」，使孤軍對自己的選擇有種歷史大義的悲壯感，也是支撐自己奮鬥下去的動力，「任何人都可以在重要關頭遺棄我們，我們自己卻不能遺棄我們自己。」（頁 220）對帶領孤軍打出一片天地的李國輝將軍，壯烈成仁的石建中將軍，不願到泰國享受的譚忠團長，中緬大戰時英勇的張復生副團長，以肉搏戰擊敗緬軍的劉占副營長等人，柏楊以充滿熱情與敬意的筆調加以謳歌；對元江大潰敗後拋棄部下到台灣去的師長、副師長、團長們，柏楊也不留情地予以譴責。只不過，孤臣孽子的身影，在巨大的政治遊戲場域裡，顯得如此卑微渺小，一度的輝煌換來的是無止盡的蒼涼，以及遺忘。在「反共復國」的年代，這批決心要「反共」，而且一度打進雲南要「復

國」的孤軍，反而成了國際政治角力下的燙手山芋，這種椎心之痛，難言之隱，正是《異域》之所以暢銷的原因之一。當然，忠言逆耳，孤軍的「孤」、「敗」、「退」、「悲」，都迥異於當時「反共必勝，建國必成」的政治氛圍，對「激勵民心士氣」更無助益，於是，這部「反共小說」，最後竟難逃成為「禁書」的命運。

孤軍悲壯史詩般的經歷，透過柏楊生動文筆的描繪，打動了無數讀者的心，在沒有一位作家寫過評介，也從未在報刊上登過廣告的情形下，「它在只有一千八百萬人口的台灣，十五年間，銷出一百餘萬冊。」[16]1977 年大專聯考的作文題目是「一本書的啟示」，《異域》竟名列前茅，最受青年學生的重視；出版後的十餘年間，經常還「有人寫信來問如何可以去滇緬加入反共游擊隊的行列」[17]。甚至於坊間出現了至少七種與《異域》有關的書籍，如馬克騰的《異域下集》、卓元相的《異域烽火》、于蘅的《滇緬邊區游擊隊》等。正是這股巨大的社會影響力，促成了柏楊於 1982 年在《中國時報》的提議、資助下，親赴《異域》現場，完成《金三角‧邊城》一書。

四、蠻荒血淚的邊區荒城

說柏楊「親赴」《異域》現場，而非「再度親赴」，是因為柏楊在寫《異域》這部書時根本未曾去過滇緬邊區。前面提到，《異

---

16 林蔚穎：〈出版緣起〉，《金三角‧荒城》（柏楊著，台北：躍昇文化公司，1988），頁 2。此書原名《金三角‧邊區‧荒城》，於 1982 年 5 月出版，後由躍昇文化公司以「柏楊書」系列重新出版，書名改為《金三角‧荒城》。以下引自此書者以躍昇版為主，不另加註，僅標明頁碼。
17 見李利國策劃整理、馬以工訪問：〈訪「孤軍的精神領袖」丁作韶夫婦〉，《從異域到台灣》（李利國編著，台北：長河出版社，1978），頁 236。

域》是柏楊透過他人採訪及新聞資料收集，再運用自己的想像、虛構所完成的一部作品。這涉及到《異域》的文體定位問題，即到底是小說還是報導文學。1988 年躍昇文化公司重編出版《柏楊書》系列時，將《異域》與《金三角‧荒城》列爲「報導文學」；李瑞騰教授在一篇論報導文學的文章中也認爲《異域》是報導文學作品，他說：「毫無疑問，那是一本報導文學的佳作。雖然《異域》流傳甚廣、甚久，可惜的是文學評論家卻未曾對它加以討論，一般讀者在感動之餘也未曾更進一步思考它的文類歸屬。不過，《異域》的出現，充分顯示出成功的報導文學作品必然具有強大的社會功能。」[18]應鳳凰在 2003 年整理柏楊寫作簡表時，也逕稱「報導文學《異域》」[19]；甚至大陸研究柏楊的學者雷銳也認爲這是一部報導文學。看來，有不少人主張《異域》屬於報導文學。但是，葉石濤在《台灣文學史綱》中卻提到柏楊「小說有《異域》較著名」[20]，足見此書的文類屬性有待釐清。

　　對此，筆者傾向於葉石濤的看法，雖然他指的「小說」仍是一較寬泛的概念，但《異域》一書實不宜輕率地稱之爲「報導文學」，較明確的定位應該是「新聞小說」。報導文學的文體要求，一般認爲至少應具備文學性、真實性、新聞性（時效性）、批判性、親歷性等條件，否則就與敘事散文或紀實小說無異。《異域》在新聞時效性與表現手法的文學性方面是具備的，而且極爲出色，但它終究不能算是報導文學，主要的理由是許多虛構的情節與人

18 李瑞騰：〈從愛出發 —— 近十年來台灣的報導文學〉，《台灣文學風貌》（台北：三民書局，1991），頁 98。
19 應鳳凰：〈「文學柏楊」與五、六０年代台灣主導文化〉，《柏楊文學史學思想國際學術研討會論文集》（李瑞騰主編，行政院文建會出版，2003），頁 154。
20 葉石濤：《台灣文學史綱》（高雄：文學界雜誌社，1987），頁 102。

物，使它不符合真實性的原則，加上作者未曾親赴現場採訪，也不曾親自採訪當事者，缺乏必要的親歷性。對此筆者在〈從《異域》到《金三角‧邊城》──柏楊兩部異域題材作品的觀察〉一文中有過析論，指出柏楊沒有親歷現場採訪，「採用的是史料彙整、資料剪輯的方式，在表現上當然無法有訪問者的身分，而必須虛構人物來進行敘述。……在缺乏對報導客體、現場的親自採訪條件下，我們對《異域》一書的定性，也只能說它較接近於『新新聞學』的寫作方式，是一種『非虛構小說』，而難以逕稱其為『報導文學』作品。」[21]原本認為《異域》是報導文學的李瑞騰，幾年後在一次接受電視訪談《異域》一書時，已經改變看法，最根本的理由即在於柏楊並未到現場採訪。應鳳凰後來在 2006 年發表的論文中對《異域》一書的文類屬性也有所修正，她說，《異域》的形式表現「是用真的姓名與年代，來營造感人肺腑的悲劇『故事』，筆者很願意將之列為台灣五、六○年代一本被讀者與市場充分接受的戰爭小說。」[22]在報導文學與小說之間擺盪，《異域》的

---

21 張堂錡：〈從《異域》到《金三角‧荒城》──柏楊兩部異域題材作品的觀察〉，《跨越邊界：現代中文文學研究論叢》（台北：文史哲出版社，2002），頁 94。此文曾發表於「柏楊思想與文學國際學術研討會」（香港大學亞洲研究中心主辦，1999 年 6 月）。所謂「新新聞學」，是指新聞寫作方式在歷經了客觀報導、綜合報導、解釋報導、深度報導、調查報導等階段，於 60 年代中期出現了「新新聞學」的寫作新方式，強調可以容納一切可能的形式：時空跳接的手法，第三人稱的敘述，對話體，細部描寫，心理刻劃，個人感覺……都是可能的。「新新聞學」的興起，和美國《前鋒論壇報‧星期增刊》的編輯湯姆‧伍爾夫（Tom Wolfe）所編選、於 1966 年出版的《新新聞學》（The New JourNaLism），以及楚曼‧卡波提（Truman Capote）於 1966 年出版的「非虛構小說」──《冷血》（Cold Blood）有關。相關的說明可參見高信疆：〈永恆與博大──報導文學的歷史線索〉，《現實的探索》（陳銘磻編，台北：東大圖書公司，1980），頁 43-47。
22 見應鳳凰：〈紀實與虛構，冷遇與熱銷──柏楊《異域》從出版到流通〉。在該文中，她還提到：「與朱西寧七○年代發表的長篇《八二三注》比較，朱

文體定位之所以引起這些爭議，也可能和初期對「報導文學」定義較寬鬆，後來隨著研究的深入而漸趨嚴密有關。

「鄧克保」──這位身兼作者與主人公雙重角色的虛構人物，據柏楊在 1999 年 6 月於香港召開的「柏楊思想與文學國際學術研討會」上公開表示，鄧克保確有其人，不是孤軍，而是他小學的同班女同學，後因病早夭，讓他深印腦海，因此在虛構《異域》主角時用了這個名字。由此可知，鄧克保及其一家悲慘的遭遇，是柏楊文學虛構筆法的塑造，並非真有其人其事。正因為不是柏楊的親身經歷，使得這部作品在一些真實細節的描寫上略顯不足，雷銳就指出：

> 作者畢竟沒有親歷那種地獄般的戰鬥生活，也沒有稍多一點的軍事知識來幫助他渲染戰鬥，他只是靠採訪得來的資料，充分展開自己的想像去補充。於是，我們便看到作品裡，凡虛構的情節如鄧克保一家的九死一生，凡帶有異國傳奇色彩的情節如少數民族用人頭祭穀之類，作者就寫得略為生澀，而寫到戰鬥、行軍，則缺乏細節。作者流暢地敘述著孤軍的歷程，他們的大致歷史已清清楚楚勾勒出，只是作為報導文學而言，這部作品文學色彩還不夠濃。[23]

《異域》作為一部「新聞小說」，而非報導文學，在與柏楊另一部作品《金三角‧荒城》對比之後就更明顯了。1982 年初，《中國時報》副總編輯兼《人間》副刊主編高信疆詢問柏楊親赴泰緬邊區採訪孤軍苗裔的意願，63 歲高齡的柏楊幾乎是不加考慮就一

著也是將戰役故意設計成『報導』的形式，每一章節都用一段軍中的公文作開頭，卻從沒有人懷疑他是在寫小說。」她認為：「與其說是單純『報導』，不如說是敘述一段『血淚故事』。」

23 雷銳：《柏楊評傳》（北京：中國友誼出版公司，1996），頁 108。

口答應，然後就在《中國時報》的支持下，親臨當年孤軍出生入死的現場，到難民村和金三角做了第一手的採訪報導，以《金三角‧邊區‧荒城》爲題，先在《人間》副刊上連載一個半月後，再由時報文化出版公司於該年 5 月出版[24]。和《異域》最大的不同是，這是柏楊的親身經歷與觀察，有自己的看法與觀點，讓讀者透過一篇篇的報導，認識孤軍所處的險惡環境，了解邊區複雜的政治軍事鬥爭與悲涼的處境，進而走入金三角神秘的世界裡，這種真實感、臨場感和《異域》虛構小說人物的敘事策略是不同的，可以說，《金三角‧荒城》是不折不扣的報導文學作品。真實性、時效性、文學性、批判性、親歷性等報導文學的文體特徵，在《金三角‧荒城》中有生動而精采的演示。且看以下一段：

> 孤軍可以說一直在「撤退」「再撤退」中掙扎求生，戰敗固然死亡，無聲無息的死亡，全世界沒有人紀念他們。就在我伏案爲文的時候，新聞報導，美國「越戰紀念堂」已在華盛頓破土開工，越南戰場上殉職者五萬餘人的姓名，都將刻在上面。美國在越南打的是一場不榮譽的戰爭，一場爲善不終的戰爭，爲美國人自己所唾棄。然而，他們還是紀念他們戰死的袍澤。而孤軍又如何？戰死與草木同朽，而戰勝時，戰勝只有招來更大的打擊。打一次勝仗，打擊的重量加強一次。……（〈解除武裝〉，頁 171）

伏案爲文時的新聞報導，說明了此文的時效性，而將越戰士兵與孤軍的懸殊待遇對比，柏楊心中的不平之鳴強烈地表達了他

---

24 此書原名《金三角‧邊區‧荒城》，附有 33 張照片，後由躍昇文化公司以《柏楊書》系列重印時，改名爲《金三角‧荒城》，並刪去這些照片。本文以躍昇版爲主，故書名統一爲《金三角‧荒城》。

的批判性。至於文學手法的運用在書中也經常可見，例如描寫泰緬邊界的荒城「美斯樂」生活貧苦的一段，就極富藝術感染力：

> 我們不能接受血戰異域三十年的孤軍，最後會是這樣下場。他們戰勝過，榮耀過，現在卻被遺棄在蠻荒，在生死線上掙扎。同是中國人，卻因地緣不同，遭遇相差天壤，那是用血淚填不平的天壤。老妻（按：指張香華女士）生在香港，在台灣長大，她對美斯樂的反應就是長時間的悵然無語，那裡的破落和貧苦，像黑暗中的巨爪一樣抓住她。……直到幾天後，老妻的震撼稍微平息，她長長的嘆息：
>
> 「我從沒有見過，人們這麼貧苦！」
>
> ── 她不久就慚愧她的膚淺和無知，當稍後他知道美斯樂竟然是泰北所有難民聚落群中，最富有的村庄時，她的眼淚奪眶而出。(〈美斯樂〉，頁162)

先將美斯樂與台灣、香港相比，再將其他難民村與美斯樂相比，層遞的技巧使難民村的艱困貧苦不言而喻，效果突出而生動。孤軍的絕望與茫然，將領落寞的身影，教育資源的缺乏，基礎設備的落後，柏楊時而用充滿憐憫的口氣娓娓述說，時而以金剛怒目式的筆觸加以抨擊，時而以關懷的心情沉痛呼籲，更多的是用感同身受的大愛將邊區荒城的血與淚既不掩飾又不誇飾地真實呈現，我們從這些具有真情道義的文字背後，可以充分地感受到敘述主體強烈的愛，《金三角‧荒城》最動人的景致正在於此。例如〈救救下一代〉中對邊區荒城師資、圖書、經費的嚴重短絀，柏楊大聲疾呼募款捐書，他在文中對一個失學孩子的描寫真是感人落淚：

我在美斯樂看到一個十歲左右，面目清秀的孩子，問他為什麼不上學，他低頭不語，一再地問下去，他忽然流下眼淚，低聲說：「我們沒有錢！」我牽著他骯髒而冰冷的小手，送他回家，所謂家，只是一座草屋，在泥土上擺著一張光光的竹床，牆角擺著一個冰涼的火爐，如此而已，我像遺棄自己親生兒子似的，把孩子留在那裡，踉蹌而出。台灣的孩子們正大批逃學，而孤軍窮苦的第三代苗裔，卻用悽愴的童心，渴望走進校園。（頁253）

如果說，《異域》的鄧克保對這些邊區荒城的描寫多建立在一種被動的、勇士傳奇、冒險式的想像上，那麼《金三角‧荒城》則是柏楊自覺的、使命的、挖掘真相的紀實，以及當年對孤軍諸多想像的落實。《異域》中驚心動魄的遭遇是孤軍的悲劇，柏楊只是一個激動的敘述者，而《金三角‧荒城》中許多冒險的情節則是圍繞著柏楊發生，他冒著生命的危險走進金三角，走進難民村，走進殘破殘酷的現實，也走進不堪回首的歷史煙塵裡。他既是敘述者、導遊者，又是參與者、見證者。邊區荒城的蠻荒血淚，在他的筆下有了真實的紀錄。

五、結語：柏楊及其作品的熱力與魅力

作為出色的報導文學之作，《金三角‧荒城》出版後的影響力與受歡迎的程度，仍然不及以情節虛構渲染見長的小說《異域》，但其實二書「血脈相連」，不論是《異域》中「難言的隱痛」，還是《金三角‧荒城》中「無言的悲涼」，柏楊都投入極大的心力與情感。在《金三角‧荒城》的〈後記〉中他說：「再長的文章，總有終筆，然而文已盡而情不盡。讀者先生放下書本時，金三角、

荒城，仍寂寞的矗立在萬里外的泰北群山。而孤軍苗裔，也依舊
如昔，在那裡茫然的凝望著祖國。我知道，讀者先生會永記不忘，
因為他們跟我們十指連心。」[25]就是這種「文已盡而情不盡」的
大愛，使柏楊的作品不論舊詩、雜文、小說或報導文學，都自然
散發出一股至真至性的熱力，是這股熱力讓柏楊的作品充滿魅
力。也許是性格使然（不論是作者性格或文學性格），柏楊的小說、
報導文學都有著鮮明的政論色彩，以柏楊自己的話來說是「雜文
筆法」，而筆者認為可以稱之為「魯迅風」。柏楊多次表達自己對
魯迅的推崇與受影響，魯迅的悲憤意識、戰鬥精神、對傳統黑洞
的抨擊、人性醜惡的揭露，生命的掙扎與吶喊，在柏楊筆下有著
相近的藝術特質與創作表現。他說過：「我的小說倒是學魯迅的」，
「我小說是真的受了魯迅的影響」，「自從白話運動以來，魯迅的
小說還是最好的。」[26]張香華有一段訪談對此有深入的剖析：

> 我覺得他是一個使命感很強的人。他對魯迅的小說之所以
> 那麼喜歡，因為他和魯迅一樣，出發點是對社會、對人的
> 關懷；對中國人的可憐、可憫、厭惡 —— 恨鐵不成鋼。那
> 種心情，我相信他們兩人很相像。……他有一顆這麼灼熱
> 的心，除了反映當時的時代之外，還能把人性的黑暗面挖
> 掘出來。……正因為他太灼熱，太關懷，所以，儘管他的
> 小說技巧還沒發展到最圓熟，但是，因為他的愛心，他的
> 期望，使他在作品裡面保存了一些永恆的東西……[27]

魯迅一生透過小說與大量的雜文，針對落後愚昧的國民性、

25 柏楊：《金三角・荒城・後記》（台北：躍昇文化公司，1988），頁280。
26 見聶華苓：〈柏楊和他的作品（代序）〉，《柏楊小說選》（柏楊著，聶華苓選，
　　香港：文藝風出版社，1986），頁6。
27 同上註，頁7。

封建傳統的壓迫性及知識分子的虛偽性展開了深刻而無情的批判，柏楊小說反映戰亂與貧窮下的人生悲劇，雜文則批評中國幾千年的「醬缸文化」所造成的人性弱點，可以說，柏楊的魯迅性格和作品中的「魯迅風」都是鮮明的，他自己就承認過：「我的性格也可能比較接近於雜文」[28]，而這也造成了柏楊不論是小說或報導文學都時有談史論政的雜文筆法。以《金三角‧荒城》來說，當他力圖形象地描寫人物或敘述事件時，總不忘引史論今，提出自己的分析和評論，談金三角之前，他先談毒品王朝建立的歷史，介紹羅星漢和坤沙如何與泰緬當局周旋，又把鴉片如何自西方引進的歷史淵源詳盡道出，痛斥「追根溯源，今日橫眉怒目，努力肅毒的國家，正是往昔販毒的罪魁禍首。」（頁 65）類似的筆法在《異域》中也多有表現。柏楊幾乎是以寫史的心情在寫作，這使他能跳脫個人一己狹隘的視閾，不在小我的悲喜中打轉，將關懷的眼光投向更長遠的未來和更寬廣的世界。尖銳犀利背後是感時憂國，嘻笑怒罵深處是一顆溫暖的心，冷嘲熱諷中蘊含的則是深厚的愛與情，這和魯迅相似的人格與風格，使他的作品充滿了動人的力量。聶華苓說得好：「他大半輩子，就是個『情』字——親情，友情、愛情、人情、愛國之情；他就為那個『情』字痛苦，快樂，憤怒，悲哀，絕望，希望……甚至在獄中，柏楊也充滿了悲天憫人之『情』。」[29]

因為情，他曾經付出了巨大的代價，但也因為情，他在逆境中沒有倒下，在獄中沒有絕望，對手中的一枝筆始終不肯放下。

---

28 見鄭瑜雯的採訪紀錄稿〈情愛掙扎——柏楊談小說〉，收於李瑞騰：《情愛掙扎——柏楊小說論析》（台北：漢光文化公司，1994），頁 146。

29 同註 26，頁 4。

在綠島人權紀念碑的碑文中他寫著:「在那個時代,有多少母親,為她們被囚禁在這個島的孩子,長夜哭泣!」[30]若非身歷其痛者絕無法寫出這樣深情的文字。這位走過暗夜的戰士,和他筆下的異域孤軍一樣,都經過長夜痛哭的打擊,孤立無援的絕境,但卻能在困境中掙扎、抗爭,從而打出自己的一條血路來。孤軍的血淚故事或許已經逐漸被淡忘,但柏楊並沒有被遺忘。2003 年 10 月,遠流出版公司經過三年的努力,將柏楊作品整理成全集 28 冊出版,煌煌兩千萬字巨著,見證了他一生勤奮筆耕的成果;1997 年、2003 年分別在香港、台北舉辦的兩次關於柏楊文學史學思想國際學術研討會,宣示了「柏楊學」研究的方興未艾。

「九天翱翔闖重雷,獨立高崗對落暉。孤鴻不知冰霜至,仍將展翅迎箭飛。」[31]孤鴻也好,孤軍也罷,柏楊從愛出發、鬥志昂揚的人格及其作品中感時憂國、勇於批判的風格,已經贏得台灣社會的尊重與肯定,也已在台灣文學史上寫下不可抹滅的一章。這不只是柏楊一個人的幸運,更是台灣文學、台灣社會的幸運。

【本文發表於 2006 年 12 月《中國現代文學半年刊》第 10 期】

---

30 見綠島人權紀念碑編輯委員會編:《綠島人權紀念碑》(台北:財團法人人權教育基金會,2001)。

31 柏楊:〈《回憶錄》尾聲〉,《柏楊詩》(台北:遠流出版公司,2001),頁 147。

輯　二

琦君的散文藝術特色及其成就

冰心寫作特色及其散文〈笑〉賞析

朱自清寫作特色及其散文〈兒女〉賞析

豐子愷寫作特色及其散文〈兒女〉賞析

張愛玲寫作特色及其散文〈愛〉賞析

龍應台寫作特色及其散文〈大山大河大海〉賞析

林文義寫作特色及其散文〈向晚的淡水〉賞析

余秋雨寫作特色及其散文〈陽關雪〉賞析

琦君的散文藝術特色及其成就

　　2004 年夏天，88 歲高齡的作家琦君，結束在美 20 年的留居生活，偕夫婿李唐基返台定居於淡水。在異鄉的歲月，她當然不曾放下手中的五彩筆，繼續耕耘著不同形式的文學創作，包括散文、小說、兒童文學、翻譯小說等。但是，不必諱言，除了小說《橘子紅了》被公視改拍成電視劇的那段時間，琦君在文壇、出版市場似乎逐漸被淡忘，直到她的歸來，媒體大幅報導，喚起眾多讀者的懷舊思緒，才再度掀起了一股「琦君熱」：《琦君小品》、《賣牛記》、《琦君寄小讀者》、《青燈有味似兒時》、《永是有情人》、《水是故鄉甜》等過去的作品被重新排版問世，三民書局舉辦「琦君迷同學會」，中央大學成立「琦君研究中心」並主辦「琦君及其同輩女作家學術研討會」，《永遠的童話 —— 琦君傳》出版，亞洲華文作家文藝基金會特別舉辦「向作家琦君女士致敬」記者會，致贈「資深作家敬慰獎」等，密集地在短短兩年時間裡熱鬧登場，而琦君，就在外界掌聲喝采的喧鬧與體力日衰、記憶緩慢流失的安靜中，走完了他 90 年筆墨生涯的最後一程。

　　雖然和琦君同時代的女作家甚多，如林海音、張秀亞、羅蘭、胡品清、鍾梅音、艾雯、劉枋等，每一位都有出色的文學成就，但真正爲廣大讀者所熟悉和喜愛的，恐怕非琦君莫屬；雖然琦君的創作形式多樣，但她最讓讀者熟悉和喜愛的則是散文。作爲一

位散文女作家，琦君在台灣文學史（或女性散文史）上早有屬於自己的璀璨一頁，30本散文集的重量，締造了她難以取代、無遠弗屆的影響力，可以說，她的散文影響了整整一個世代的讀者，同時也代表了一個世代的散文創作藝術典範。琦君的散文之所以能風行不衰，擁有其他女作家所不及的高知名度，和她的作品長期被選入教科書範文有關。以高中國文課本爲例，從過去國立編譯館編選的〈一對金手鐲〉、〈師與友〉，到民間出版社各自編選的〈髻〉和〈媽媽的手〉；國中國文課本也有〈下雨天，真好〉、〈桂花雨〉、〈月光餅〉等。這證明了琦君的散文對中學生特別具有閱讀學習的吸引力與典範性。

一、散文寫作特色

當然，她的作品能成爲教科書編選現代散文的寵兒，除了作品中所蘊含的傳統美德與正面的人生態度，在教育上具有潛移默化的學習價值外，從文學技巧與藝術表現來看，也有她個人精心的風格營造與出色的鍛造鎔鑄，才使她的作品耐人咀嚼，並受到研究者與閱讀者的肯定與歡迎。整體而言，琦君散文的藝術表現有以下兩點特別突出與成功：

（一）處處流轉愛與美的人生追求

琦君深受中國傳統道德薰陶和佛教、基督教的影響，加上母親的教誨，大家閨秀風範的養成，使她的作品特別具有一種溫柔敦厚、高潔雅淨的情感氛圍，處處流露出對生活的熱愛和對人們的真誠。她認定：「世界上只有一個真理就是『愛』。」[1]大陸學者

---

1 琦君：〈聖誕夜〉，《琴心》（台北：爾雅出版社，1980），頁26。

李今也指出：「她的創作可用一個字概括，就是『愛』。」[2]對萬事萬物自然博愛的本性，使她的散文字裡行間隱隱散發出愛與美的芳香。讀琦君的散文，是與高貴心靈的對話，是與摯友娓娓談心的享受，即使是人間不可避免的醜惡、憂患或矛盾，在她筆下，仍能不失溫厚敦和，達到一種獨特的昇華的藝術境界。在〈歷代女性與文學〉一文中，她曾分析道：「中國文學是傾向於蘊藉婉約的，所謂不失其溫柔敦厚之旨。而蘊藉婉約、溫柔敦厚的作品，由女性自己來著筆，自更顯得出色當行。」[3]琦君的人與文，最讓人印象深刻的就是這一股發自內心、溫純雅致，「筆鋒常帶感情」的藝術氣氳。

　　琦君充滿愛與美的情懷，可以從她的散文中輕易地感受得到，例如《煙愁》中寫手足之愛的〈金盒子〉，因為紀念死去哥哥，童年的琦君珍藏著金盒子，但後來領養的弟弟不知道，竟把它「摧毀得支離破碎」，她忍不住打了他。等弟弟長大些，明白她的苦心，對她表示，「為了紀念他不曾晤面的哥哥，他一定得好好愛護這隻金盒子。」姊弟感情與日俱增，但幾年後，她的弟弟因突患腸熱病，竟也不幸去世，此後，每次打開金盒子，帶給她的已是「慘痛的回憶」。面對接二連三的悲劇打擊，琦君以飽含情感的文筆細細訴說，沒有太多的激憤，只有深層的愛藏在內心深處。又如〈髻〉，寫母親難言的幽怨，對奪去母親幸福的姨娘，起初雖有怨恨，但隨著歲月流逝，她最後選擇了原諒與體諒，充分表現出一種哀而不怨，怨而不傷的溫柔情緒與敦厚心胸。穿著毛衣，她彷

2　李今：〈善與美的象徵 —— 論琦君散文〉，《評論十家》（沈奇、席慕蓉等著，台北：爾雅出版社，1995），頁113。
3　琦君：〈中國歷代婦女與文學〉，《紅紗燈》（台北：三民書局，1969），頁222-223。

佛擁有母親溫暖的愛；對長工阿榮伯，她滿心的感謝與懷念；不
論在飄落如雨的桂花樹下走過，還是坐在鬧烘烘的戲院裡，又或
者看著不停上升的風箏，想念心中的一對金手鐲，這些日常生活
的題材，到了琦君筆下，都成爲親情、鄉情、友情、人我之情的
化身。沒有大起大落大悲大喜的情感波濤，只有委婉平和如一灣
溪水的愛，與一縷輕煙似的淡淡的美，令人動情，動容。在《細
雨燈花落》的〈第一枝春花〉中，她如此自勉：「讓我們多多培養
『春天的心』，使心田中第一枝開放的春花，是一枝『愛』的花朵，
它將會比梅花更清香！」這愛與美的追求，正是琦君散文動人的
力量所在，

（二）自然質樸中給人詩意感受的語言風格

　　琦君愛與美的情懷，一方面透過對日常生活中人與事的題材
加以選擇與表現，一方面則是運用她在質樸自然中不失詩意美感
的語言予以描寫與呈現，二者相輔相成，構築出琦君優美的散文
藝術世界。琦君的文學語言典雅素淨，沒有太多的雕琢粉飾，楊
牧以他「讀琦君的散文，積有至少二十年的豐富經驗」，指出琦君
散文的「嚴密深廣」，是「寓於平淡明朗之中」，肯定琦君「表面
上平淡明朗的文體，竟能含涵嚴密深廣的文學理想，小品散文家
的功力修養，於此一端是最值得野心勃勃的詩人和小說家借鏡學
習的了。」[4]大陸學者章方松也推崇說：「琦君的散文語言天然自
成，沒有人爲的造作。爲了使語言平淡之中透露出深深的真情性
靈，有時爲了表達文字的蘊意，她不是挖掘深奧的詞句讓讀者費

---

4 見楊牧爲琦君《留予他年說夢痕》（台北：洪範書店，1980）一書所寫的序言，
　頁1、3。

解，而是反覆思索推敲，選擇最平易的詞句，來表達最深刻的含義。……琦君的散文跟現代作家相比，就是她以清淡的文字透露出語言的清麗，在清麗的語言中，顯示出一種清高的境界。」[5]這種語言藝術境界的形成，和她服膺於恩師、詞學大家夏承燾的文學觀有關，在《青燈有味似兒時》一書的附錄，琦君特別引用恩師的教誨：「文章內容所含之情要真，情真語摯是天下至文。練字練句要精，以最恰當之字，表情達意，但並非矯揉造作，以詞害意。風格要新，不模仿旁人，不學人言語。寫作的心情要輕，不要抱太重的得失心。」對於夏師「真」、「精」、「新」、「輕」的「四字心傳」，琦君認為這就是「簡樸」「自然」，而她「總是時時在心」[6]。

　　在追求自然質樸的同時，由於敏銳的感受力，細膩的觀察力，大學時又主修古典詩詞，潛心於吟詩填詞，使她的修辭技巧在自然渾然中也富有變化，深具古典氣息，顯現出卓越的語言功力。尤其是文中經常引用詩詞和典故，使她的散文別有一番詩意的情味。大陸學者莊若江、楊大中在〈秀外慧中，雅潔素淨 —— 琦君散文創作論〉中就曾指出：「翻開琦君的散文，迎面依依而來的是一派中國傳統文化氣氛和東方女性氣質情致，這一點單從她散文集的題名就可以深刻地感受到：《三更有夢書當枕》，《細雨燈花落》，《千里懷人月在峰》，《留予他年說夢痕》，《燈景舊情懷》，凡受中國文化薰染的讀者腦海中自然會浮現出那些古典詩歌中反覆

5　章方松：《琦君的文學世界》（台北：三民書局，2004），頁 89-90。
6　周芬伶：〈千里懷人月在峰 —— 與琦君越洋筆談〉，此文作為附錄收於琦君：《青燈有味似兒時》（台北：九歌出版社，1988），頁 249。

吟唱的詩情畫意，每一部書名都是一種詩的意境。」[7]對詩意美感的講究，是琦君散文創作自覺的追求，她認為要把散文寫好，產生吸引人非讀下去不可的魅力，必須具備的條件之一就是「要涵泳詩的氣質，也就是說，要有詩的韻味，詩的精簡，詩的含蓄美。」[8]詩的語言、意境，愛的題材、心境，可以說，「詩」與「愛」是理解琦君散文藝術最重要的兩個關鍵字，也是她的散文至今風行不衰的奧秘所在。

二、散文藝術成就

學者張瑞芬在〈馨香桂花雨 ── 論琦君散文〉中對琦君的文學史地位有以下的描述：「作為五、六○年代懷鄉憶舊與主流價值的代表，琦君及其文學風靡了港台兩地『九歲到九十歲』的讀者。她所代表的溫厚存心與蘊藉傳統，如〈一對金手鐲〉，七○年代中期即得到評論現代文學史的夏志清極高讚譽。楊牧以『古典的節制』稱其『以不變應萬變』，『寓嚴密深廣的思想感情於平淡明朗的文體之中』，『烈火生青焰，冷水為增冰，如陳酒之醇，如老薑之辣』形容她的溫婉於內，亦極貼切。」[9]沈謙更直言她是「中國現代文壇上最傑出的散文大家，她也是文章中最具備中國傳統情韻和風味的作家。」[10]看來，她的文學成就早已有了定論。然而，這樣一位重要的作家，在台灣的文學史著作中，卻經常處於「只

7　莊若江、楊大中：〈秀外慧中，雅潔素淨 ── 琦君散文創作論〉，《台灣女作家散文論稿》（哈爾濱：北方文藝出版社，1994），頁 50-51。

8　琦君：〈我對散文的看法〉，《燈景舊情懷》（台北：洪範書店，1983），頁 192。

9　張瑞芬：〈馨香桂花雨 ── 論琦君散文〉，《五十年來台灣女性散文‧評論篇》（台北：麥田出版社，2006），頁 30-31。

10　沈謙：〈愛的世界 ── 評琦君「想念荷花」〉，原載 1983 年 11 月《幼獅少年》第 85 期，引自其《獨步，散文國》（台北：讀冊文化公司，2002），頁 12。

列其名，不錄其文」的狀態，多半只將她置於五〇或六〇年代一串女作家的名單中，很少有較多的描述，葉石濤、陳芳明的文學史書寫都是如此。章方松在 2004 年出版《琦君的文學世界》一書的序言中也不解地說：「琦君是中國當代著名的旅美作家，她的文學成就在海內外有重大的影響，特別在台灣影響了好幾代讀者。她的文學藝術成就，在台灣享有極高的榮譽與地位。可是，這麼一位有影響力的大作家，在國內外，居然還沒有一本著作以完整的體系來研究她的文學成就與文學歷史定位。」[11]平心而論，目前台灣的文學史論述對琦君確實是不公平的。

　　如果暫時拋開意識形態觀點的侷限與缺陷，大陸學者撰寫的台灣文學史籍，對琦君的處理是比較重視而詳細的，除了介紹琦君其人外，對作品有較長篇幅的評述，如早期由劉登翰等編寫的《台灣文學史》，用了千餘字的篇幅，介紹生平及作品的特色，並舉例說明其成功之處，最後評價琦君的作品「在六〇年代末七〇年代初，她的散文創作確實是當時台灣女性散文的高峰，也是當時懷舊散文鄉愁散文中的翹楚。」[12]近期一些的如方忠所著《二十世紀台灣文學史論》[13]，甚至用一節「琦君的散文」來加以評介，以近八千字篇幅，評其風格，論其得失，並給予文學史定位。雖然文學史的體例和寫作方向各有所重，但以琦君的散文成就與影響論，疏略的「留名」方式確有不妥。筆者以為，在台灣文壇上，琦君的突出之處至少有以下兩點值得肯定與探究：

---

11 同註 2，頁 1。

12 劉登翰等主編：《台灣文學史》（福州：海峽文藝出版社，1993）下卷，頁450。

13 方忠：《二十世紀台灣文學史論》（江西：百花洲文藝出版社，2004）。

（一）承繼冰心以降的抒情美文傳統

　　許多學者將琦君散文與五四第一代女作家冰心的散文相提並論，認為她的溫柔敦厚、富有詩意的美文風格承繼了冰心體的抒情美文傳統，如鄭明娳〈台灣現代散文現象觀測〉一文就指出，琦君、張秀亞等人的散文是冰心體散文的分支流派[14]。冰心體的散文多自生活取材，讚美親情、母愛、、兒童、大自然，文字淺白，態度親切，情感溫柔真切，琦君的散文風格大體上接近如此。雖然有些學者如張瑞芬對琦君是否可視為「冰心傳人」，抱持著存疑的態度，認為從表面上看，她們二人雖都同樣歌頌博愛的理想世界，有軍官父親與具傳統美德的母親，都上過基督教教會學校，寫過「寄小讀者」系列散文，也都有美滿的婚姻與家庭，散文中對母愛、故鄉也都傾盡思慕之情，但二人在寫作的背景、淵源上也有不同之處。從整體的文學表現與審美風格來看，琦君與冰心雖有一些「小異」，但「大同」之處還是比較多的，李今在九〇年代編《琦君散文選》時充滿自信地說：「不知道琦君不要緊，相信只要你喜歡冰心就一定會喜歡琦君。」[15]冰心溫柔抒情的美文，對來台初期的女作家產生了典範的作用，承其流亞的琦君美文在台灣也擁有廣大讀者，不僅長銷書市，且能掀起熱潮，從文學史發展的角度來看，琦君的散文在台灣文壇已具有一定的代表性地位。梁竣瓘在〈試論琦君的文學史地位〉中的感嘆：「事實上，中

---

14 鄭明娳：〈台灣現代散文現象觀測〉，《現代散文現象論》（台北：大安出版社，1992），頁 45。
15 李今：〈善與美的象徵 ── 論琦君散文〉，《琦君散文選》（武漢：長江文藝出版社，1993）之編序，同時收入《評論十家》（台北：爾雅出版社，1995），頁 120。

國大陸的論者，經常把琦君和冰心加以比擬，認為兩人的經驗和寫作風格頗為相似，倘若如此，琦君在台灣文學史上的地位，是否也應該如冰心在中國現代文學史中已取得合法地位般，重新被收編與評價？」[16]確實值得省思。

（二）建立以人物為中心的懷舊散文風格。

　　鄭明娳在〈琦君論〉中指出：「在琦君的散文中，寫得最出色的是懷舊文」，「懷舊文字中，寫得最出色的是人物小品。文字表達人物，最高的境界便是使人物『栩栩如在目前』，琦君便有這種本領。」[17]不論是故鄉難忘的人物，如外祖父、阿榮伯、父母親、姨娘、啓蒙老師、乞丐頭子「三劃阿王」、五叔婆、童仙伯等，還是來台後生活中的丈夫、兒子、小販、甚至貓狗等小動物，她都能刻畫得富於個性，血肉豐滿，每個人物都是一個故事、一段生活，共同連結交織成一個屬於琦君的有情世界。琦君膾炙人口的佳作，幾乎都是以人物為中心、以憶舊為主軸，以抒情為目的，在《煙愁》的後記〈留予他年說夢痕〉中，她曾如此自剖：「我是因為心裡有一份情緒在激盪，不得不寫時才寫。每回我寫到我的父母家人與師友，我都禁不住熱淚盈眶。……我常常想，我若能忘掉親人師友，忘掉童年，忘掉故鄉，我若能不再哭，不再笑，我寧願擱下筆，此生永不再寫，然而，這怎麼可能呢？」[18]正因

---

16 梁竣瓘：〈試論琦君的文學史地位〉，《永恆的溫柔 —— 琦君及其同輩女作家學術研討會論文集》（台北：國立中央大學中文系琦君研究中心，2006），頁77。

17 鄭明娳：〈琦君論〉，《現代散文縱橫論》（台北：大安出版社，1988），頁67-68。

18 琦君：〈後記：留予他年說夢痕〉，《煙愁》（台北：爾雅出版社，1981年新4版），頁237。

爲如此，她的散文基本格局都圍繞在她的自我經歷與經驗上，以接近於回憶錄式的書寫手法，呈現出個人強烈的自傳色彩。可以說，懷舊散文是琦君一生創作的主力與最成功的文學表現。

〈毛衣〉、〈母親的金手錶〉、〈媽媽的手〉、〈髻〉中的母親形象；〈油鼻子與父親的旱煙筒〉、〈煙愁〉、〈父親〉中的父親形象；〈金盒子〉中的哥哥；〈外祖父的白鬍鬚〉、〈紅花燈〉中的外祖父形象；〈聖誕夜〉、〈一生一代一雙人〉、〈啓蒙師〉、〈青燈有味似兒時〉中的師長形象；〈鮮牛奶的故事〉、〈小瓶子〉、〈髻〉中的姨娘形象；以及〈阿榮伯伯〉、〈三劃阿王〉、〈阿標叔〉、〈簫琴公〉、〈橋頭阿公〉、〈碎了的水晶盤〉中的許許多多小人物形象，豐富了台灣散文中的人物描寫，留下了令人難忘的精美人物浮雕，也彰顯了人情的純美與善良。琦君的溫婉氣質與美好情懷，使她散文中的人物形象具有較強的藝術美感與情感張力，在台灣文學的六○、七○年代，琦君散文的歷史價值與審美典律性已經建立。雖然琦君的散文也不免存在著一些缺失，但我們相信，作爲一個優秀的散文作家，她已經擁有自己獨特的地位。

細雨紛飛中，琦君如一朵燈花飄落。2006 年夏天，在文壇剛掀起的熱潮中，她卻悄然逝去，留下無數讀者不盡的追念與哀思。正如學者李瑞騰所言：「作家真正的研究與評價，可能要從他們去世才開始。」[19]我們期盼「琦君學」的建立與持續深化，讓琦君豐富的文學藝術成就得到應有的重視與探掘。

---

19 李瑞騰：《永恆的溫柔 —— 琦君及其同輩女作家學術研討會論文集·序》（台北：國立中央大學中文系琦君研究中心，2006），頁 1。

冰心寫作特色及其散文〈笑〉賞析

　　冰心是「五四」時期最早進入文壇的女作家之一，散文《寄小讀者》、小詩《繁星》、《春水》等代表作風行一時，深受廣大青年喜愛傳頌。對愛與美的追求與信仰，不僅是她作品的共同主題，也是她人格力量的主要來源。一生寫作不輟，晚年被稱爲「文壇祖母」，備受敬重。

　　冰心，原名謝婉瑩，福建省長樂縣人，清光緒 26 年（1900）出生於福建省福州市。燕京大學文科學士，美國威爾斯利女子大學文學碩士，曾於燕京大學、清華大學、北京女子文理學院任教，於 1999 年 2 月 28 日逝世，享年 99 歲。冰心自民國 8 年「五四」運動期間於《晨報》發表文章以來，勤於筆耕，爲著名的散文家、詩人及兒童文學家。著有散文集《寄小讀者》、《關於女人》、《櫻花讚》等，詩集《繁星》、《春水》等，譯有《泰戈爾詩集》、《印度童話集》等書，其作品曾被譯成日、英、德、法等文出版，享有世界聲譽。後人將其作品編成《冰心全集》。

一、生平經歷

（一）在大海的懷抱中成長

　　冰心在光緒 30 年（1904）時，因父親謝葆璋奉調至山東煙臺任海軍營營長，全家移居煙臺，在海邊度過八年的童年生活。煙

臺對冰心的影響是深遠的，那是一所沒有圍牆的學校。她的啓蒙
讀本不是書本的方塊字，而是「大海」。在她腦子還是一張純素的
白紙時，海的圖案便日日夜夜、一筆一筆刻印在她的心版，成爲
作家後，她每拿起筆，第一件憶起的往往就是大海。看著大海，
冰心的父親告訴她：「我們北方的大港，不只一個煙臺，但你看
── 大連是日本的，青島是德國的，秦皇島是英國的，都被他們
強占去了。現在只有……只有煙臺是我們的了！」因此冰心從小
就熱愛那屬於自己的煙臺。直至謝葆璋被誣告爲「亂黨」，不得已
遞出辭呈，冰心才告別了大海和煙臺，回福州老家。

　　民國 2 年，謝葆璋出任中華民國海軍部軍學司司長，冰心隨
全家搬到北京。民國 3 年，她進入教會學校北京貝滿女中，四年
期間，學校灌輸的基督教教義深刻地影響了她的思想，形成她後
來創作時的「愛的哲學」理念。

　　民國 7 年秋天，冰心入北京協和女子大學理預科（民國 9 年
併入燕京大學，稱燕大女校）。「五四」運動爆發的那年，冰心開
始用白話文寫作，並發表於報刊。在時代的鼓舞下，她的小說呈
現出當時社會上的種種問題，她說：「我做小說的目的，是要想感
化社會，所以極力描寫那舊社會舊家庭的不良現狀，好叫人看了
有所警覺，方能想去改良。」發表第一篇小說〈兩個家庭〉時，
她就採用了「冰心」這個筆名。

　　熱衷於愛國運動的冰心，除了寫文章發表外，還爲失學兒童
籌辦免費的「半日學校」，因而使學校理科的功課落後一大截，加
以當時她患有肺氣枝漲大，所以改念文本科，由學醫之路轉向作
家生涯。民國 12 年，冰心以優異的成績畢業於燕京大學，獲得金
鑰匙 ──「斐托斐」名譽學位的獎賞，並得到美國威爾斯利女子

大學的獎學金，決定赴美深造。

（二）赴美深造前開始文學創作

　　即將遠遊的冰心染上了「戀家症」，而她的家鄉的弟弟們也患上「戀姐症」，再三要求冰心常寫信回來，這份情懷使她在出國前以書信體撰寫一篇篇〈寄小讀者〉，刊於《兒童世界》專欄，後來這一系列的文章結集成散文集《寄小讀者》，這本書不僅使她載入文學史冊，也從而塑造出她親切溫婉的形象。民國 12 年 1 月，她的第一本詩集《繁星》由商務印書館出版，這是中國小詩的最初之作，也是影響最大之作。5 月，第二本小詩集《春水》出版，第一本散文小說合集《超人》也在同月出版。

　　踏上航往美洲的約克遜號郵船後，冰心為了沖淡濃濃的離別之情，與同船赴美留學的梁實秋、顧一樵等人辦了份小報刊《海嘯》，冰心一面對稿紙，便因思鄉愁緒在海上病了，病榻上她反覆地夢見母親，醒後寫下詩句〈紙船〉：「母親，倘若你夢中看見一隻小的白船兒，／不要驚訝她無端入夢。／這是你至愛的女兒含著淚疊的，／萬水千山，求她載著她的愛和悲哀歸去。」將懷念母親的至情寄託於字裡行間。可以說，冰心的創作從一開始就始終圍繞著「大海」與「母親」這兩大主題，寫下不少動人的篇章。

　　民國 12 年 9 月，冰心展開她在異鄉的研究生生活，此時她思念的不僅是親人，還有北京故土，經常隔海懷想北京城日常街上的叫賣聲。在不堪思念煎熬下，入學只有九個月，冰心的舊病──肺氣枝擴張──復發，她被送到青山沙穰療養院去住了六個多月。在養病的日子裡，冰心一再咀嚼著「愛與同情」，思想得以深化，另一方面，青山的閒靜也賦予冰心寫作的自由，她想提筆

就提筆，想擱筆就擱筆，因而她在這段期間創造了她美國遊學時期撰文的最高產量，前面提到的通訊專欄《寄小讀者》，有九篇就是在青山沙穰寫成的。

冰心在美國的三年間，自始至終，一直是「鄉愁」纏身。剛到美國時，她感到「鄉愁麻痺到全身，我掠著頭髮，髮上掠到了鄉愁，我捏著指尖，指上捏著鄉愁。」三年後這份鄉思還「如同一個波濤怒翻的海」。就在冰心急欲完成畢業論文以擁抱故土時，冰心又得到一個意外的驚喜 —— 一筆巨額匯款，是燕京大學寄給她的回國路費，邀請冰心回母校授課。

（三）抗戰期間以作品讚揚女性的堅毅精神

民國 15 年，冰心學成歸國，先後在燕京大學、清華大學女子文理學院任教。此時她的作品產量不高，名望卻不斷的升高，其《寄小讀者》已印行了四版，她曾自述其作品少量出產的原因：一是課務繁忙，創作時間少；二是忙於婚姻大事，建築「愛巢」；三是迎接孩子的誕生。第四個原因，則是她對自己「愛的哲學」產生了遲疑。

當時中國在面臨日本侵略的魔影下，文壇上流行著一種看法，文學只是政治鬥爭的工作，文學並沒有陶冶青少年們的心靈的義務。當人們將「工具論」和「陶冶論」簡單的對立起來時，冰心對自我原有的價值產生部分的迷失。

「七七事變」讓冰心暫時將迷失擱置，她與丈夫吳文藻撤離北京，先到昆明，後至重慶，與大後方的同胞共患難，她以「男士」為筆名寫了一組關於婦女問題的小說，如〈我的學生〉、〈我的鄰居〉、〈我的朋友的母親〉等，共為十四個女性立傳，結集為

《關於女人》。冰心在書寫《關於女人》時，以男人的眼光，來欣賞女性於抗戰中的堅毅精神與優良品格，她為女人下了個定義：「上帝創造她，就是叫她來愛；她是上帝化生工廠裡，一架『愛』的機器，她就是這樣『無我』地、無條件地愛著，鞠躬盡瘁，死而後已。」所以這部書與《寄小讀者》一樣，是一首「愛的頌歌」，此時冰心的「愛的哲學」隨著抗戰生活已有所蛻變、昇華。

（四）文革受到衝擊，但一生沒離開過「愛」

抗戰勝利不久後，冰心隨丈夫到日本，在東京大學任教。1951年，她婉拒美國耶魯大學的教授禮聘，返國定居，夫妻倆人在中央民族學院任教，並積極投身於兒童文學的創作，要自己作好兒童「精神食品炊事員」，希望能將過去承受過的母愛溫存轉而施予給下一代。然而，在不久後的文化大革命中，冰心卻因為她對青少年的「愛」而受到深重的心靈創傷，那些箍著紅衛兵臂章的青少年接受「恨的教育」，他們抄冰心的家，批判她，對她進行人格的侮辱。1970 年，她被送到湖北「五七幹校」勞動改造。這段經歷讓冰心在文化大革命後「覺醒」了。覺醒後的冰心，不再自我迷失，敢於說真話，88 歲的她要趁著還有一口氣時，寫些自己想寫的東西，只要能為「知識」、「文化」請命，她都不怕得罪他人，豁出去寫下夠份量的字字警言。此時冰心的「愛的哲學」，是最嚴正的「母親的愛」，是母親給後代留下的有骨氣的愛。

（五）晚年關心民間疾苦和兒童教育

1988 年，冰心被推為中國民主促進會中央名譽副主席，為振興教育事業而奮筆疾呼。1994 年 9 月病重入住北京醫院，不得不

停下寫作之筆，但在病榻上仍關心民間疾苦和兒童事業，長江洪水氾濫造成災害，她立刻捐出稿費賑災。從年輕時信仰「愛的哲學」，到後來實踐「愛的哲學」，她的一生始終沒有離開過「愛」，對文學、教育，對兒童、文化，對朋友家人、年輕後輩，她傾其熱情，無悔付出，深得廣大讀者的敬重與喜愛，而有「文壇祖母」之稱。1999 年 2 月 28 日，在北京與世長辭，留下了三百多萬字的《冰心全集》，也留給後人無盡的追思。

二、散文寫作特色

半個多世紀以來，冰心的創作在摸索中不斷成長，從「五四」新文學運動開始步上文壇，散文、小說、小詩、兒童文學、翻譯，她都勇於嘗試，成績卓著，成為「五四」時期第一批女作家，也在後來不斷湧現的作家群中，以其清新細膩的筆觸獨樹一幟，並有「才女」之稱。她針砭時弊、探討人生問題的小說，以及別具情懷、柔美清麗的小詩，均曾風靡一時。至於她那微帶憂愁、委婉含蓄的散文，更打動了千千萬萬青少年讀者。大體來說，冰心的散文寫作特色及成就有四：

（一）抒情色彩濃烈，寫景富於變化

冰心時常將情感的抒發與整個作品藝術意境的創作揉和在一起，讓它形成一種適合感情抒發的氛圍、色調，這氛圍、色調愈濃，抒情效果就愈強烈。如她在《寄小讀者》中要跟弟弟和小讀者們訴說她的鄉愁，先寫異國他鄉的湖畔，連日秋雨綿綿，「很長很靜」的小徑積滿了紅的黃的落葉，腳下濕軟，湖面則是濛濛的霧，使湖岸的樹都隱沒不見，這裡使用了濃彩重筆來描繪秋色，

以渲染其深重的鄉情。

　　寫景是散文創作中一個極重要的手法，冰心寫景時，筆調善於變化，色彩明朗，清麗而典雅。她善於用清新的文字將人物、情景、感受融為一體，以景顯情、融情入景，將抽象的情景化作含蓄委婉的藝術境界。

（二）哲理與詩意的和諧統一

　　文章中的警句能發人深省，也能畫龍點睛，冰心在《寄小讀者》曾寫道：「沒有蒲公英，顯不出雛菊；沒有平凡，顯不出超絕，而且不能因為大家都愛雛菊，世上便消失了蒲公英，不能因為大家都敬禮超人，世上便消失了庸碌，即使這一切都能因著世人的愛憎而生滅，只恐到了滿山滿谷都是菊花和超人的時候，菊花的價值，反不如蒲公英，超人的價值，反不及庸碌了。……所以世上一物有一物的長處，一人有一人的價值，我不能偏愛，也不肯偏憎。」這段話可說是具有詩意及深刻的哲理，且末段之警句令人頓悟，讓人能正確地衡量一個人在生活中的價值。

（三）鏗鏘流暢的音樂美

　　冰心深受古典詩文的影響，尤其是元曲影響很深，她對元曲的音節韻律爛熟於心，並運用於散文創作中，形成一種鏗鏘流暢的音樂美。除了大量使用排比句法外，還運用音節的平仄對立來創作，如「早春的天氣，朝陽正暖，侯鳥初來，我記得前年此日，山路上我的飄揚的春衣！」（《寄小讀者‧通訊 26》）其中「朝陽正暖」與「侯鳥初來」是「平平仄仄」對「仄仄平平」，音節的平仄對立造成了抑揚頓挫的音樂美感。

（四）建立現代散文的「冰心體」風格

冰心的抒情散文，從二〇年代開始發表以來就一直深受讀者喜愛，甚至不斷有人學習模仿，被稱爲「冰心體」。評論家李素伯在《小品文研究》中對冰心早期的散文曾評論說：「文字是那樣的清新雋麗，筆調是那樣的清倩靈活，充滿著畫意和詩情，真如鑲嵌在夜空裡的一顆晶瑩的星珠。又如一池春水，風過處，漾起錦似的漣漪。以這樣的情致和技巧，在散文上發展，是最易成功的。」散文研究者鄭明娳教授在其《現代散文現象論》一書中更指出「冰心體」的特質有三：一、日常生活事物中的片斷，例如：花、草、山、海、風、雨、露、日、月、星、辰、悲喜、夢幻等等，皆是最佳題材；二、讚美親情母愛、兒童、大自然、尊敬生命、禮讚生命、熱愛民族國家；三、文字淺白清麗、態度親切誠懇、情感溫柔真切、情緒則是略具憂鬱。她甚至舉出具有「冰心體」風格的散文作家有張秀亞、張漱涵、琦君、胡品清、白辛、林文義、林清玄等。「冰心體」的散文因爲題材通俗、情感真摯、文字清麗，往往成爲散文市場的主流。自成一家的散文風格，使冰心在現代文學史上站穩了一席之地。

【附】冰心散文〈笑〉賞析

〈笑〉爲冰心早期散文的成名作，層次分明，富有節奏感，呈現出一幅詩意盎然、飽含情韻的美的畫面，語言修辭手法純熟，是作者追求的愛的理想境界的具體描述。

一、出　處

本文出自《冰心全集》。作於民國 9 年，最初發表於民國 10 年 1 月 10 日出版的《小說月報》第 12 卷第 1 期，後收入《冰心散文集》（北新書局，民國 21 年；開明書店，民國 33 年）。後來又收錄於卓如主編的《冰心全集》（1994 年 12 月，海峽文藝出版社）8 卷本中的第 1 卷。《冰心全集》收入作者民國 8 年至 1994 年的各類作品，按時間先後編序，第 1 卷所收爲民國 8 年至民國 11 年。

二、背　景

冰心是在民國 8 年「五四」運動的浪潮激盪下，開始正式的文學創作生涯。她的創作熱情高漲，一開始先寫反映社會現實問題的小說，接著又從快樂的童年、大海、母愛等回憶裡汲取素材，創作散文與小詩。她在就讀教會學校北京貝滿女子中學的四年間，受到學校灌輸的基督教教義影響，形成後來以「愛的哲學」爲主題的創作風格，這篇散文就是她較早流露對「愛」的嚮往與憧憬心情的作品，也是她早期散文的成名作。民國 10 年 1 月 4 日，中國現代文學史上第一個文學社團「文學研究會」成立，冰心立刻加入該會，積極參加會內活動，並在創作上給會刊《小說月報》極大的支持，這篇〈笑〉就是發表於本年 1 月號的《小說月報》上。

三、題　意

本文以「笑」爲題，抒發作者對人生美好境界的追求。全文

採時間倒流的描寫方式，從眼前畫中安琪兒的微笑，追憶起五年前鄉村古道上一個孩子的微笑，以及十年前一個倚門老婦人的微笑，這三個微笑，雖然只是印象中簡單的畫面，卻在作者充滿詩意情感的筆下，構成一幅動人的圖景，而最後這些微妙的神情都融合在「愛」裡，難以分辨，說明了這些不同的笑容之所以令作者難忘，是因為背後充滿了「愛」。作者一生對愛與美的信仰，在本文中已表露無遺。

四、賞　析

　　冰心早期的散文成名作〈笑〉，最初發表於民國 10 年的《小說月報》上。這是一篇新文學運動初期用白話寫成的出色美文，一發表即引起讀者的注意。這篇不到八百字的短文，在經歷了漫長歲月的磨礪後，依然散發著永恆的魅力，每讀一遍，都會讓人不由自主地從心底產生一種感動，這種感動，源自於作品中所透露出的愛和美，以及作者自身的純真、博愛與優雅。

　　〈笑〉描寫了作者在一個雨後月夜的所見所感。作者一生信仰愛與美，憧憬著充滿陽光、鋪滿鮮花的和諧王國，這篇作品就是她追求的一種理想境界的具體描述。全文以三個微笑為主軸，串連起一個融合在愛的氣氛裡的美好世界。先是描寫窗外雨停後，一幅清麗如畫的美景，再把視線由外向內地注視牆上畫中安琪兒的微笑，因而聯想起五年前在鄉村古道上一個小孩的笑容，甚至是十年前一個倚門老婦人微笑的畫面，三者交織，構成詩情畫意的優美意境。安琪兒的笑，意味著宗教神聖、泛愛的情懷；小孩是純潔的童貞的化身，他的笑，給人天真爛漫、出自本性的溫暖感受；老婦人倚門的形象，則給人永恆母愛的親情聯想。這

些笑容的背後，都有著最善良、無私的愛，因此最後三個笑容都融化在愛裡，難以分辨了。

　　只有充滿真愛、發自真心的笑容才最動人。窗外、畫中、路上、門邊，都是人間隨意可見的場景，而許多人與人的交會也只是短暫的片刻，但這些具有真實情意的印象卻可能經過很多年仍歷歷在目，成為溫暖的記憶。珍惜人間情緣、相信人性美善、嚮往人生光明的主題，就在作者溫柔簡潔的文字，飽含笑意的形象塑造中生動地傳達出來。

　　在表現手法上，本文有兩個明顯的特色。第一、結構的安排新穎。全文由三個彼此獨立而又互相聯繫的鏡頭構成，以作者的聯想為線，把鏡頭由現在移回過去，以跳接的方式組合，刪去了中間繁瑣的過程，如電影一般，給人深刻的印象，同時又有許多想像的空間；第二、能將外境實景與內心情意緊密結合。窗外與畫中的是實景，回憶的畫面則是虛景，但與一開始的實景相似，都是雨後之景，而且色彩明麗，神韻柔和，這些實景與虛景，共同營造出一種溫馨喜悅、和諧美好的情境，與作者想要表現的愛與美的情意，自然地融為一體，既含蓄又耐人尋味，呈現出詩一般的優美意境。

　　此外，這篇散文在思想上也有其特色，值得一提。冰心寫〈笑〉的時候，年僅二十歲，那時的她是一個「愛的哲學」的信奉者，其作品也主要表現母愛、兒童愛和自然愛，正如作家茅盾在〈冰心論〉中所評：「憧憬著『愛』和『美』的理想的和諧的王國」。〈笑〉正體現了這種思想。「五四」前後的中國，封建體制的黑暗和社會的罪惡，仍令當時的知識分子感到窒息、苦悶、迷惘，〈笑〉雖沒有對此做直接的批判和揭露，也沒有犀利的鋒芒，但作者追求美

與讚美愛的精神，不正是表達了對黑暗現實的一種不滿和摒棄嗎？這不妨可以理解成是一種間接的批判。冰心所崇尚的真善美，無疑的會對人心產生一種淨化和引導的作用，當人心都朝向真善美時，社會的黑暗自然就會消失，未來的世界也將更美好。

總之，冰心的〈笑〉既是詩的結晶，又是愛的禮讚，具有文學的詩意美感以及對理想生活的追求，不論在文學藝術上還是思想上都有可觀之處。冰心如此年輕，就能表現得如此細膩、如此動人、如此美！令人不得不佩服她非凡的才思與敏銳。

朱自清寫作特色及其散文〈兒女〉賞析

　　朱自清，原名朱自華，號實秋，後改名自清，字佩弦。浙江省紹興縣人（今浙江省紹興市），因曾在揚州（今江蘇省揚州市）生活多年，也自稱揚州人。生於清德宗光緒 24 年（1898），卒於民國 37 年，年 51。

　　朱自清是中國現代著名作家和傑出的學者、教育家。在「五四」浪潮的推動下，他先以詩人的身分躍上文壇，二〇年代中期以後集中創作散文，成為家喻戶曉的散文作家，〈背影〉、〈荷塘月色〉、〈溫州的蹤跡〉、〈匆匆〉、〈槳聲燈影裡的秦淮河〉等名篇，不僅成為中學國文課本的模範選文，也常被選入各種文學選集中，在現代文學史上，他有著崇高的地位，可以說，「朱自清」三字，幾乎成為白話散文的代名詞了。他的散文，一如其本人的踏實勤奮，不論抒情、敘事、遊記、特寫、雜文、隨筆，都追求一種素樸的美，語言簡潔自然，尤其講究剪裁技巧，常在平實中寄寓深意，被視為白話美文的典範之作。著有《蹤跡》、《背影》、《歐遊雜記》、《經典常談》、《詩言志辨》等書，後人合編為《朱自清全集》。

　　朱自清的大半生是在校園中度過，生活型態並不複雜，寫作、研究、教書佔去了他大部分的時間，是文人兼學者的傑出典型。以下依其寫作不同階段對其人生歷程做一簡要介紹：

一、生平經歷

（一）家道中落但努力向學

　　朱自清的祖父朱則余、父親朱鴻鈞一直在江浙一帶做小官，家境原本小康。6 歲時，全家搬到揚州，並開始接受私塾教育，讀經書、古文、詩詞。15 歲時，考入揚州兩淮中學（後改名爲江蘇省立第八中學，今江蘇省立揚州中學）。民國 5 年，19 歲的朱自清於第八中學畢業，暑假時考上北京大學預科，這年寒假，他遵父母之命與武鍾謙女士結婚，婚後感情甚好。次年考入北京大學哲學系。由於家道中落，他爲了勉勵自己不隨流俗而合污，就改名自清；同時，他又借用《韓非子》中「性緩，故佩弦以自急」的典故，改字佩弦，以勉勵自己加緊學習，果然，他只用了三年時間就讀完了哲學系四年的課程。民國 6 年的冬天，他的父親失去官職，祖母又去世，朱自清奔喪回家，父親則要到南京去謀事，父子在浦口車站分別，著名的散文〈背影〉就是以此爲寫作題材。

　　民國 8 年，「五四」運動爆發，朱自清在學生聯合會中實際參與過具體工作。在新文化運動的影響下，他開始創作新詩。求學期間，他在《新潮》、《北京大學學生周刊》等學生刊物上發表了許多詩作。北大畢業後，他和夫人武鍾謙到杭州第一師範教書，一起前來教書的還有同爲北大畢業的好友俞平伯。接著他在江蘇省立第八中學、上海中國公學、浙江省立第六師範、第十中學、春暉中學等校任教，前後達五年之久。

（二）就讀北大期間開始新詩創作

　　朱自清在北大求學時開始新詩創作，畢業後仍寫作不輟。民國 11 年 1 月，他與劉延陵、葉聖陶、俞平伯創辦《詩》月刊，這是中國現代文壇的第一份詩刊。月刊共出版七期，因為他們四人都是文學研究會的會員，後來就改成為文學研究會的刊物。這年 3 月，他寫了著名的散文〈匆匆〉。6 月，他和周作人、俞平伯、葉聖陶等八人的新詩合集《雪朝》由上海商務印書館印行，書中第一輯就是朱自清的詩 17 首。這年暑假，他開始寫長詩〈毀滅〉。民國 12 年 3 月，發表於《小說月報》第 14 卷第 3 號。這是新詩運動以來，利用傳統詩歌技巧所寫的第一首白話長詩，立刻引起詩壇矚目。同年 10 月，他完成〈槳聲燈影裡的秦淮河〉，發表於次年的《東方雜誌》，被時人譽為「白話美術文的模範」。

　　民國 13 年，27 歲的朱自清為家計經常奔波於寧波、上虞、溫州間，忙碌兼課之餘，他的創作不曾停頓，詩與散文合集《蹤跡》於年底由上海亞東圖書館出版。這段時期，他也開始創作散文。民國 14 年暑假，他應聘北上清華大學中文系任教，講授杜詩與國文，從此，他也把中國古典文學研究作為畢生致力的事業之一。同年 10 月，他完成了一生的散文代表作〈背影〉。

（三）任教於清華大學，轉向散文寫作

　　民國 13 年《蹤跡》出版之後，朱自清便逐漸收拾起他的詩筆，集中心力於散文的創作，因為他發覺自己最擅長的並不是詩，在民國 17 年寫的《背影‧序》中，他坦誠地自我剖析：「我寫過詩，寫過小說，寫過散文。二十五歲以前，喜歡寫詩；近幾年詩情枯

竭，擱筆已久。前年一個朋友看了我偶然寫下的〈戰爭〉，說我不能做抒情詩，只能做史詩；這其實就是說我不能做詩。我自己也有些覺得如此，便越發懶怠起來。」朱自清的轉向，對詩壇是一個損失。但他在散文上的才華洋溢，使他在散文的領域獲得更大的成功。

民國 16 年初，他將家眷從白馬湖接到北京清華大學，住清華園西院。7 月，完成著名的散文〈荷塘月色〉。這段時期，他經常參加學生的文學和演講活動，也擔任清華學生組織的文學團體「終南社」顧問。次年 10 月，他的第一本散文集《背影》由開明書店出版。身為新文學名家，他在民國 18 年開始講授「中國新文學研究」課程，深受學生歡迎。這年年底，為他分憂解勞、無怨無悔的妻子武鍾謙病逝於揚州家中，三年後，他完成紀念文章〈給亡婦〉，生動敘述了武鍾謙為家庭付出的委屈和勞累。民國 20 年，朱自清從北京啓程前往倫敦留學，讀語言學及英國文學，同時也在歐洲漫遊，後來他將這一年的經歷寫成《歐遊雜記》一書。21年暑假，他與陳竹隱女士結婚，9 月開學，他擔任清大中文系主任。除了講授「陶詩」、「李賀詩」、「中國文學批評」等受學生歡迎的課程外，他也寫了許多學術研究的論文，如〈陶淵明年譜中的問題〉、〈詩言志說〉等。這段時期，朱自清的教學、研究與創作成績都十分可觀，《歐遊雜記》、《你我》等書陸續出版。

（四）抗戰爆發，任教西南聯大

民國 26 年，抗戰爆發，清華、北大、南開三校在雲南昆明組成西南聯合大學，朱自清與家人在昆明相聚，並講授「中國文學批評」、「宋詩」等課程。原本擔任中文系主任一職，後來則因健

康因素不得不辭去。由於昆明的物價飛漲，妻子陳竹隱只好帶著
孩子們去物價較為便宜的成都。民國 29 年暑假，朱自清有一年的
休假，他赴成都與家人團聚，一家人住的是東門外一所尼庵的三
間草屋，幾個孩子連續生病，生活極為困苦，連食米都經常要靠
親友接濟。在如此困窘的環境下，朱自清仍奮筆疾書，幾年間陸
續完成《經典常談》、《古詩十九首釋》，以及和葉聖陶合著的《精
讀指導舉隅》、《略讀指導舉隅》、《國文教學》等書，表現出堅強
的毅力。民國 31 年的冬天，昆明天氣嚴寒，朱自清因教書而獨自
住在昆明，窮得連禦寒的棉衣也無法購置，不得已買了一件趕馬
人用的披風，從鄉下進城去上課。長期的營養不良，使他得了胃
病，加上日夜操勞於寫作，體力漸衰，日漸消瘦。

（五）生活清苦，於貧病交加中辭世

　　抗戰勝利後，朱自清重新就任清大中文系主任，擔任起復員
工作。民國 35 年 7 月，多年的同事、好友聞一多被國民黨特務暗
殺，使他深受打擊，心情格外悲痛，多次出席紀念會，並擔任召
集人，負責整理聞一多的遺著。晚年的朱自清，眼見國共內戰，
民不聊生，政治黑暗，民權不彰，多次撰文或演講，對時局提出
批評，學生反飢餓反內戰的示威遊行，他都表示支持，簽名呼籲
和平。民國 37 年 4 月，清華大學開教授會，決定「反飢餓、反迫
害」罷教一天，朱自清被推為宣言起草人之一。6 月，他簽名拒
絕領取美援麵粉宣言。這是需要勇氣和風骨的，因為朱自清的薪
水雖然是教授中最高等級，但每月所得僅能買三袋多麵粉，家中
人口多，胃病日益嚴重，甚至體重一度減至三十八點八公斤，生
活可謂極為艱難，急需營養和治療。然而，他還是決定簽名，要

孩子立刻把配給證退回去。就在這種貧病交加的情況下，8月12日晚，他因胃病加劇，併發腎炎，與世長辭。令人動容的是，他在病況危急時，仍諄諄囑咐夫人：「有件事要記住：我是在拒絕美援麵粉宣言上簽過名的，我們家以後不買國民黨配給的美國麵粉！」知識分子狷介的風骨表露無遺。好友葉聖陶在紀念文章〈朱佩弦先生〉中說：「思不出其位，一點一滴的做去，直到他倒下，從這裡可以見到個完美的人格。」朱自清的人品與文格，確實是令人景仰、懷念的。

二、文學成就

朱自清是現代文學史上重要的作家，也是學者、教育家。他寫過新詩、小說，但成就最大的是散文；他長期在教育工作崗位上耕耘，又編寫了許多和國文教學相關的教材，教育家的形象十分突出。當然，透過他的一生和作品，我們又可以看到一個人格的典範。以下就從新詩、散文、語文教學三個角度來敘述其文學成就：

（一）以現代口語創作新詩，為新詩開闢道路

朱自清創作新詩的時期是在民國8年到13年，民國14年寫了兩首，以後就基本收起詩筆了。這些詩中，以長詩〈毀滅〉和散文詩〈匆匆〉取得了較大的成功。除了收在《雪朝》中的17首詩外，大部分詩作都收在《蹤跡》裡。

對於朱自清的詩歌嘗試與成就，陳孝全、劉泰隆寫的〈朱自清的生平與創作〉一文中有中肯的評價：「做為文化革命新軍的一員，朱自清不但力圖用詩歌積極表現人生，抒發時代新聲，而且

在藝術上也刻意創新。他反對粗製濫造，主張創作『精粹的藝術品』。他是一個比較能夠排脫舊詩詞影響而創制新形式的詩人。他詩歌的格式比較豐富，有表達哲理思索的散文詩，有表露一閃即過的情感的短詩，有表達盤旋迴盪思潮的長歌，也有表現一地景色一時感興的小詩。隨著情感動律的變化，詩行的排列和結構的鋪排也是多樣的。手法也不拘一格，或直抒胸臆，或託物言志，或烘托對比，或借景抒情，運用多種手段去創造生動的意境。語言素樸通俗，沒有同時代某些詩人那樣不脫文言窠臼或嚴重歐化傾向的缺點。凡此種種都有力地表明，為開創新詩道路，朱自清是付出了辛勤勞動的。」

發表於民國 12 年 3 月《小說月報》上的長詩〈毀滅〉，無疑是朱自清最成功也最具代表性的詩作。由於全詩表現出面對現實、積極進取的人生態度，對徘徊於歧路、苦悶不知何去何從的知識分子是一劑清醒的良藥，因而詩一發表，立刻引起文壇的高度重視與評價。俞平伯寫了洋洋萬言的《讀〈毀滅〉》大加讚譽，認為「論它風格的婉轉纏綿，意境的沉鬱深厚，音調的柔美悽愴，只有屈子的《離騷》差可彷彿」，但在手法、情調、節奏上又有自己的獨到之處。此詩被認為是新詩運動以來，利用中國傳統詩歌技巧的第一首長詩，純熟的白話口語，擺脫了舊體詩詞的束縛。〈毀滅〉的出現，奠定了朱自清在現代新詩史上的地位。

（二）建立純正樸實的散文藝術典範

朱自清在文學上成就最高的是散文。先後結集的有：《背影》、《你我》、《歐遊雜記》、《倫敦雜記》等。他的散文如〈槳聲燈影裡的秦淮河〉、〈匆匆〉、〈溫州的蹤跡〉、〈背影〉、〈荷塘月色〉等，

從二〇年代起就是膾炙人口的佳作，有的還被稱爲「白話美術文的模範」。這些散文，多次被選入中學語文教材，尤其是〈背影〉，雖僅一千五百字，卻感人至深，歷久傳誦，在廣大中學生的心目中，「朱自清」已經和〈背影〉成爲不可分割的一體了。

朱自清散文藝術的成功，除了在取材上以微見廣，能從日常生活中剖析其中的深意，在有限篇幅中創造耐人尋味的意境之外，他還非常重視文章的結構經營，謀篇佈局疏密相間，構思精密，加上語言表現樸素自然，以口語爲基礎，卻又漂亮縝密，許多佳作的修辭精美，在白話散文初期的發展中，產生了示範作用。作家李廣田在〈朱自清先生的道路〉一文中就指出：「在當時的作家中，有的從舊陣營中來，往往有陳腐氣，有的從外國來，往往有太多的洋氣，尤其是往往帶來了西歐世紀末的頹廢氣息。朱先生則不然，他的作品一開始就建立了一種純正樸實的新鮮作風。」面對古文的豐富資產，朱自清漂亮的白話散文，有力說明了白話文也能寫出好的散文，魯迅〈小品文的危機〉就指出「五四」時期的散文說：「寫法也有漂亮和縝密的，這是爲了對於舊文學的示威，在表示舊文學之自以爲特長者，白話文學也並非做不到。」朱自清散文的價值，正是在這方面做出了不可磨滅的貢獻。

朱自清在〈文藝的真實性〉中提到自己的創作觀，強調「我們所要求的文藝，是作者真實的話」，作家要有「求誠之心」，要「如實描寫客觀事象」，不要「模擬」和「撒謊」。真實地表現自己，這使得讀者在閱讀他的散文時，總會看到一個正直誠懇、踏實勤奮、溫厚樸素的朱自清形象。可以說，朱自清散文之所以長期受到讀者的喜愛，正因爲他的人格力量所致，他由內心自然散發出來的誠懇、樸實態度，毫不掩飾的情感，以及卓有見地的思

想，使讀者自然而然地受到感動和共鳴，正如他的好友楊振聲〈朱自清先生與現代散文〉所說的：「我覺得朱先生的性情造成他散文的風格。」因爲，「你同他談話處事或讀他的文章，印象都是那麼誠懇、謙虛、溫厚、樸素而並不缺乏風趣。對人對事對文章，他一切處理的那麼公允、妥當、恰到好處。他文如其人，風華是從樸素出來，幽默是從忠厚出來，腴厚是從平淡出來。」楊振聲進一步肯定的說：「他的散文，確實給我們開出一條平坦大道，這條道路將永久領導我們自邇以至遠，自卑以升高。」朱自清散文藝術的精美嚴整，縝密巧思，確實已是名家典範，一代巨匠。

（三）語文教學、文學研究成果豐碩，風行久遠

朱自清一生都在教育崗位，治學嚴謹，素養深厚，有關語文教學的著作就有《語文零拾》、《經典常談》、《國文教學》、《精讀指導舉隅》、《略讀指導舉隅》等，而且還和葉聖陶、呂叔湘合編《開明高級國文讀本》、《開明文言讀本》，可見他對語文教育的重視與投入。實際上，早在二〇年代初，朱自清就開始探討語文教育問題。長期的教師生活，使他熟悉大、中學國文教學的情形，並累積了許多經驗體會。民國 29 年 6 月，在他的大力推動下，西南聯大中文系的一批同仁創辦了《國文月刊》，朱自清擔任編委，並身體力行，發表了〈論中學生的國文程度〉等文章。爲了讓青年認識中國經典的意義與價值，他選擇了古代典籍中有代表性的作品若干種，從《說文解字》、《易經》到諸子、辭賦，分別進行淺顯而精要的講解，寫成《經典常談》。爲了提升中學國文教育的水準，他和葉聖陶分工撰寫《精讀指導舉隅》、《略讀指導舉隅》二書，著重在國文閱讀技能的訓練，出版後立即受到中學教師的

普遍歡迎。編書之外，民國 30 年底，他又和葉聖陶等人創辦《文史教學》月刊，爲國文教學再開闢一個新園地。從這些地方，可以看出朱自清對中學語文教育所投注的心力。

除了語文教育，朱自清在文學批評上也多所鑽研，最具代表性的是《詩言志辨》。《詩言志辨》是對中國傳統詩論的整理闡釋，評論者姜建說：「這本書是純粹的學術論著，內容相當精湛，所用材料從先秦的《左傳》、《國語》、《尙書》、《論語》等典籍到歷代子書，非有相當學養者看不懂。但難能的是，朱自清把這樣艱深的學術論著寫得清新樸實，不枝不蔓，態度沖謙雍容，在行雲流水般的敘述中見出層次井然，法度謹嚴，既有傳統的治學方法的特點，又符合現代科學論文的要求，顯出了非凡的學術功力。」古今中外的文化涵養，長期的教學經驗，加上特有的溫文爾雅的個性，使朱自清的學術研究和語文教育文章，都能循循善誘，侃侃而談，充滿智慧與趣味，從而形成一種從容溫厚的文章風貌。

李廣田曾將朱自清與聞一多相比，認爲聞一多是狂者，而朱自清是狷者，而且是積極的狷者，「他的道路走得非常穩當，非常踏實」，因此，朱自清也就「成爲一般知識分子所最容易追隨的前驅，成爲一般知識分子最好的典型。」這樣的評價是真實而公允的。

【附】朱自清散文〈兒女〉賞析

一、出　處

〈兒女〉一文出自《朱自清全集》。作者於民國 17 年 6 月 24 日晚上寫於北平清華大學的宿舍中，發表於 10 月 10 日出刊的《小

說月報》第 19 卷第 10 號，後收入其散文集《背影》（上海開明書店，民國 17 年 10 月）。後來又收入由其續絃妻陳竹隱所生之子朱喬森所主編的《朱自清全集》（1996 年 8 月，江蘇教育出版社）8卷本中的第 1 卷。《朱自清全集》收錄作者的散文、詩歌、學術論著、日記、書信等，按文章類別編排，以出版先後為序，第 1 卷是散文卷，收錄《蹤跡》、《背影》、《你我》、《歐遊雜記》、《倫敦雜記》五書。

二、背　景

民國 17 年，31 歲的朱自清任教於北京清華大學中文系，同時已經有了五名子女，當時主編《小說月報》的好友葉聖陶，因見他和豐子愷二人年紀相同，且都恰好有五名子女，遂主動命題約稿，邀請朱、豐二人以「兒女」為題寫作散文，同時刊登，因而有了這兩篇饒富興味的同題散文問世。朱自清當時的五名子女分別是：11 歲的長子邁先（即文中的阿九）、4 歲的次子閏生（小名閏兒）、8 歲的長女采芷（即文中的阿菜）、6 歲的次女逖先（小名轉兒）、剛出生幾個月的幼女效武（小名阿毛）。妻子武鍾謙操持家務，辛苦而忙碌，不幸於次年底積勞成疾而過世，得年僅 32。

三、題　意

本文以「兒女」為題，從父親的角度，反省自己對兒女的態度、相處的情景，娓娓道出一個自責不會「做父親」者的心情，在情深意切中道盡對兒女的愧疚與關懷。五名子女不同的個性、表現，在文中有生動的刻畫。此外，作者也提到自己的父親，三代之間，如何做父親、對待子女，是本文的題旨所在。文章雖寫

兒女，但更多的是作者對身爲父親角色的思索，在沉重的負擔之外，屬於父母對待兒女才有的深刻情感也表露無遺。

四、賞　析

朱自清與俞平伯在民國 13 年 1 月《東方雜誌》第 21 卷 2 號上發表的同題散文〈槳聲燈影裡的秦淮河〉，由於寫得融情入景，融理入情，而成爲文壇佳話，朱自清的作品還因此被稱爲「白話美術文的模範」，傳誦一時。朱自清與俞平伯的不同個性、寫作風格，透過同題散文的寫作，真實而自然地呈現出來。文學評論家李素伯曾做過這樣的比較：「我們覺得同是細膩的描寫，俞先生的是細膩而委婉，朱先生的是細膩而深秀；同是纏綿的情致，俞先生的是纏綿裡滿蘊著溫馨濃郁的氛圍，朱先生的是纏綿裡含有眷戀悱惻的氣息。」這樣的比較，透過同題散文的寫作尤其明顯而突出。

朱自清的〈兒女〉，雖然寫的是兒女，但更多的是作者思考自己身爲「父親」的角色與表現，這個重點在文章結尾已經點出：「我只希望如我所想的，從此好好地做一回父親」。朱自清對孩子們的期望其實並不高，不一定要大學畢業，只要「各盡各的力去」即可，但對於自己的「父親」角色，他卻是不斷自責、懺悔，以及戒慎、自勉。從表面上看，作者沒有直接道出對孩子的情意，甚至表現出苦惱與無奈的沉重感，但這種沉重感，對一位 30 歲左右就有五個孩子的年輕父親來說，實在也是難以避免的；從深處看，這種沉重感，不正是源自於用心關愛孩子的責任感嗎？從他對孩子生活細節的細膩觀察與描寫，從他真摯的反省與深思的表述中，讀者反而更能體會到身爲父親的辛勞，以及父親對兒女一刻

也不鬆懈的責任與深情。這種既沉重又喜悅、既苦澀又甜美的複雜滋味，在本文中有著生動的描寫與真實的呈現。

　　朱自清對兒女的疼愛是含蓄的、內斂的，但兒女的吵鬧帶給他許多煩擾也是真實的，因此，當他提筆時想到的是「蝸牛背了殼」，是「孩子們的磨折」，甚至有時氣憤得「覺得還是自殺的好」。但這樣的念頭並不表示他不愛孩子，事實上文章的開頭和結尾都在自責，尤其是當他接到他父親囑他好好照管孩子的信時，竟然還哭了一場。他說：「我為什麼不像父親的仁慈？我不該忘記，父親怎樣待我們來著！」讀到這句話，如果和他的另一篇寫父子親情的名作〈背影〉相聯繫，將不難看出朱自清心中那股充滿愛的悔恨與內疚了。

　　除了內容的樸實感人與啟人深思之外，本文在寫作技巧上還有以下兩個特色值得稱道，這兩個特色和文章的內容題材相互融合激發，使本文成為一篇情深意切的感人佳作。

（一）主線凸出，層次井然有序

　　本文雖寫兒女，但結構上的主線其實是父親。全文以自己不會做父親為線索來加以佈局，層次分明，井然有序。正如學者陳孝全、劉泰隆的分析，認為這篇作品是由三個層次構成，第一個層次是表明自己不會做父親，「做丈夫已是勉強，做父親更是不成」，雖然在理論上知道應該如何教育子女，但「實際上我是仍舊按照古老的傳統，在野蠻地對付著，和普通的父親一樣。」因此，只要「想著孩子們受過的體罰和叱責」，便會「心酸溜溜的」。尤其和自己父親的慈愛相比，更覺得自己對待子女真是「殘酷」。文章一開始的感嘆、自責，並直言不會做父親的懼怕，說明了作者

確實是對「父親」角色有深刻體認，也知道責任的重大；第二個層次是陳述自己怎樣不會做父親，這也是全文最真實動人之處。他從日常吃飯、遊戲的細節下筆，細膩地寫出自己如何暴躁地以野蠻的手段對付孩子們，從「叱責」到「沉重的手掌便到他們身上」，對於妻子的安撫手段，他覺得「太迂緩」，總是忍不住用他習慣的「老方法」來征服這些天真的孩子。第三個層次主要表述應該如何做父親，在回顧過去對孩子們的態度後，他在情感上和理智上都覺得苦了這些孩子，雖然自己也是一匹年輕的「野馬」，渴望擺脫家庭的束縛，但理性的思索讓他明白「是不行的」，於是，他認真思考教育的問題，認為應該設法讓孩子們受教育，「培養他們基本的力量—胸襟與眼光」，「讓他們各盡各的力去」。這三個層次都由「做父親」這個主軸串聯起來，從兒女身上對照出自己的父親角色，寫得自然、緊湊，秩序井然。

（二）感情真切，行文自然有味

朱自清散文的特點是感情真摯，結構謹嚴，行文自然精美，耐人咀嚼。本文對兒女情態及自己內心的煎熬、懺悔，能寫得生動如在目前，原因就在於所敘之事都是作者親身經歷過的，有強烈的感受，寫來格外真切有味。文中多處用映襯手法，如以自己父親對待子女的「仁慈」，反襯自己對孩子的「殘酷」；以對過去不會「做父親」的追悔，映襯今後要「好好地做一回父親」；對自我的譴責越強烈，意味著對兒女情愛的越深切。朱自清像尋常說話一般，娓娓傾訴家中的瑣事、兒女的神態，以及自己的心情，為讀者描摹了一幅又一幅生動的畫面，形象地表達出他的看法與感受，讓人讀了親切有味。他著墨不多，但所寫均能栩栩如生，

除了語言功力的深厚之外，真情實感的自然流露，發自肺腑的心聲表達，才是本文感人力量之所在。

　　散文藝術的成功秘訣在於寫出具體的細節和真實的情感，作品一旦失去具體細緻的描寫，又無打動人心的綿邈深情，也就失去它的生命力。只有像作者這樣對生活具有獨特感受，對兒女懷有深情的人，才能寫出這樣令人會心、動容的至情散文。

豐子愷寫作特色及其散文〈兒女〉賞析

　　豐子愷，原名潤，後改名仁，字子愷，浙江省崇德縣石門灣（今浙江省桐鄉市石門鎮）人。生於清德宗光緒 24 年（1898），卒於 1975 年，年 78。豐氏多才多藝，無論繪畫、文學、翻譯均卓有成就，是中國現代知名的漫畫家、文學家、藝術教育家、翻譯家。

一、生平經歷

（一）進浙江第一師範，深受李叔同、夏丏尊啟發

　　豐子愷祖上在石門灣開一家小染坊。父親名豐鐄，長於詩文，光緒 8 年（1902）考中末屆科舉的「舉人」，但已經沒機會做官，只能在鄉間教私塾。豐子愷九歲時，父親因肺病去世，年僅 42 歲。13 歲進溪西兩等小學堂（後改名崇德縣立第三高等小學校），學名豐潤，改為豐仁。17 歲時以第一名成績畢業，考入杭州浙江省立第一師範學校。第一師範由新式教育家經亨頤擔任校長，夏丏尊、李叔同、劉大白、陳望道、單不厂等名家在此任教。一年級時，國文教師單不厂賞識豐子愷的文章，為取名「子愷」。二年級開始，從李叔同學圖畫、音樂，產生強烈興趣，經常外出寫生，課餘又從李叔同學習日文。三年級時的國文教師是夏丏尊，對他的寫作指導亦多。在幾位老師的薰陶下，激發了對文學的興趣，

也打下英、日語基礎。民國 7 年，李叔同披剃出家，法名演音，號弘一，這件事對其思想影響極大。李叔同在俗時之照片及早期畫稿悉歸豐氏保藏，足見對其器重與信任。民國 8 年 2 月，22 歲的豐子愷與徐力民女士結婚。7 月，畢業於第一師範，雖想繼續求學、研究深造，但限於家境，只能暫時作罷。

（二）投身美術教育，赴日短期進修

畢業後的豐子愷，與弘一法師在俗時的學生劉質平、吳夢非等在上海籌辦上海專科師範學校，他擔任美術教師，並與姜丹書、歐陽予倩等人發起成立中華美育會，出版會刊《美育》，舉辦講習會。這段時期的豐子愷，對美術、藝術的投入極深，也確定自己的未來志向。為了進一步鑽研，民國 10 年春，他向親友籌借學費，並賣去祖宅一棟，赴日進修。在東京，他學習油畫、日文、俄語、提琴，並涉獵音樂會、展覽會，逛舊書攤，十個月後因錢用盡而返國。回國後仍任教於上海專科師範學校，同時在吳淞中國公學中學部兼課。教課之餘，他開始從事翻譯工作，他翻譯的第一本書是俄國作家屠格涅夫的小說《初戀》，是從英文本譯的，民國 11 年春譯畢，但未曾出版，直到民國 20 年才由開明書店出版。接著，他又翻譯日本廚川白村的文藝理論書《苦悶的象徵》，民國 14 年由商務印書館出版，這是他出版的第一本書。據豐子愷晚年回憶，此書出版前後，曾拜訪魯迅，對他說：「早知道你在譯，我就不會譯了。」魯迅也說：「早知道你在譯，我也不會譯了。」兩人相視大笑。此後兩人翻譯日文書，事先必告知對方。

（三）從小楊柳屋到緣緣堂，走上文學、漫畫之路

民國 11 年至 13 年，豐子愷在白馬湖畔春暉中學任教，教音樂、美術。因爲宅邊有自植楊柳一枝，故爲其屋命名爲「小楊柳屋」。同事中有夏丏尊、朱自清、朱光潛等，大家都愛好文藝，課餘經常在一起飲酒聊天，談文論藝，這群文人作家，後來被學界稱爲「白馬湖作家群」。豐子愷除從事翻譯外，開始畫漫畫，得到這群朋友的讚賞和鼓勵。在上海主編《文學周報》的鄭振鐸知道後向他索稿，民國 14 年開始連載，鄭振鐸給這些畫加上專欄名稱「子愷漫畫」，很受歡迎，年底就由文學週報社出版了一冊《子愷漫畫》，這是他出版的第一本畫集。

13 年冬，他離開春暉中學，與一些友人到上海創辦立達學園，實行愛的教育。後來又成立「立達學會」，並發行會刊《一般》，由他擔任美術設計，並爲該刊作畫撰文。17 年夏，立達學園因經費困難，洋畫科停辦，於是他就不再任課，只擔任教務委員。他仍住在上海，靠著譯維持生活，雖然曾有一度在開明書店擔任編輯，但不久就辭去。此後，豐子愷一生中絕大部分時間都過著自由職業者的生活，在家以寫作爲業。民國 22 年初，他在故鄉石門灣的新屋「緣緣堂」落成，同時在杭州還有寓所，因此就經常往返於故鄉與杭州之間，直到抗戰爆發後逃難爲止。從 14 年翻譯《苦悶的象徵》問世起，到 26 年抗戰爆發，這 12 年間，他出版了多部作品，有畫集《學生漫畫》、《雲霓》、《都會之音》：文集《緣緣堂隨筆》、《緣緣堂再筆》、《隨筆二十篇》；音樂文集《音樂入門》、《近世十大音樂家》；藝術理論《西洋畫派十二講》、《藝術趣味》等；翻譯《初戀》、《自殺俱樂部》等，共約 60 種。

（四）抗戰時期逃難流徙，不忘作畫鼓吹抗日

民國 26 年抗戰爆發，攜眷離家逃難，途經江西、湖南、廣西、貴州，最後到四川，顛沛流徙，多次遇空襲，情況危急。由於豐子愷已是一位名人，讀者甚多，一路上得到許多幫助。期間他曾在漢口，任《戰地文藝》編委；也曾受浙江大學之聘，到廣西宜山浙大任教；民國 31 年秋，他也曾到重慶任教於國立藝術專科學校。雖然是戰爭時期，豐子愷仍創作不輟，作畫鼓吹抗日，也為《抗戰文藝》等刊物撰文。他計畫繪《日本侵華史》，可惜因故未完成；他也曾在貴州遵義鬧區豎立了一幅大型宣傳畫，畫日寇殘殺我同胞慘狀，使人見了怵目驚心。這些都可以看出他抗日決心的強烈。此外，他編繪《子愷漫畫全集》共 6 冊，並作一序，總結了戰前和抗戰以來的作品。這一時期完成的作品還有《藝術修養基礎》、《客窗漫畫》，並編選了《子愷近作漫畫選》、《子愷近作散文選》。

民國 28 年，他依約完成《續護生畫集》，由弘一法師題字，共 60 幅，為祝弘一大師六十壽。早於民國 17 年，為祝弘一大師五十壽，他便繪成護生畫 50 幅，由弘一大師題字 50 頁，由開明書店出版《護生畫集》，當時他們也約定，每十年畫一冊，至弘一大師百歲時可出版 6 集，這個約定在弘一大師圓寂後，豐子愷仍予以實踐完成。民國 29 年，他的《緣緣堂隨筆》由日本漢學家吉川幸次郎譯成日文，這是他的作品第一次譯成外文出版。吉川幸次郎稱許他是當今中國「最像藝術家的藝術家」。

勝利後，他取道西北，經四川、陝西、河南，來到武漢，再由水路到達上海。民國 37 年 9 月，他曾帶女兒一吟到台灣一遊，

去過阿里山、日月潭，並在台北中山堂舉行個人畫展。次年，到香港舉行畫展。民國 38 年，他返回上海居住。

（五）文革時期備受折磨，一生著作等身

　　豐子愷於 1949 年後一直住在上海，曾給書房取名爲「日月樓」。他曾擔任全國政協委員、上海美術家協會主席、上海市作家協會副主席等職。1960 年，上海中國畫院成立，他出任該院院長。

　　這個時期豐子愷主要從事翻譯工作。尤其是 1961 年起，他開始翻譯日本的長篇古典小說《源氏物語》，這部小說譯成漢語近一百萬字，工程浩大，於 1965 年末譯畢。1966 年，中國開始了史無前例的十年文革浩劫，豐子愷被加上莫須有的罪名，遭到殘酷迫害，身心備受摧殘。這時，他經濟上很拮据，每月只能拿數十元「生活費」。1970 年初，他患了重病，臥床半年，病癒後，仍堅持作畫、翻譯。他在這時期畫了《護生畫集》第 6 集的一百幅畫，又翻譯了《落窪物語》等書。可惜，他在迫害中得了肺癌，未能好好治療，而於 1975 年 9 月 15 日含恨而逝。

　　豐子愷一生著作豐富，總共有一百五十多種，涵蓋了繪畫、文學、音樂、書法、藝術理論、翻譯等許多領域，並有多部作品被譯成外語出版，可謂才華出眾，貢獻卓著。

二、文學成就

　　豐子愷是現代散文史上一位獨具風格的作家，散文創作歷程五十餘年，始終如一，實屬難得。以往人們比較注重他的漫畫，其實他的文章和漫畫是相通的。他的散文成就並不亞於他的漫畫。漫畫和散文，是他的藝術世界裡最吸引人的兩朵鮮花。漫畫

暫且不論，豐子愷的文學成就除了散文隨筆的寫作，他在日本文學的翻譯上也成果斐然。以下即從散文和翻譯兩方面對他的文學成就加以介紹。

（一）散文隨筆獨具風格，備受推崇

他的散文成就主要完成於二○至四○年代。主編《中國新文學大系‧散文二集》的郁達夫在〈導言〉中說：「人家只曉得他的漫畫入神，殊不知他的散文，清幽玄妙，靈達處反遠出在他的畫筆之上。」爲他的散文帶來聲譽的是《緣緣堂隨筆》，民國 29 年初，此書出版了日譯本，日本文學評論家谷崎潤一郎評其文章爲「藝術家的著作」、「隨筆的上乘」，認爲「他所取的題材，原並不是什麼有實用或深奧的東西，任何輕微的事物，一到他的筆端，就有一種風韻，殊不可思議。」。他的散文隨筆多取材自日常生活，文字樸實有味，感情率真自然，早期作品多歌頌童心物趣，抗戰以後則具有較多的社會寫實色彩。整體而言，有以下三個特點─

1.追求弦外餘音，親切如知己談心

朱光潛〈豐子愷先生的人品與畫品〉指出：「他的畫就像他的人」。事實上，他的人、他的畫和他的散文是三位一體，密不可分的。他曾以五首詩自道作畫旨趣與手法，其中第二首說：「泥龍竹馬眼前情，瑣屑平凡總不論。最喜小中能見大，還求弦外有餘音。」他的散文也是同樣的追求弦外餘音，這就形成了他的散文耐人咀嚼的特色。如〈吃瓜子〉一文，藉著對吃瓜子之道的生動描寫和議論，又寄寓著對國家落後、民風衰頹的憂憤。他寫作的態度誠懇，真率坦誠，信筆揮灑中顯現功力，讀起來如摯友談心，明白如話，親切自然而不矯飾。他的老友葉聖陶在爲《豐子愷文集》

寫的序中有一段深刻的觀察：「讀他的散文真像跟他談心一個樣，其中有些話簡直分不清是他在說還是我在說。像這樣讀者和作者融為一體的境界，我想不光是我一個人，凡是細心的讀者都能體會到的。」強調的正是他親切如知己談心的散文風格。

2.說理常帶情感，平凡中寫出深刻

豐子愷的散文面貌是多元的，或偏於議論說理，或偏於敘事狀物，但他都能夠夾敘夾議地將二者做藝術上有機的結合，使人從他生動傳神的描敘中，體會出哲理的韻味。例如〈青年與自然〉，從「青年與月」、「青年與花」兩個角度切入，告誡青年：月與花的本身是「美」，對青年是「愛」。這愛與美，是自然給人們最寶貴的教訓。全文寫得真情洋溢，諄諄誘導中給人哲理的啟發。又如被人稱道的〈漸〉，抓住時間的推移，展示了人生的不同變化，看似平凡，卻有深刻的人生意義。他在文章結尾希望人們能有「大人格」、「大人生」，「能不為『漸』所迷，不為造物所欺。」從正視時間變化，正視人生起伏，到加倍珍惜時光，豐子愷道出了深刻的人生哲理。

3.自得人間情味，常保赤子之心

豐子愷「無入而不自得」的性格使他在清幽生活中總有一分自在，能從日常生活的瑣屑中悟出一些人間情味。這種對人間萬物的有情關照，和他濃厚的人道主義思想有關。這種思想一方面體現在對佛教哲學的皈依上，一方面則體現於禮讚兒童、崇拜兒童的傾向上。他的一些描寫兒童的散文隨筆，充分顯現出他的赤子之心，和他的漫畫一樣，這也成為他散文的一大特色。例如〈給我的孩子們〉、〈從孩子得到的啟示〉、〈華瞻的日記〉、〈阿難〉、〈送阿寶出黃金時代〉和本課的〈兒女〉等，都寫得情趣十足，趣味

盎然。楊牧〈豐子愷禮讚〉說：「豐子愷對兒童充滿感情，但他不是濫情的。……我們終於覺悟，冰心的同類文字之所以逐漸被淘汰在文學的泥淖裡，無非濫情做作使然，經不起時間的考驗，勢必消逝於我們記憶的背面。豐子愷恆久鮮明，動人最深，因爲他除了敏感和想像，還保有一份可貴的赤子之心。」豐子愷能以一個充滿愛心的父親的角度來觀察孩子的動態和心理，寫得細膩動情，就如趙景深所說：「他只是平易的寫去，自然就有一種美。」這是他的散文藝術所在，也是魅力所在。

（二）譯介日本文學，貢獻良多

豐子愷一生翻譯出版了三十多部外國藝術理論和文學作品，內容涉及美術、文學、音樂、文藝理論、宗教等，而在他的譯作中，竟有三分之一是日本的文學作品和藝術理論，對日本文化的譯介貢獻良多。

在文學和文藝理論方面，他翻譯出版的第一本書是廚川白村的文藝理論專著《苦悶的象徵》，民國 14 年出版。1949 年以後，他對日本文學的翻譯更爲投入。1958 年，他翻譯出版了夏目漱石的《旅宿》和石川啄木的《石川啄木小說集》。接著，他又翻譯了德富蘆花的《不如歸》、中野重治的《肺腑之言》。文革期間，他譯成了日本古典文學作品《落窪物語》、《竹取物語》、《伊勢物語》（1984 年出版）。特別值得一提的是，1961 年起，他著手翻譯日本古典文學巨著、堪稱世界上最早的一部長篇小說《源氏物語》，雖然後來譯完，但因文革的關係，未能見其出版就已過世，現在《源氏物語》翻譯本三冊均由北京人民文學出版社出版了，而且受到學界的高度評價。他在隨筆〈我譯源氏物語〉裡曾自豪地說：

「只有中日兩國的文學，早就在世界上大放光輝，一直照耀到幾千年後的今日。……直到今日，方才從事翻譯；而這翻譯工作正好落在我肩膀上。這在我是一種莫大的光榮！」這部小說的譯成，可謂是對中日文化交流的一大貢獻。

　　豐子愷對日本文學大加推崇，而日本學者也同樣推崇他。日本漢學家吉川幸次郎對他有如下的讚語：「我覺得，著者豐子愷，是現代中國最像藝術家的藝術家，這並不是因為他多才多藝，會彈鋼琴、作漫畫、寫隨筆的緣故，我所喜歡的，乃是他的像藝術家的真率，對於萬物的豐富的愛，和他的人品、氣骨。」（〈緣緣堂隨筆譯後記〉）可以說，豐子愷的人品和他的文學成就是值得後人再進一步去發現、認識的。

【附】豐子愷散文〈兒女〉賞析

一、出　處

　　〈兒女〉一文出自《豐子愷文集》。寫於民國 17 年夏天，發表於同年 10 月 10 日的《小說月報》第 19 卷第 10 號。這是豐子愷與朱自清應《小說月報》主編葉聖陶之邀寫作的同題散文。後收入其第一本散文集《緣緣堂隨筆》（上海開明書店，民國 20 年）。後來又收入由其子女豐陳寶、豐元草、豐一吟所主編的《豐子愷全集》（1992 年 6 月，浙江教育出版社、浙江文藝出版社）。《豐子愷全集》分為藝術卷、文學卷，共 2 卷 7 冊，文章按照寫作時間的先後次序編排。〈兒女〉收於第 5 冊《文學卷一》。

二、背　景

寫作此文時，豐子愷原本在上海立達學園任教，但因經費困難，洋畫科停辦，於是他就不再上課，而靠在家著譯維生。當時他的五名子女分別是：5 歲的長子華瞻（小名瞻瞻）、3 歲的次子奇偉（小名阿韋）、2 歲的三子之超（後改名元草）、9 歲的長女陳寶（小名阿寶）、8 歲的次女林先（後改名宛音），以及一位領養自胞姊的小孩但視如己出的 7 歲的寧馨（後改名寧欣，小名軟軟）。文章中寫到的四個孩子是陳寶、華瞻、奇偉和寧馨。這段時期的豐子愷，不論漫畫或散文隨筆，均有大量以兒童為題材的作品，如《子愷漫畫》中有多幅就取材自幾個小孩日常生活中有趣的舉止，散文隨筆則有〈從孩子得到的啟示〉、〈瞻瞻的日記〉、〈憶兒時〉等，〈兒女〉也是其中一篇。

三、題　意

本文以欣賞讚嘆的語氣，寫出孩子的天真可愛情態，即使是調皮搗蛋，作者也能將心比心、設身處地地從孩子的立場思考，字裡行間洋溢的是慈藹的父親對兒女深切的疼愛與尊重。同樣的題目「兒女」，豐子愷下筆時想到的和朱自清完全不同，他既不苦惱，也不覺得負擔，反而近乎崇拜地介紹孩子們的各種表現，將兒女的重要性很誠懇、如實地道出，充分顯現出作者的赤子之心與尊重兒童的正確觀念。

四、賞　析

在現代作家中，大概很少有像豐子愷那樣真心熱愛孩子的，

正如本文結尾所說，孩子們在他的心目中，是佔有「與神明、星辰、藝術同等的地位」。他對孩子們的深情摯愛，使他能完全把自己放在與孩子平等的地位，以一種欣賞、折服的心態，對孩子們的舉止做細膩的描述，從而使整篇作品充滿了童心童趣，也洋溢著充滿生機的家庭天倫之樂。

其實，在文中我們也看到豐子愷對兒女們的頑皮吵鬧感到「不耐煩」，不免會「哼喝他們，奪脫他們手裡的東西，甚至批他們的小頰」，然後「立刻後悔」。這種心境和朱自清何其類似。可以說，朱、豐二人在對兒女的態度上是相近的，只不過豐子愷更有一顆真純的赤子之心，因而能立刻「自悟其非」，「哼喝之後立刻繼之以笑，奪了之後立刻加倍奉還，批頰的手在中途軟卻，終於變批為撫。」並且對孩子們的天真無邪，流露出疼愛、珍視、羨慕，甚至近乎崇拜的仁者胸懷，在這一點上，朱自清確實是未能企及的。

現代散文的特徵之一是「文如其人」，本文充分體現了這一特點，整篇作品顯示了作者寬厚、慈藹、單純、誠懇的鮮明個性，可說是他真實自我人格的寫照。文章先從與孩子們分開後的懸念寫起，接著集中筆力描寫他帶孩子們在夏日納涼、樹下吃西瓜的情景，並藉此指出孩子們擁有「天地間最健全的心眼」，和孩子們相比，他自覺不敢領受「父親」的稱呼。寫完外面的情景，筆觸回到屋內，進一步描寫孩子們如何在他的書房搗亂，並由此產生應該如何與孩子相處的聯想，最末則語帶讚嘆地說明孩子在他心中的重要地位。

本文雖然生動刻畫親子之情、天倫之樂，但在他歌頌童真的背後，其實還有更深一層的涵義。文中寫到他回到孩子身邊時，

才體會到做為一個「大人」的生活真是痛苦:「或枯坐、默想,或鑽研、搜求,或敷衍、應酬,比較起他們的天真、健全、活躍的生活來,明明是變態的,病的,殘廢的。」「我比起他們來,真的心眼已經被世智塵勞所蒙蔽,所斲喪,是一個可憐的殘廢者了。」換言之,他崇尚兒童的率直、天真、自然,正表示他對「成人」、「世人」虛偽、造作、敷衍、功利的不滿與憎惡,一如他在〈我的漫畫〉一文中所說的:「在隨筆中,漫畫中,處處讚揚兒童」,「正是從反面詛咒成人社會的惡劣」。對現實社會的不滿,對扭曲人性的控訴,對貪婪言行的失望與憤慨,使他特別追求「純真」的理想,而只有兒童的世界裡,才有真正的天真爛漫,因此,他走向兒童的清純世界,成為兒童的崇拜者。這個深刻的題旨,使本文特別顯得耐人尋味。此外,還有以下兩個特點也是本文成功的原因:

(一) 觀察細膩,人物形象鮮明

豐子愷是個出色的漫畫家,漫畫本身強調形象的美學特徵,使他的散文也能在把握人生哲理的同時,重視形象表現的藝術技巧,不過,他的刻畫形象,不是精雕細刻,而是抓住事物的特徵,以其嫻熟的白描手法,幾筆勾勒,就讓形象鮮明而動人。這種突出的表現力,源於他細膩的觀察力,他對人間萬象的好奇心、感受力,使他對生活中的許多細節能見人所未見,別具慧眼。本文中樹下納涼吃西瓜的情景,就寫得形象栩栩如生,十分精采,寥寥數筆,神韻逼真,真讓人覺得幾個孩子的天真情態、可愛模樣就在眼前一般。尤其是描寫孩子們吃西瓜的不同表現,有音樂、詩、散文、數學的各種趣味,僅僅百餘字,就將他們充滿稚趣的

語言、表情、心理維妙維肖的描畫出來。豐子愷寫夏日納涼吃瓜一節，和朱自清寫平日吃飯遊戲一節，都是高超的人物速寫，也都極具形象的渲染力，兩者相互輝映，堪稱傳神之筆。

（二）真誠坦率，說理自然動人

作者善於在對各種世間相加以描繪的同時，概括出人生的哲理。看似平凡瑣事的信筆抒寫，卻處處寓藏著一些人生哲理，可以說，富有理趣是作者散文的一大特色。他曾用這樣的詩句表達他的創作特色和藝術追求：「泥龍竹馬眼前情，瑣屑平凡總不論。最喜小中能見大，還求弦外有餘音。」（〈豐子愷畫集代自序〉五首之一）可見他的漫畫或散文都有自己清楚的追求。除了趣味，更值得人們省思的是他文章中隱藏的深意，也就是對人生思考的「弦外餘音」。

由於豐子愷性情的真率坦誠，使他不論作文作畫，都是「用極真率，自然，而便利的筆」（〈熱天寫稿〉）即使是說理，也如摯友談心般自然真誠，沒有一絲矯情或掩飾。巴金就曾經回憶從前喜愛閱讀豐氏散文時的印象：「閱讀時我就像見到老朋友一樣，感到親切的喜悅，他寫得十分樸素，非常真誠，他的悲歡，他的幸和不幸緊緊抓住我的心。」（〈懷念豐先生〉）以一顆真誠的心娓娓說理，加上洗鍊的文筆，難怪他的文章能深入讀者心靈，交互共鳴。當讀者看完他與孩子們相處的情景後，對於他的體悟：「我要求孩子們的舉止同我自己一樣，何其乖謬！」應該會有同感。能將人生哲理說得自然、通透、動人，這就是豐子愷散文的高妙處，無怪乎郁達夫在《中國新文學大系散文二集·導言》中會如此評論豐子愷的散文：「人家只曉得他的漫畫入神，殊不知他的散文，

清幽玄妙，靈達處反遠出在他的畫筆之上」。

豐子愷的散文隨筆中有多篇以兒童生活為題材，描摹兒童的天真之態、自然之情、可愛之趣，大多別具韻味，獨具慧眼。這一方面是源於豐子愷能將孩子們的舉動、心理寫得鮮明活潑，引起讀者的興味，另一方面是豐子愷真能放下「父親」的角色或面具，以理解、欣賞、平等的立場來看待孩子們的表現，因此特別能撥動讀者的心弦，引發讀者的共鳴。

張愛玲寫作特色及其散文〈愛〉賞析

　　張愛玲才思敏銳，藝術風格鮮明，四〇年代馳名於上海文壇，被視爲才女。小說刻畫人性細膩深刻，《傾城之戀》、《半生緣》等多篇被改拍成電影和電視劇；散文文字華麗，見解獨到，極盡描寫之能事。張愛玲的作品在大陸、台灣、香港均受到極高肯定，模仿者眾，甚至有「張腔」、「張派」之說。

　　張愛玲，原名張煐，河北省豐潤縣人，民國 9 年生於上海。童年在北京、天津度過，民國 18 年遷回上海。10 歲入小學時改名爲張愛玲。中學就讀於上海聖瑪莉亞女校，畢業後到香港大學文科就讀。民國 29 年參加《西風》雜誌「我的生活」徵文比賽，以〈我的天才夢〉獲得榮譽獎。民國 31 年香港淪陷，未畢業即返回上海，爲英文《泰晤士報》寫劇評、影評，也替德國人辦的英文雜誌《二十世紀》寫〈中國人的生活和時裝〉一類的文章。次年，小說處女作〈沉香屑〉（第一、二爐香）發表，以後三、四年是她創作的豐收期，代表作品有〈傾城之戀〉、〈金鎖記〉等。民國 33 年 9 月，小說集《傳奇》由上海雜誌社出版發行，11 月由上海五洲書報社出版散文集《流言》。

　　1949 年後，以「梁京」筆名發表作品，並在 1950 年參加上海第一屆文代會。1952 年移居香港，在美國新聞處工作，完成《赤地之戀》、《秧歌》兩部具反共色彩的小說。1955 年旅居美國，在

加州柏克萊大學中國研究中心從事翻譯和小說考證，1967 年曾短
暫應英國劍橋雷德克里芙女校之請，擔任該校駐校作家，後仍回
該中心工作，1971 年辭職，第二年移居洛杉磯，開始深居簡出，
過著遺世獨立的隱居生活。1968 年起，她的作品陸續由皇冠出版
社出版，深受讀者喜愛和評論者好評。1994 年 15 冊的《張愛玲
全集》出齊，並獲《中國時報》致贈第 17 屆「時報文學獎」之「特
別成就獎」，但她並未來台領獎。1995 年於洛杉磯安然過世，享
年 76 歲。

一、生平經歷

（一）名門之後，家道中落

　　張愛玲的祖父張佩綸爲清朝都御史，曾任職於總理衙門，娶
李鴻章之女李菊耦爲妻。張愛玲的父親張廷重娶長江水師提督之
孫女黃素瓊爲妻，一家皆出自名門。1911 年，中華民國建立，清
朝覆滅，名臣家族的榮耀也隨之消失。身爲遺臣之後，張家始終
懷有時不我與之嘆，張廷重思想守舊，至死抱著四書五經，卻找
不到貢獻社會的路，成天嫖妓、養姨太太、賭博、吸鴉片……。
母親受西式教育，對丈夫這樣的行徑忍無可忍，於民國 19 年離
婚，留下兩個稚齡的孩子離家出走到法國留學。張愛玲的童年，
就在父母爭執、母親出走、女佣照料、父母離異、姨太太、金錢
勢利、鴉片煙……這樣的環境中度過。根據民國 20 年 8 月 29 日
張愛玲所填香港大學入學表格，其生日爲陽曆 1920 年 9 月 19 日。
她的小名煐，10 歲時母親送他上學，填入學證，因嫌「張煐」嗡
嗡地不甚響亮，遂「暫且把英文名字胡亂譯兩個字罷」，從此就有

了「張愛玲」。

（二）離家依母，學路坎坷

父親再娶，繼母會虐待張愛玲和弟弟張子靜。17 歲那年，張愛玲到母親家住了兩星期，回家便遭繼母毒打並囚禁長達半年，被囚期間患了嚴重的痢疾，父親和繼母沒有請醫生或讓她吃藥，任由她癱在床上，差一點死了。後來張愛玲趁深夜守衛交接的空檔逃出來投奔母親，從此再也沒有回家過。民國 28 年，張愛玲考入英國倫敦大學，但因歐戰爆發，只好改入香港大學文學院就讀，成績優異，並結識印度姑娘炎櫻成為好友。畢業前半年爆發太平洋戰爭，日軍佔領香港，張愛玲被迫回到上海，與炎櫻插班入聖約翰大學文科四年級就讀，炎櫻讀到畢業，張愛玲則因體力不支，輟學在家，開始以寫作維生。民國 32 年在《紫羅蘭》雜誌上發表第一篇小說〈沉香屑 — 第一爐香〉引起各方注目，迅速成為當時上海最走紅的作家。民國 33 年，小說集《傳奇》由上海雜誌社出版發行，散文集《流言》由上海五洲書報社出版，自編四幕八場話劇《傾城之戀》公演，達到個人寫作生涯的高峰。

（三）兩段婚姻，晚年獨居

民國 33 年，24 歲的張愛玲與年長 14 歲、文采亦高的胡蘭成閃電結婚，婚書文曰：「胡蘭成與張愛玲簽訂終生，結為夫婦，願使歲月靜好，現世安穩。」前兩句為張愛玲所撰，後兩句為胡蘭成所撰，旁寫炎櫻為媒證。但時局動盪，聚少離多，且胡蘭成風流多情，三年隨即離異，兩人相愛卻終難相守。胡蘭成生於 1906 年，1982 年逝於日本，享年 77 歲。胡蘭成曾在 1974 年自日本來

台在中國文化大學講學，兩年後返回日本。

　　1952 年，張愛玲赴香港從事翻譯工作，隨後遷居美國紐約，1956 年 8 月與美國劇作家賴雅（Ferdinand Reyher）（1891-1967）在紐約結婚，好友炎櫻出席婚禮。1961 年秋天，初訪台灣，爲小說《少帥》收集寫作素材，要求訪問張學良被拒。結識小說家白先勇、陳若曦、王文興、王禎和等人，並與王禎和赴東部旅遊。1967 年賴雅去世。張愛玲於 1969 年應加州柏克萊大學中國研究中心主持人陳世驤邀請擔任高級研究員，並持續研究《紅樓夢》。1971 年，陳世驤去世，她辭職並於次年移居洛杉磯，開始幽居生活，鮮與外界聯繫，但絲毫不影響她在華人世界愈來愈高的聲望，甚至因爲她的深居簡出、遺世獨立，益發增添了她的神秘感，進而成爲一則文學史的傳奇。1994 年，獲《中國時報》致贈的「文學成就獎」，但她並未返台領獎。1995 年 9 月 8 日在洛杉磯租住公寓內安然辭世，享年 76 歲。遺體火化後灑於太平洋。

二、文學成就

　　張愛玲很早就對創作感興趣，7 歲即嘗試寫家庭倫理悲劇，和以隋唐爲背景的歷史小說。初中一年級，〈不幸的她〉被登載於學校年刊《風藻》，張愛玲的文章首次獲得肯定。到高中畢業爲止，張愛玲在校內刊物一共發表了小說兩篇，散文五篇，書評四篇。1942 年，以小說〈沉香屑 ── 第一爐香〉走紅於文壇，代表作如〈傾城之戀〉、〈紅玫瑰與白玫瑰〉、〈金鎖記〉、《赤地之戀》、《半生緣》、《不了情》均膾炙人口。夏志清先生在《中國現代小說史》曾給張愛玲極高的評價，認爲她是「今日中國最優秀最重要的作家」，其文學成就表現在小說、散文、劇本、翻譯作品等四方面，

尤以小說為長。

（一）展現女性獨特視角

張愛玲的寫作方式有別於主流文學，擅長以寫實的細節鋪敘人類的渺小和人性的卑微，她的創作意識和描摹對象都圍繞在女性自身經歷與心理反應，突顯父權社會中女性無力掙脫的困境。不論是處深宅大院的銀娣、流蘇，或是年輕無知的薇龍、嬌蕊，又或是一般小市民的曼楨、小艾，都不能憑藉自己的努力戰勝大環境。除了展露女性不自覺內化的傳統意識，也從旁嘲諷了高唱「女性自立」的革命文學。

（二）充滿都會時代感

她的作品有明顯的都市特徵和清晰的時代感，特別是三、四〇年代的上海，不僅能描繪出特定時代的人物形象，還精細地描寫了人物的衣飾及房屋家具等各種場景，準確體現了時代地域的特色，以及歷史的變遷。學者唐文標說：「張愛玲是一個純粹的上海人，張愛玲的小說是純粹上海傳統的小說。」張愛玲自己也多次提到對上海這座城市的迷戀，在《流言・到底是上海人》中她剖析了這種心情：「我為上海人寫了一本香港傳奇，寫它的時候，無時無刻不想到上海人，因為我是試著用上海人的觀點來察看香港的，只有上海人能夠懂得我的文不達意的地方。我喜歡上海人，我希望上海人喜歡我的書。」她寫上海，最終也把自己寫進了上海文學史頁中。

（三）追求蒼涼的美感

張愛玲的作品充滿蒼涼的氣息，她在〈自己的文章〉說道：「我是喜歡悲壯，更喜歡蒼涼。壯烈只有力，沒有美，似乎缺少人性，悲劇則如大紅大綠的配角，是一種強烈的對照，但是它的刺激性還是大於啓發性。蒼涼之所以有更深長的回味，就因爲它像蔥綠配桃紅，是一種參差的對照。」在小說《傳奇》的再版自序中，她也提到，如果她最常用的字是「荒涼」，那是因爲思想背景裡，總有一種文明將會被破壞、成爲過去的「惘惘的威脅」，因此，「美麗的，蒼涼的手勢」（出自〈金鎖記〉）幾乎成了張愛玲小說中最生動的意象之一。

（四）承襲中國古典小說傳統

張愛玲傾心於《紅樓夢》，增一字減一字不需留神就能立即發現。在出版的學術專著《紅樓夢魘》序中，她套用兩句古詩說自己是：「十年一覺迷考據，贏得紅樓夢魘名。」小說創作上，不管是人物造型、景物描繪、布局設色、語言風韻等，都有舊小說的痕跡：《金鎖記》好似從《紅樓夢》脫胎而出，《連環套》的語氣則像《金瓶梅》中的人物。她的小說能在承襲傳統小說的基礎上，吸收西方現代藝術技巧，做了完美而生動的結合。

（五）文壇傾服者眾，形成「張學」、「張派」

私淑張愛玲的作家很多，最初模仿的有施叔青和白先勇，後來的李昂、朱天文、朱天心、三毛、袁瓊瓊、蘇偉貞等人，也都受她的影響。朱西寧、水晶、夏志清等人都是張愛玲迷。雖然張

愛玲的創作高峰只集中在 1943 至 1945 的短短三年，卻已成為現代文學史上不可忽視的一顆明星。她的家世、個性、婚姻、作品、魅力……形成難以比擬的張愛玲的豐富世界，以致於文壇形成了「張學」、「張派」、「張腔」的特殊現象，這在中國現當代文壇上並不多見。大陸知名小說家蘇童甚至說，他「怕」張愛玲 —— 怕到不敢多讀她的東西。

【附】張愛玲散文〈愛〉賞析

〈愛〉的篇幅雖短，卻寫出了一則動人的愛情故事，剪裁巧妙，文字凝鍊，對愛情穿越時空的微妙力量作了生動的詮釋，令人過目之後經久難忘。

一、出　處

本文出自《張愛玲全集》。最初發表於民國 33 年 4 月號的《雜誌》月刊，和〈有女同車〉、〈走！走到樓上去！〉一起以小品三則的形式發表。民國 33 年，張愛玲出版了唯一單獨結集的散文專書《流言》，本文就收入該書中。《流言》原由上海五洲書報社出版，第二年 1 月改由街燈書報社出版，很快就再版、三版，暢銷一時。皇冠出版社於民國 57 年重新出版，後來又收入民國 83 年出齊的《張愛玲全集》中。張愛玲的散文創作盛於四〇年代，《流言》的作品都寫於那個時期，收有〈自己的文章〉、〈公寓生活記趣〉、〈到底是上海人〉、〈私語〉、〈談音樂〉等多篇膾炙人口的散文。

二、背　景

〈愛〉的故事是張愛玲從胡蘭成口中聽來的，說的是胡蘭成庶母的真實經歷，因此文章一開頭就說：「這是真的」。在胡蘭成的《今生今世》一書中，可以看到其庶母的經歷和〈愛〉中那女孩的身世幾乎一模一樣。胡蘭成 12 歲時被一戶財主俞家收爲過房兒子 —— 因爲俞家雖有妻有妾卻膝下無兒女，庶母便是俞家的妾，人稱春姑娘。胡蘭成在《今生今世》中對俞家庶母描繪甚詳，其中便有他小時候庶母講說她自己身世的記載。胡蘭成是張愛玲的第一任丈夫，是她此生第一個所愛的男人，也是她此生第一個愛她的男人，兩人從民國 33 年 2 月相識到 36 年 6 月最後決絕，而〈愛〉發表於 33 年 4 月，可見故事雛形是兩人相戀之初，胡蘭成告訴她的，只不過，張愛玲加以凝縮和提煉，將傳統女性戀愛不能自由、婚姻不能自主的悲劇做了精彩的呈現，同時也婉轉表達出作者的愛情觀，對人與人之間「剛巧」相遇，即使短暫也可能永恆的愛情充滿了嚮往。或許，〈愛〉的命題和剪裁也有張愛玲對胡蘭成含蓄專注的愛在其中吧。

三、題　意

本文描寫一名女子與對面住的年輕人雖然只是偶然的照面，卻因爲自己後來的坎坷際遇，而對這段短暫的緣分留下格外深刻的懷念。作者以「愛」爲題，一方面寄寓了對愛的憧憬與嚮往，指出愛情的力量足以穿越時空，雖然只是生命中短暫的印象，卻可能刻骨銘心，終生不忘。但一方面又道出傳統女性不能自主愛情與婚姻的深沉悲劇。作者用一種平淡的口吻娓娓訴說，以一句

輕輕的問話，代替無數的驚險的風波，反而更有震撼人心的感受，什麼是「愛」，作者作了生動而細膩的詮釋。

四、賞　析

　　〈愛〉是作者將聽來的真實故事，轉化改寫而成的一篇散文。說故事的是作者當時的戀人、也是後來第一任丈夫胡蘭成。胡蘭成把他庶母的故事告訴作者，作者再把這個悲劇故事的雛形，加以精彩的凝縮、提煉，同時投注了自己含蓄專注的深情，只用了三百多字的篇幅，就生動呈現出一則完整動人的愛情，並深印在讀者腦海，感動許多人，實在不易。胡蘭成同時也把庶母的故事寫進了他自己的著作《今生今世》中，在該書的〈韶華勝極〉一章中交代得很清楚（詳見參考資料四），不過，細加比對，會發現除了一繁一簡外，還有以下幾個有趣的差異：〈愛〉中女孩是 15、16 歲，而〈韶華勝極〉是 22 歲；〈愛〉中寫的是桃花，而〈韶華勝極〉是杏花；〈韶華勝極〉中的女孩在樹上晾手巾，〈愛〉則沒有這個動作；〈韶華勝極〉中的少年是鄰家的親戚，而且曾託人來說過媒，〈愛〉則沒有提及；〈愛〉的場景是後門口的園子，〈韶華勝極〉則是河邊路側。胡蘭成寫的是故事的原型，而張愛玲則是以自己的角度和體驗，賦予文學藝術的創作與轉化，從而成為一篇傳頌後世的散文名作。

（一）對愛情的深刻觀察與體驗，使作品的思想內容耐人尋思

　　這篇散文名作的開頭只有四個字：「這是真的」，一方面指出題材的真實性，一方面也加重了故事的悲劇感。這個真的、美的，

同時又是凄涼、無奈的故事，發生在春天的晚上，桃樹的底下，著月白衫子的十五六歲的少女，正是青春如花、作夢懷春的荳蔻年華，對愛情可以有無數美好的憧憬。就在那樣的時刻，對門從沒打過招呼的年輕人恰巧走了過來，不經意地對她說了一句話，然後就各自走開了。彷彿要發生什麼，卻什麼也沒發生，「就這樣就完了」。作者在六個字裡用了兩個「就」，就冷酷地葬送了那個春天桃花盛開的萌芽著愛的情感的晚上。

在中國傳統文化中，「桃花」意象總是與美麗纏綿的愛情聯繫在一起。例如《詩經》的〈桃夭〉詩云：「桃之夭夭，灼灼其華。之子于歸，宜其室家。」在桃花爛漫的春天，艷如桃花的女子，在大家的祝賀聲中出嫁，這是多麼喜氣、歡欣的場景。這首詠桃的詩，成了女子找到幸福歸宿的最佳祝福。唐代詩人崔護的〈題都城南庄〉：「去年今日此門中，人面桃花相映紅。人面不知何處去，桃花依舊笑春風。」流露出惆悵傷懷的情感，表達的既是個人的也是共同的經驗，因此這首「人面桃花」詩，也被後人不斷引用在悱惻動人的愛情故事中。還有孔尚任的戲劇《桃花扇》，借斑斑血跡描繪出的一幅桃花扇來抒發家國的興亡之感、人間的悲歡離合。以上種種以桃花、愛情相互輝映的文學作品，歷經千百年而魅力不衰。以張愛玲的天才和妙筆，其實不難為讀者營造出一個同樣動人的桃花愛情故事，但是她卻只用了一句話「就這樣就完了」，如此冷靜，如此絕情，毫無希望，沒有餘地，只剩下無盡的遺憾和深深的無奈。

但故事還沒完。那個曾經如桃花般的妙齡女子，在成為歷盡滄桑的老婦人之後，還「常常說起，在那春天的晚上，在後門口的桃樹下，那年輕人。」一場剛要開始就已結束的了無痕跡的

「愛」，竟讓這個不幸的女子掛念一生，並且憑藉這「愛」去承受一切的苦難。也許那年輕人的一聲問候並沒有什麼深意，而她卻賦予了它無比巨大的相像與希望，那一晚的一瞬間，竟化爲了生命中的永恆，成爲苦難歲月裏可以時時懷想的一段美好時光。這就是張愛玲的愛 —— 淒美而又蒼涼。

　　至此，故事已經結束，但作者還是忍不住要爲她所體認的「愛」再做詮釋。她提到「愛」是千萬人、千萬年中的「剛巧」，暗寓愛情其實是一種落花流水的偶然，很難可以如願安排和把握的。那個女孩之所以對年輕人念念不忘，正因爲他「剛巧」在那樣的情境下與她「相遇」，即使只是偶然的邂逅，卻讓她一見傾心，一生不忘。然而，那個年輕人可曾記得她？可曾關心過她的命運？她有自己的意中人，卻沒有愛情與婚姻的自由與權利，先被人賣去作妾，又幾次三番地被「轉賣」。這個感傷的小故事反映出的是傳統女性的悲劇，愛情不能自由，婚姻不能自主，甚至連身心都受到無情的壓抑。也許，就因爲後來的遭遇實在太坎坷悲慘，因此，她才對那個晚上偶然相遇的一刻留下如此美好的印象。

　　對於〈愛〉一文所顯現出傳統女性命運的不幸，以及隱約對男權意識的批評，大陸學者劉玉秋在〈於細微處品味人生的蒼涼〉一文中有以下的分析：「〈愛〉是張愛玲散文中唯一談到愛情的文章，被許多人認爲是張愛玲寄寓了對愛情的憧憬與嚮往。然而，這只是表層文本顯示的淺層含義，它的深層意涵是對女性不幸命運的審視和對男權意識的疑問。……她有自己的意中人，但他沒有愛情和婚姻的自由與權利；她是一個人，卻被男人們當成奴隸、牲口一樣轉賣，不知淪落何人之手；她一生一世地愛著那個少年，但他未必知道她是誰。……說明在這個男權統治下的世界，在男

性遮蔽的天空下，女性毫無自主性可言，不能自主自己的愛情與婚姻，甚至連自己本身也無立足之地，身與心都在別人掌握中，在男權的壓抑下。然而，此種情形下的女人，卻依然寄一生的希望與思念於男性，……陷於奴隸地位而不自知，這樣的情形讓張愛玲無比悲哀。」（《中華女子學院山東分院學報》2000 年第 2 期）或許，張愛玲在推崇人間真有超越時空的真愛的同時，她也清醒地意識到女性作爲「人」的價值與獨立性，才會拿起筆來以獨特的話語方式寫下這個淒美的故事。

（二）表現手法高超，留白的藝術效果突出

在表現手法上，作者刻意不採詳述情節的手法，也不加強女子坎坷遭遇的描繪，而是抓住最具有表現力的細節，也就是在後門口桃樹下相遇的情景，突出地予以強調，和她後來的一生相比，那相遇的一刻何其短暫，但在大量的留白效果下卻得到了成功的表現，宛如電影畫面的停格，留給後人無限的聯想。

〈愛〉的藝術留白，也有學者進行細膩的分析，如大陸學者文智輝的論文〈談張愛玲散文《愛》的藝術空白〉就指出〈愛〉有語言層面、敘述視角、內容結構、象徵意蘊四個方面的藝術留白：

（1）語言層面的空白 —— 如女孩的外貌，作家只用了一個「美」，這個模糊卻又讓人浮想聯翩的字，能引起讀者的想像；而「你也在這裡嗎？」中的「也」字，更用得極妙，一下就縮短了兩個人的距離，將陌生疏遠化爲熟悉默契。〈愛〉的語調簡潔乾脆得近乎冷漠，以蒼涼無奈爲底色，從故事的開頭到結束，這種冷眼看人生的「酷」的語調貫徹始終。獨特而豐富的語調與極其本

色的語言相互作用和補充，給讀者很大的想像空間。

（2）敘述視角的空白——作者在有限的篇幅裡巧用視角轉換來製造空白，增加作品的藝術容量。如介紹女孩的人生經歷時，採用了全知全能視角；女孩與年輕人相遇的細節，則採用限制視角，比較客觀地以第三人稱「她」去觀察和敘述，作家只冷靜的紀錄「她」所看到的和聽到的，不做主觀評價，只是客觀敘述，留下許多空白，讓讀者自己去理解和品味。總之，作家不在作品中出現，完全處於隱蔽狀態，既顯得故事情感真實可信，又可讓讀者根據自己的體驗去推敲、體味，展開豐富的聯想。

（3）內容結構的空白——雖然文中只有被切割的情節和場面，但我們在作品中感到的卻不是細碎的場景畫面，也不是一種單純的情緒，而是一種無邊無際的情緒氛圍，一種難以言傳的蒼涼、哀傷與無奈。相遇只是一刹，相離卻是一生。作家著重勾勒了相遇的場面，卻將一生相離的故事淡化，甚至於缺席。在人物的刻劃上，又將重點放在女孩身上。這個貌美如花的女孩，孕育著純美的情感，在無愛的生活裡度過了一生，卻始終沒有停止過對愛的渴望。……結尾這段精美而深邃的文字，略帶甜蜜又略帶憂傷。地老天荒的蒼涼，歷盡磨難的達觀，卻又隱隱作痛的遺憾——愛情的偶然性、微妙性、無奈又無可擺脫性，被張愛玲表達得淋漓盡致又回味無窮。

（4）象徵意蘊的空白——〈愛〉中的意象並不豐富，但在兩次提到的相遇場面的回憶中「春天」、「桃樹」作為意象卻兩度重複，具有象徵性。春天是暖的，桃花是美的，夢是甜的，青春是嫩的，作家用隱喻織出了一幅色彩鮮明、光澤柔美、質地純良的人生錦緞。悲慘的人生，美好的回憶，美好因為悲苦著；癡情的

女人，不知情的男人，癡情因爲不曾滿足過。張愛玲將人們那種
接受現實而又心有不甘的複雜心態披露無餘。在形象刻畫上，作
家對男女兩位主人公都沒有太多筆墨，特別是男孩，僅透過女孩
的回憶告訴我們，是一個住在對門的年輕人。雙方的具體外貌、
性格、情趣、家庭背景、心理活動等，都被作家一筆帶過，或根
本不提。僅僅留下一聲問候的年輕人，被定格成青春風景畫裡的
一個神祕的背影，懸掛在女孩的心屏上，讓她去追憶回味，也讓
讀者去揣測：這是一個怎樣的男孩？又有著怎樣的命運？多年以
後，他是否也會憶起那個春天的晚上？這個「離人」，除了那聲問
候，他在女孩的生活裡是空缺的。這種空缺使故事的情緒氛圍更
爲突出，悲劇感更爲加強。（《湖南廣播電視大學學報》2003年第
3期）

　　張愛玲曾在〈自己的文章〉中說過：「我是喜歡悲壯，更喜歡
蒼涼。」可以說，「蒼涼」是張愛玲作品的底色、背景，不論是小
說還是散文，也不論她以樸素或華麗的風格呈現。〈愛〉道出作者
對似水流年的敏感，對愛與美稍縱即逝的無奈，對女性無法掌握
自身命運的悲哀。當然，最令人驚嘆的是，這一切都被濃縮在三
百多字的篇幅裡，文雖短，情意卻深，讓人低迴不已。

龍應台寫作特色及其散文
〈大山大河大海〉賞析

　　龍應台曾以專欄「野火集」，在台灣掀起「龍捲風」、「野火現象」，「野火」一詞，已經成為八〇年代台灣共同記憶中的一個印記。長期以來，作者一直是華人文壇矚目的焦點，每有文章發表，總能帶動話題，引起各方激烈的批駁與省思。至今，她仍是臺灣作家中少數能在歐洲報刊上發表文章並受到重視者。她深厚多元的文化涵養，宏觀深刻的思考，犀利尖銳的詞鋒，以及精準掌握時代社會脈動的目光，使她成為華人世界重要的代表作家之一。

一、生平經歷

　　有媒體記者這樣形容龍應台：「她生於台灣，學成於美國，嫁給德國人，任公職於台北，現在香港做教授。她屬於中華文化，也屬於整個華人文化圈 —— 今天能同時在兩岸之間及新、馬、美國華人世界中發揮巨大影響力的文人，鮮有能與她比肩者。」從民國 73 年寫〈中國人，你為什麼不生氣〉發表於《中國時報》人間副刊，接著撰寫專欄「野火集」，在台灣掀起「龍捲風」、「野火現象」開始，龍應台就一直是華人文化界矚目的焦點，每有文

章發表，總能帶動話題，引起各方激烈的批駁與省思。她的「野火」一詞，已經成為八○年代台灣共同記憶中的一個印記，至今，她仍是臺灣的知識分子中少數能在歐洲傳媒上發聲者。她深厚多元的文化涵養，宏觀深刻的思考，犀利尖銳的詞鋒，以及精準掌握時代社會脈動的目光，使她成為華人世界重要的代表作家、文化人。

龍應台的作品以雜文和文學評論為主，代表作品有《野火集》、《龍應台評小說》、《人在歐洲》、《看世紀末向你走來》、《百年思索》、《請用文明來說服我》等。

以下將介紹其寫作歷程的轉變，以及她重要的人生經歷。

（一）高雄鄉下出生的警察女兒

龍應台，祖籍為湖南省衡山縣，民國 41 年生於高雄縣大寮鄉。她曾解釋自己的名字：「既然叫龍應台，當然是個在台灣出世的孩子；可是正因為名字裡嵌了『台』這個字，誰都知道她肯定是個異鄉人。」小時候在高雄縣茄萣鄉成長。民國 47 年就讀高雄市鹽埕示範國小，53 年轉學至苗栗縣苑裡國小，接著上苑裡初中，在鄉下度過愉快的時光。她的父母是民國 38 年跟著國民政府撤退來到台灣，父親是山東人，母親是浙江人。龍應台住的並不是眷村，身邊清一色是土生土長的台灣人，同學不懷好意地叫她「外省仔」。但她比一般外省人更沒有「根」。父親是鄉下警察，每三年就調動一次，因此龍應台永遠是那個插班生，剛剛認識了朋友，不久又搬家，一切從頭來過。「我永遠是在外面看主流的人，」龍應台說。這種悲涼的邊緣感，反而讓她看事情的視角與眾不同。因為從小就在漁村、農村、雞鴨爭道的環境下長大，媽

媽還要織漁網貼補家用，養大四個小孩，龍應台有強烈的對於土地和底層人民的關切，她的文章裡，經常出現對市井小民濃濃的同理心。

民國 56 年，就讀台南女中。每天清晨搭台南客運到學校上課，課餘時間讀些羅素、尼采、卡夫卡的書，學校功課不怎麼在意，總是前十名左右。59 年考上成功大學外文系。雖然讀外文系，但她完全沒有當時台大學生「來來來，來台大；去去去，去美國」的心態，身邊沒有時髦的同學準備出國，龍應台畢業後也一樣乖乖地找工作，在台北當了一年助教。但是在當助教的那一年，一位美國教授「似乎看到她內在某種特質」，積極鼓勵她出國，甚至幫她找到獎學金贊助。龍應台至今沒有問過那位教授到底覺得她有什麼不同，不過就這樣到了美國堪薩斯州立大學，取得英美文學博士學位。一度在紐約市立大學及梅西大學外文系任副教授。當時拿到博士學位的海外學人，通常很少會回台灣，但龍應台只是單純覺得，「離開台灣時二十三歲，什麼都不懂，現在三十出頭，想用比較成熟的眼睛了解台灣，了解自己生長的地方。」於是她束裝返台。

（二）以「野火集」一鳴驚人，掀起台灣文壇「龍捲風」

民國 72 年返台後，她任教於中央大學英文系。73 年 3 月，第一次投稿《新書月刊》，批評白先勇的小說《孽子》。11 月，《新書月刊》上開闢了「龍應台專欄」。74 年 6 月，她出版了《龍應台評小說》，一上市即告罄，多次再版，余光中稱之為「龍捲風」。在這本書中，她直言坦率地批評了馬森的《夜遊》、陳映真的《山

路》、王禎和《玫瑰玫瑰我愛你》、黃凡《反對者》等,得到不少掌聲,也引起許多負面批評,龍應台在序言〈冥紙愈多愈好〉中提到,因為她批評了某些作家的作品,竟有人匿名寄給她冥紙,甚至罵她是「妓女」、「左派御用文人」。令人印象深刻的是,她批評了無名氏的三本愛情小說是「濃得化不開」、「冗長囉唆得令人疲倦」,竟招致無名氏公開為文攻擊她是「性冷感」。對這些惡意的攻擊謾罵,她表示:「愈是這樣風度惡劣的反應,愈顯示出台灣沒有『文學批評』這回事,也更表示我們多麼迫切的需要批評風氣的樹立。」對於這本「沒有一點人情的包袱,也極少情緒化的褒貶」的文學評論,她強調是「對台灣小說作者獻上的一束鮮花,對他們的努力與成就表示敬意。不管是褒是貶,他們的作品有評的價值。」

除了對文學有批判的聲音,身為女性,龍應台對女性的角色也多所思考,看到社會上對女性的歧視、偏見深感不滿,於是她另以筆名「胡美麗」在報端專門寫一些關於女性議題的文章,同樣的大膽潑辣、犀利深刻,也引起許多討論,後來大家才知道,原來「胡美麗」就是龍應台。除了女性議題引起她的關注,她覺得台灣社會積弊已久的一些現象也令人難以容忍,當時她眼中的台灣是一個「逆來順受、忍辱吞聲、苟且懦弱」的台灣,於是就在 73 年 11 月寫了〈中國人,你為什麼不生氣?〉投稿《中國時報》,沒想到文章於 11 月 20 日刊出後立刻引起全國震動。74 年 3 月,「野火」成為固定專欄,社會文化評論〈生了梅毒的母親〉、〈幼稚園大學〉、〈不會鬧事的一代〉等文被廣為影印散發、張貼。8 月,轉任淡江大學美國研究所。12 月,《野火集》出版,21 天內狂印 24 刷,4 個月狂賣了 10 萬本,在文化界掀起「龍應台旋風」。

不到兩年，《野火集》已經賣到 100 版。保守估計，這本影響深遠的書至今已經賣到二百萬本，它不僅是八〇年代對台灣社會發生巨大影響的一本書，「野火」一詞更成為台灣八〇年代社會的一個醒目印記。這本書的暢銷，使當時 33 歲的龍應台突然成為家喻戶曉的知名作家，各方邀約不斷。

然而，就在她的「聲望」如日中天之際，她又做了一個跌破眾人眼鏡的決定：舉家遷居瑞士。當時，「野火」正在狂燒，她的隱退，一時還引起「被國民黨政府驅逐出境」的謠言。

（三）為家庭旅居歐洲十四年，依舊寫作不輟

龍應台是在留學美國堪薩斯州立大學時，結識同校的德國留學生伯恩，兩人相知相戀，於民國 67 年在美國結婚。72 年雙雙由美返台，伯恩任職於一家銀行。伯恩的專長是國際經濟，在台灣缺少發展的機會。民國 75 年，因為她的第一個兒子華安出生，而伯恩受聘於瑞士的一家銀行，有更好的工作機會，於是她毅然決然為了家庭旅居瑞士蘇黎世，專心育兒。雖說是「毅然決然」，但她離台前往歐洲的心情其實是「十分悲觀的」，她開始漫長而孤寂的異國隱居生涯。她說那段時間的自己是「自我放逐」。77 年遷居德國，定居於法蘭克福。她遠離親朋好友，沒有任何應酬活動，情緒有些低落。不久，她發現排遣低落情緒最好的方法是讀書，藉著讀書，她開始思考，也逐漸忘記了孤獨。她把一年的時間分成兩段，十一個月在法蘭克福家裡的書房和森林中度過，讀書、散步、思考；一個月的時間則外出奔走，到台灣、大陸等地方旅行或訪問。

她開始用英文和德文寫作，投稿到德國的一些報刊，希望讓

歐洲人可以直接聽到她的聲音。同時,她在《中國時報・人間副刊》開闢「人在歐洲」專欄,也開始在海德堡大學漢學系任教,講授台灣文學課程,並每年導演學生戲劇。民國 77 年底,作為第一個台灣女記者,應蘇聯政府邀請,赴莫斯科訪問了十天。民國 85 年以後,龍應台不斷在歐洲報刊上發表作品,甚至定期在歐洲五家報紙寫評論,對歐洲讀者呈現一個中國知識分子的見解,頗受注目。自民國 84 年起,龍應台在上海《文匯報》「筆會」副刊寫「龍應台專欄」。與大陸讀者及文化人的接觸,使她開始更認真地關心大陸的文化發展。在歐洲、大陸、台灣三個文化圈中,龍應台的文章成為一個難能而可貴的交流平台。

　　這 14 年間,她陸續結集出版了《人在歐洲》、《寫給台灣的信》、《看世紀末向你走來》、《孩子你慢慢來》、《美麗的權利》、《乾杯吧,托瑪斯曼》、《我的不安》等書,寫作的質量都很可觀。其間,她還也出版了一本短篇小說集《在海德堡墜入情網》,收了 3 篇小說;後來在民國 92 年時,由於聯合文學出版社編輯的鍥而不捨,又加上她另外發表的四篇小說,重新出版了截至目前所有小說作品的合集《銀色仙人掌》。出版社早早把清樣寄給她,催她寫序,但她就是不願打開。三個月後的一個凌晨,她終於坐下來讀完自己的小說,然後寫下離婚書,傳出。就這樣,她結束了自己的婚姻。

(四) 出任台北市首任文化局長,三年有成

　　旅居海外 14 年後,民國 88 年 9 月,她答應台北市長馬英九的邀請,回台出任台北市首任的文化局長。原來市府早有一個文化局長的人選審查小組,找了一些文化、學術界專家參與,推薦

了十餘人，龍應台也在其中。雲門舞集創辦人林懷民、作家蔣勳早在六月間即曾兩度拜會馬英九，力薦龍應台。馬英九對龍應台的觀感很好，曾透過朋友詢問她的意願，沒想到龍應台不滿這種間接徵詢的方式，寫了封信給馬英九，表示這麼重要的工作，不該透過他人居中傳話。後來兩人就一直用電話聯繫，甚至好幾天在網路上聊天、溝通。不久，馬英九要到法國、義大利訪問，行前就告訴龍應台，將到德國訪問她。馬英九包了一輛計程車從機場直奔郊外的龍宅，兩人談了近三小時，計程車一直在外頭等著，司機打了盹又醒，醒了又打盹。當馬英九搭原車回機場時，車費是台幣五千多元。也許是感受到馬英九的誠意，她終於打電話給馬英九同意出任。

　　在這一年 8 月出版的《百年思索》一書末尾，收有〈迷陽，是荊棘—與我的讀者暫別〉一文，清楚敘述了她之所以答應自歐返台擔任公職的心路歷程。當她送馬英九到門口時，她說：「我覺得她不太可能跳這個火坑 ── 但是假定她接受了，她會覺得，她不是為自己、不是為你，甚至不儘是為眼前的人民，她覺得她在面對歷史。你 ── 也有這種歷史感嗎？」馬英九走到門口，轉過身來沉靜地說：「如果我沒有歷史感，我不會來找妳。」整條街空蕩蕩地，清晨三點，計程車疾駛而去，沒入黑夜。8 月 5 日，在越洋電話談了一個小時之後，她答應了。

　　以面對歷史、創造歷史的態度接下公職的龍應台，很多人都認為以她的個性，絕對做不了幾天就會掛冠離去，沒想到卻做了三年，而且還能保持自我，對此她說，這是因為有一大批文化人在保護她。三年期間，她做了大量基礎性的文化調查工作，如二百多萬市民享用文化資源的概況，以及台北市在出版、流行音樂、

旅遊觀光、文學藝術等文化產業的情況，在這些基礎上，她用心擘畫台北文化建設的藍圖，也交出了漂亮的成績單。

（五）擔心完整內在被侵蝕，選擇離開官場

民國 91 年底，台北市長選舉過後，連任市長成功的馬英九希望她繼續在文化局長位置上發揮長才，但她卻選擇離開。12 月 29 日，她在中山堂以「文化思索」為題發表「畢業演說」，她形容自己是大江大河裡的魚，過去三年突然被撈起放進金魚缸裡，如今只是重回海洋。她強調，她是一個在漢語系裡泅泳的魚，「文字是最後的母國」，而台北永遠是她的家。她以蘇東坡說過的「古之君子不必仕，不必不仕。必仕則忘其身，必不仕則忘其君。」自況為官三年的心境。她說，當初反對她出仕的文壇朋友最大的警告是「一世英名將毀於一旦」，一直到任期最後半年，他依舊不敢相信能閃過地雷、暗箭，直到選舉過後，才逐漸知道終於有驚無險地度過。她提到，三年前，馬英九糊裡糊塗跑到德國邀她出任局長，她也糊裡糊塗地答應。在返台之前，她根本不知道原來官員一年有七個月會被困在議會裡空耗，她坦言，第一年最痛苦，晚上不敢回家，「因為那不是家而是空蕩蕩的宿舍」。當然，三年任內，她還是覺得不虛此行，心中充滿感激。會選擇離開，除了家庭因素，更重要的是，她憂心自己完整的內在被侵蝕，同時，她也認為台北這座城市需要不同的局長，「前三年需要『野火』，後三年需要『春風』。」民國 92 年 1 月，龍應台自德國返台交接，2 月 10 日正式卸任局長一職，由台大外文系教授廖咸浩接任。

當龍應台辭職的消息傳出後，局長室的慰留電話就響個不停，文化局網站上的慰留信件也很多，既有文化界人士，也有一

般民眾。有一位已退休的老先生，匆匆跑進局長辦公室要見龍應台，但因龍應台剛好外出參加一項會議，不在辦公室內，老人家失望地丟下一句：「後繼無人啊！」轉身離去；也有一位婦女在網站上留言說，文化局就像龍應台生下的孩子，孩子現在只有三歲半，很需要媽媽照顧，龍應台怎捨得這時候離開？不論如何，龍應台很感謝馬英九當初找她來當局長，給了她美好的三年，她曾經說自己是滲透到市府來，栽培一位文化市長，但其實，馬英九栽培了一名作家，這三年來是她的學習過程。她認為台北市民比起世界各大城市，絲毫不會慚愧，而台北跟香港、新加坡、上海、北京比起來，也是華文版圖上對中國傳統文化保存最完整、最開放多元的城市，她會在未來用筆寫出三年來台北這個城市的性格、文化發展，以及她所做的每一件事背後的思維。

（六）成立龍應台文化基金會，再度掀起文化辯論

92 年卸任後，這一年的秋天，她前往香港，擔任香港城市大學的客座教授，就文學、文化與台灣相關主題開課。她坦承最她的誘因是她 13 歲的小兒子華飛從歐洲來陪她，並留在香港讀書。當年《孩子你慢慢來》裡的孩子，大兒子已是 17 歲的美國學生，從小和母親一起看書、討論、旅行，承襲理性風格，分析起美伊戰爭頭頭是道，「他已經獨立到不需要我了。我只希望 13 歲的老二還需要我，否則就太失落了。」龍應台有些感傷地說。除了孩子因素，她也很好奇香港城市的文化內涵，因為香港既與西方接軌，又可同時觀察大陸與台灣的發展，她說：「經過三年粉身碎骨的投入，現在希望拉開距離來觀察台北。」11 月，《聯合文學》雜誌邀請龍應台擔任其名譽發行人，這是一項難得的殊榮。12

月,她出版了《面對大海的時候》,收錄了一系列在《中國時報》副刊上發表的文章,如〈在紫藤廬和 Starbucks 之間〉、〈五十年來家國〉、〈面對大海的時候〉、〈當本土文化放出光芒〉等,其中〈在紫藤廬和 Starbucks 之間〉曾獲得「九歌 2003 年度散文獎」。這些文章同步在廣州《南方周末》、新加坡《聯合早報》、吉隆坡《南洋商報》和《星洲日報》、香港《明報》刊出,在網路上更是迅速流傳,引起整個華文世界的討論和辯論,廣度遠遠超過八〇年代的《野火集》。文章能同步在這許多地方發表,在華文世界中,只有龍應台能做到這一點。

93 年 8 月,龍應台出任香港大學新聞及傳媒中心的客座教授。一年後,返回臺灣擔任清華大學通識中心教授,講授文化評論課程,並創立清華「思沙龍」與龍應台文化基金會,旨在推廣華文文化並培育台灣的文化人才。民國 94 年 5 月,連戰、宋楚瑜相繼應邀前往大陸訪問,造成旋風,龍應台應大陸共青團旗下的《中國青年報》的《冰點》周刊邀稿寫了〈你不能不知道的台灣 —— 觀連宋訪大陸有感〉,網友點擊率數日破百萬,並間接造成《冰點》停刊整頓。當共青團中央下令《冰點》停刊的那天晚上,龍應台連夜寫了一篇三千多字的文章〈請用文明來說服我 —— 給胡錦濤先生的公開信〉,一如以往,文章以燎原之勢迅速燒遍全球華人知識圈,網路上到處散佈,海內外抗議聲援的言論鋪天蓋地而來,短短二十天後,共青團中央下令:《冰點》復刊,但主編調職。當民國 95 年 6 月台灣政壇掀起罷免、倒閣聲浪,一片喧囂混亂中,她寫了〈今天這一課:品格〉,重思台灣民主發展的尊嚴,再度引起讀者熱情的回應與挑戰。

「龍應台」這三個字,在八〇年代是一把熊熊的野火,照亮

了暗夜的天空；21 世紀的「龍應台」，再次以文字激動了台灣文化的緊張神經，掀起一場公共論壇上多年不見的文化辯論，而且這次的波瀾壯闊，已經席捲了整個華文世界。

龍應台在《面對大海的時候》一書的序言中說：「那怒斥我的、指教我的、鼓勵我的文字，我低頭感謝，像秋天採蘋果的農人，感謝天地遼闊。」做為讀者，我們同樣感謝龍應台的出現。我們儘管可以不同意她的觀點，但卻不得不承認，龍應台的人格及文風，已然成為台灣、甚至世界華文文學史上不可或缺的一頁。

二、散文寫作理念及特色

正如《寫給台灣的信》一書的封底介紹所說：「受中國文化孕育，對台灣深懷感情，經驗過美國，生活在歐洲的龍應台，既能以極清醒的頭腦審視歷史與此刻的銜接，洞悉東西文化價值的矛盾，又能以極包容的了解詮釋原本荒流的世界。更難得的，她知道自己的局限，她不隱藏、不作假。走過千山萬水，在經歷繁複的國際體驗之後，這一顆開放而誠懇的當代中國心靈，又以其一貫開闊的氣度，深刻的觀察，及最鮮活動人的文字，為台灣再開一扇窗。」龍應台犀利深刻的評論文字所激盪出的思想，掀起的話題，對應著台灣自八〇年代以來的政治、社會、文化發展，可以說是留下了真實而可貴的紀錄，從《野火集》到《請用文明來說服我》，龍應台展現了充沛的創作力，《野火集》被視為台灣批判雜文的濫觴，甚至有大陸學者說她是「女魯迅」，其成就與影響力無庸置疑。

（一）寫作理念

1.以中國文化爲安身立命的依靠

龍應台在一次接受大陸記者訪問時，對自己的歸屬定位有清楚的描繪：「在政治意義上，我是個臺灣人，在文化意義上，我是個中國人。但是當台灣的政府走向違反我的核心價值方向時，我是不惜與之爲敵的。而中國的文化，我也不認爲它是什麼凌駕全球的偉大，更不認爲它有真正本質上的獨特，我們其實對印度、埃及、希臘甚至阿拉伯的文明都認識得太膚淺、太輕率。但因爲漢語是我的母語，因此中國文化就成爲我安身立命的依靠，從大海回溯川流時不得不回到的上游源泉。我珍惜這個源泉，但是很清楚地知道，這個源泉是世界上眾多源泉之一。我的文化身份認同，是畫在很大一張世界地圖上的一個小點。」基於這樣的政治、文化理念，她可以寫出〈中國人你爲什麼不生氣〉等文章的《野火集》，也可以從國外觀點寫下一系列《寫給台灣的信》，更可以在看到中國大陸刊物《冰點》被停刊後寫出〈請用文明來說服我─給胡錦濤先生的公開信〉。

龍應台對中國文化的認同，來自於她的母語是漢語。她的兩個小孩在外國成長，但都會說漢語，她說：「我給他們一把鑰匙。他們一出生我就跟他們說漢語，不摻一句英語或德語，以保持漢語的純粹。有一天，當他們自己有了慾望要進入中國文化的川流譜系時，他們的鑰匙可以開啓那個世界。」不過，龍應台並不強求他們認同中華文化，因爲她認爲，孩子有自己的思想，他們會自己找到自己在地圖上的那一點。（黃艾禾〈龍應台：中國文化成爲我安身立命的依靠〉，《中國新聞週刊》，2004 年 10 月 18 日）

2.作爲一個作家，不爲讀者而寫

龍應台以《野火集》崛起文壇，這本書被稱爲台灣批判雜文的濫觴，很多人期待她能以這樣的文筆、題材繼續寫作，但龍應台卻不願意重複自己，她後來的《孩子你慢慢來》與《野火集》就有很大差距。對這一點，她在接受訪問時曾加以說明：「作爲一個作家，我不能爲了讀者而寫。不只是不能爲了大陸的讀者們希望讀到什麼而寫，我也不能爲台灣的讀者說我們希望龍應台寫什麼給我看而去寫。我只能依靠我自己的生活經驗和我自己成長、成熟的那個過程，寫我自己要寫的東西。那是讀者得跟著我來，如果你跟不上，或者是你走到別的路上去了，我也沒辦法。」（傅光明〈龍應台：作爲一個作家，我不能爲讀者而寫〉，收於《生命與創作》，山東畫報出版社，2005 年 2 月）因爲不爲讀者而寫，她可以始終保持自己的獨立性，堅持自己的文化品格，不隨市場起伏，而有自己一貫的面目與風格。

3.好的文學最重要的是文字

龍應台創作時始終自覺地追求文字的藝術表現，她曾說：「我自己心目中好的雜文第一個是它的文字，它如果是藝術，而不是牢騷的發表和宣洩的話，才能夠得上文學的水準，所以第一條件是文字的精鍊。你不要給我任何藉口說裡面的東西講得多麼透徹，或者這個事情多麼重要，或者它個性的抒發多麼厲害，你先告訴我你這個文字有沒有達到藝術的水準。……先看文字，然後要看你對於事情的看法深刻與否。我覺得就是這兩個東西，沒有別的，其他都是假的。」換言之，作爲一個作家，本領的高低關鍵是文字的表現。

對於文字，她曾提到美國作家愛默生對她在這方面的啓發：

「早期對我影響很深的是 19 世紀美國的愛默生,他對我的影響在於他對於文字的說法,他說:文字應該真實、純樸,就像拔起的蒲公英,你能感覺到拔起的根上還黏著潮濕的土的感覺……沒有來由的,我就突然覺得這就是我要的東西,我就希望我的文字是這樣。所以你會發現我的文字不豪華,即使是比較深的思想概念,可能還是用最乾淨、簡單的文字表達。」(傅光明〈龍應台:作為一個作家,我不能為讀者而寫〉,收於《生命與創作》,山東畫報出版社,2005 年 2 月)

4.雜文作家應該言行一致

龍應台在獲得「九歌 2003 年度散文獎」時,曾接受《聯合報》副刊主編陳義芝的專訪,其中提到了她對寫批評文章者的要求與堅持,她說:「我寫批評文章的時候,有幾個『堅持』,第一是事實的掌握盡量完備,批評絕不超過事實範圍,也就是以事實論斷,但不做動機揣測。第二是對自己存疑,保留一個空間:會不會有一個我看不見的死角呢?第三是我自己必須經得起實踐的考驗。我所高舉的道德標準,必須是我自己做得到的,也就是言行的一致。『威武不能屈,富貴不能淫,貧賤不能移』,都是高標準。一個人往往要被測試了、被誘惑了,才知道自己的品格真正是什麼。」身為雜文作家,她對自己有高度的期許:「這些原則我當然不見得做得到,但它至少是我在暗室中檢驗自己的標準。我常覺得,寫虛構文類(譬如小說)的作者,是可以言行不一致的,也就是說一個偉大的小說家在現實生活裡可以是個猥瑣不堪的人,但是寫雜文的作者不可以。」(陳義芝提問、龍應台筆談〈十問龍應台〉,《聯合報》副刊,2004 年 2 月 29 日)

5.以華文作家自居，建立中文世界共同體

龍應台表示：「我心中有一個憧憬：華文世界產生自己的『語境』，從而與其他世界對話。」她希望能把世界上所有阻隔交流的鴻溝和高牆拆除，而讓一個豐富多元、自由開放、充滿創意的華文世界成為可能，是她認為的第一步。她強調：「語境要流通，對話要打開，眼界要放大」，這不僅是她心中的憧憬，也是她寫作時的基本信仰。她自認已經打破國家的本位概念，她在接受《亞洲週刊》專訪時就提到：「我不覺得我是單一的臺灣人，我比較強烈地感覺自己是華文世界的人，漢語是我的護照。是這種華文世界的意識，令我覺得關心香港，與關心台北、關心北京，都是一樣的，每一個地方只是全人類的一個村子。……作為人類共同體的一份子，作為華文共同體的一份子，我的關心所在是理直氣壯的。有人問我，是台灣作家，還是中國作家？我的回答是華文作家。」（〈我的文章像沼澤裡飛起的鴨子〉，收於《請用文明來說服我》）

基於這個理念，她對臺灣文學也提出自己的看法，她認為，凡是以中文寫作的社會，都是中國文學研究的對象，包括大陸、台灣、香港、新加坡等等，應該要以中國語文作為唯一的範圍，拆掉政治所建築起來的圍牆。「這個觀念對台灣的作家尤其重要，因為只有在這個界定之下，台灣的文學才不必因為地小人寡勢弱而被標籤為『邊疆文學』。它可以在中文的大廣場上自由的競技。」（〈台灣作家哪裡去？〉，收於《人在歐洲》）以華文作家自居，期盼政治藩籬拆除，建立中文世界共同體，這是龍應台的寫作理念，也是她一直努力的目標。

（二）寫作特色

龍應台的寫作以批判性的散文為主，從《野火集》到《請用文明來說服我》，挖掘問題，深入體驗，理性思考，再以縝密、充滿情感的文字表達自己的看法，一直是她寫作的方式與態度，而這也構成了她的文章風格與寫作特色。大體而言，她的文章特色有三：

1.理性與感性兼具，陽剛與溫柔並存

她的文字風格多樣，有批判現實文筆犀利的《野火集》、《請用文明來說服我》等評論集，也有文化意識深邃的《百年思索》、《面對大海的時候》等著作，以及文字溫婉多情的《孩子你慢慢來》等散文。但不論是理性批判，還是感性抒情，她的作品總能達到理性與感性兼具、陽剛與溫柔並存的藝術境界，殊為不易，而這也是她的作品深受讀者歡迎的原因之一。這樣的風格其實和她的性格有關，在〈我的文章像沼澤裡飛起的鴨子〉一文中，她說自己有儒家與老莊的兩種性格：「我性格中又無可奈何地有一種不自覺的儒家的哲學，看到一些事情就有想去寫、去改變它的那種衝動，可能就是你所說『俠』的部分，由於這種『俠』的部分存在，我就會去承諾許多事情，可是等到燈光打好了，要你出現的前一刻，那種老莊的性格又佔了上風，內心又為自己的『入世』懊惱不已。」不同於她對自己性格的苦惱，在她的作品中，這兩種性格倒是融合得十分自然，並無扞格。

以〈百年思索〉為例，她以理性之筆，徵引文獻，談自 19世紀末葉以來，中國與台灣共同走過的許多曲折道路，從自由、民權、公理，談到民主、秩序、西化等問題，文中提到對日本明

治維新的思索：

> 可是，1945 年，當原子彈將日本國土燒成焦黑、大和人民
> 屍橫遍野的那一刻，明治維新究竟是勝利了還是失敗了？
> 歷史，在那一刻，究竟是前進了還是後退了？
> 弗洛伊德大概是對的。他說我們的文明，或者說文化，只
> 是非常薄非常薄的一層，隨時可能被惡的欲念衝破。
> 非常薄的一層什麼呢？我想，像手捧著的透明的細瓷吧，
> 一不小心就要粉碎。一旦嘩啦碎在地上，我們又得從頭來
> 起，匍匐在地，從掘泥開始。

　　這一段理性的說明，其中對歷史的追問，氣勢與眼界是寬大
的，但她對「薄」的聯想與體悟卻是極其感性的溫柔。

　　和《野火集》有極大差異的《孩子你慢慢來》，充分顯露出
龍應台身為女性、母親的優雅與纖柔，整本散文集流瀉著柔美的
特質，給人溫柔婉約的美好感受。這也是龍應台真實的一面。張
曉風為《孩子你慢慢來》寫的序言中提到：「燒一把野火的是龍
應台，乖乖守著萬年以來巖穴中那堆灶火來為孩子烤肉講故事的
也是龍應台。」教孩子識字，騎單車載著孩子玩，為孩子說故事，
解釋身體的變化，龍應台以一個媽媽的立場，真實而多情地寫下
這些動人的篇章。看似感性多情的文字，有人則看到了深一層的
意義，認為讀完《孩子你慢慢來》後，再對照龍應台本人所堅持
的民主價值觀，那以小心翼翼扶持爭取不易的、可貴的民主體制
之心理，就如同龍應台作為母親的身份，呵護小孩成長的過程，
所傳達的價值與理念是一致的。換言之，在龍應台感性敘事中，
還是有不失理性的部份。這正是她的文章吸引讀者的可貴特質。

2.掌握時代社會脈動，題材新穎，思想性強

龍應台的文章經常引起爭議，正反意見都有，甚至招致「千夫所指」，「萬箭穿心」，雖不免覺得孤獨、挫折，但她仍堅持己見，不爲所動。她形容自己的文章有點像從沼澤裡第一隻飛出來的鴨子，吸引了眾獵人的槍，「所有的獵人都舉槍對牠射擊」。之所以能吸引眾獵人的槍，主因在於她所提出的意見往往切中時代社會的弊病，掌握了現實的脈動，能貼近讀者的心。在議題的開發探索上，她充滿了主動性與前端性，能見人未見，談人所未談，這就形成了她在文章題材上能保有新穎性、可讀性，甚至帶有強烈的煽動性，風靡讀者。曾任《人間》副刊主編的金恆煒就曾說：「龍應台深深的扣住時代的脈絡，也深深的撥動讀者的心弦。」

在八〇年代，她以〈中國人，你爲什麼不生氣〉談民族性，以〈生了梅毒的母親〉、〈美國不是我們的家〉談蛻變中的台灣，以〈幼稚園大學〉、〈機器人中學〉談台灣的教育，從而造成「野火現象」。九〇年代，她在歐洲思考、發聲，所談的仍是華人世界的種種，從美國、瑞士、德國等外國體驗中，以另一個角度看台灣和中國，她寫〈媽媽講的話〉談方言問題，以〈發現台灣發現我〉談身分認同，以〈和魔鬼握手〉談天安門事件，以〈國破山河在〉談知識分子的流亡，每篇文章都觸及了當時受到矚目的公共議題。到 21 世紀，她以〈五十年來家國〉談台灣的「文化精神分裂症」，以〈面對大海的時候〉談觀念解嚴、文化、國際觀，又以〈百年思索〉談知識分子面對西化的問題，以〈今天這一課：品格〉談罷免總統問題，以〈你不能不知道的台灣〉談連戰、宋楚瑜大陸之行，以〈請用文明來說服我〉給胡錦濤公開信，談言論自由，這些題材使她每次出手，都能形成話題。龍應台的文章

之所以能在新加坡、香港、台北、廣州、美國同步發表，正因爲她所談的題材新穎、見解獨到，具有高度的可讀性與思想性。

3.擅用修辭，多方說理，邏輯分明

龍應台的文章之所以讓人讀來氣勢磅礴，暢快淋漓，除了內容的直指時弊、切中要害之外，也和她著力甚深的修辭功夫，以及說理時思路清晰、邏輯分明的敘事策略有關。在《乾杯吧，托瑪斯曼》中她說：「《野火》之所以鼓動風潮，不在於它的觀點之新，而在於它文字的魅力。」足見她很早就用心於對文字的鍛鍊、琢磨。以標題的擬定爲例，她善用淺白口語，讓讀者感到親切，如《美麗的權利》中的〈小姐什麼？〉、〈查某人的情書〉、〈那個有什麼不好？ —— 給賈正經老師〉、〈美麗兔寶寶〉等；《看世紀末向你走來》中的〈媽媽講的話〉、〈抱著你的感覺好好〉、〈遇見阿土的那一天〉、〈一毛錢也不給〉等。這樣的例子俯拾皆是，在《野火集》裡胡美麗寫的〈龍應台這個人〉一文中，龍應台就說過這樣的一段話：「我盡量不用詞句美麗而意義空洞的語言，……我也不用成語，……可以用白話表達的，我就不用文言古句……我不喜歡模糊或抽象的字眼。甚至在說最抽象的觀念時，也希望用最具體的生活經驗與語言來表達。」

龍應台也善用問句、感嘆句來命題，如〈中國人，你爲什麼不生氣〉、〈生氣，沒有用嗎？〉、〈台灣是誰的家？〉、〈啊！紅色！〉、〈啊，女兒！〉等，達到煽情、吸引讀者的效果。在她一舉成名的〈中國人，你爲什麼不生氣〉中，她一口氣羅列六種當時在台灣讓人無法忍受的環境、法紀問題，而每一問題的提出，後面都接著類似的問句「你爲什麼不生氣？」當頭棒喝又動之以情，反覆與排比的修辭手法運用得很成功。《人在歐洲》中有一篇

〈往天堂的路上〉，對號稱「天堂」的瑞士完善的社會福利制度提出了不一樣的看法：「『天堂』可以給孤寡的老婦人養老金，但不能給她嘻笑繞膝的孫兒。『天堂』可以給未婚的母親救濟金，但不能給她一個充滿愛心的丈夫。『天堂』可以給茫然的少年所有的學費，但是不能給他一個生活的目的，使他熱情而快樂的去追求。」連續三句的複句排比修辭，給人強烈的震撼與深思。

　　除了修辭手法講究以外，龍應台說理的章法嚴謹，層層論述，多方舉例，看似另類的思考，卻往往讓讀者不知不覺中就接受而且認同。以《野火集》的〈生了梅毒的母親〉為例，先是驚歎：「居然有人說：台灣沒有你說的那麼糟！」接著提問：「要糟到什麼程度才能使你震動？」然後以排比的方式說出自己在德國、義大利、希臘、土耳其的美好經驗，接著話鋒一轉，談到台灣的山、水被破壞，人心的險惡，販賣假奶粉，車禍肇事後再將傷者輾過一次等等，強烈的對比之後，她說：「要糟到什麼程度你才會大吃一驚？」鏗鏘有律的句法，極富說服力。文章末尾，她寫自己在淡水田野間行走，看見鷺鷥與水草，心想：「我的母親生了梅毒，但是至少她還沒有死去，她還有痊癒的希望。我既不願遺棄她，就必須正視她的病毒，站起來洗清她發爛發臭的皮膚。」於是，她到大屯山看芒草時，不忘在車裡準備塑膠袋，把沿著山路的垃圾撿起來，帶走。只要大家彎下身去，她相信：「或許這一年的台灣就真的要比 1984 年的台灣稍稍乾淨一點、安靜一點、和諧一點。」全文首尾呼應，思路清晰有條裡，用生了梅毒的母親來比喻受破壞的台灣，形象鮮明且令人震驚、思索。讀完之後，不得不佩服龍應台的敢說、能說，且說得漂亮縝密、有情有理。

【附】龍應台散文〈大山大河大海〉賞析

　　〈大山大河大海〉呈現出龍應台一貫堅持正確面對歷史、文化、民族記憶、生態保護的人文關懷。文中強調從自然生態環境去聯接民族、歷史記憶的觀點，頗有見地，對環保意識的培養、歷史認識的增進，都具有啓發的作用。此外，面對許多議題，現代人往往容易人云亦云，缺乏己見，本文藉著現實旅行與文獻閱讀的過程，形成自己的觀察、體驗與思考，從而提出自己的見解與心得，這種寫作態度與理性思維，也都值得學習。

一、出　處

　　本文出自《百年思索》，原載民國 88 年 8 月 24 日《中國時報·人間副刊》。《百年思索》是作者遠從德國返台就任首位台北市文化局長前出版的散文集，由時報文化出版公司於 88 年 8 月出版。這本書因作者的知名度與話題性，甫出版即躍上金石堂連鎖書店暢銷書排行榜第一名，作者也因此獲選爲金石堂書店舉辦的「1999年出版年度風雲人物」。這本書維持作者一貫的理性批判精神、充滿深情的行文風格，暢談古今中外的文化、文明、民主、政治、歷史等具思想性的議題，共分五輯：輯一「手捧著透明的細瓷」；輯二「歷史裡的人」；輯三「石獅子的原鄉」；輯四「他們歐洲人」；輯五「我」。輯五只收了三篇文章：〈大山大河大海〉、〈玻璃鰻〉、〈迷陽，是荊棘—與我的讀者暫別〉，其中最後一篇因有新聞話題性而受到讀者的矚目。

二、背　景

作者寫此文時，人在德國法蘭克福定居，專事寫作。在〈迷陽，是荊棘〉一文的首段寫著：「1999 年 7 月。這個夏天跟別的夏天沒有什麼不同：以度假開始。她和孩子騎單車走萊因河，用兩個星期的時間，走了三百公里。」本課首段寫的騎單車情節，即指這段經歷。這趟萊因河畔的單車旅行顯然對她別具意義，就如鮭魚的溯源回鄉，她不久也決定要返台接下台北市文化局長一職，並促使她寫下了自述心境的〈迷陽，是荊棘〉、〈大山大河大海〉二文。本課描述的對歷史、文化、大自然、民族記憶的看法，既是她長久以來堅持的態度與理念，也可看出一些她對即將出任文化工作的想法與立場。

三、題　意

本課題爲「大江大河大海」，雖然在文章中只提到德國的萊因河、台灣的原始山林、中國的長江、挪威的森林、《山海經》中的海，但其實包括整個自然環境。文章的主旨，是藉著這些自然環境的被忽視、被破壞或重新整治，提出對人類環境的保護意識，以及由此引發出飲水思源的歷史情感，就如鮭魚奮力溯源回鄉，人們從江河認識自己的來處。作者以知識分子的良知與勇氣，透過犀利生動的文筆，呼籲大家不能忘記民族原始來處的記憶，並應思考如何讓人與自然和諧相處。

四、賞　析

本文是一篇充滿人文省思、歷史感懷的說理文章。觀點新穎

深刻，娓娓道來，不帶說教色彩，具有說服力，讓人容易產生共鳴。綜觀全文，具有以下三個特色：

（一）以感性的文筆呈現理性的思考

本文題爲「大江大河大海」，思考人類與自然、歷史的關係，這是具有理性批判色彩的題材，其目的在刺激大眾對現狀加以思考與反省，原本十分沉重的議題，但作者透過感性的文筆、深情的語氣，使人讀來不致沉悶，反而在作者的導引下，自然進入其營造的情境，從而思索其所提出來的問題。例如開頭描寫萊因河的沙岸、野鴨、沼澤、水鳥、蘆草、清風、河鷗，形象地將河的現狀呈現出來，讓人陶醉，但接著話鋒一轉，提到這條河曾經如何被污染、破壞，以致成爲「一條沒有鮭魚的河」，兩者強烈對比，理性的思索自然浮現腦海。

又如〈水中有混沌〉，引用陸游的描寫，與今日情景加以對比，來思考環境汙染的問題。在提出一連串的疑問之後，她以閃電照亮江水，江水依然流動，水中有各物種生生不息來描述長江的廣闊、深沉，而以拉縴的人在岩石下站著，用敬畏的眼光望向江面此一生動的畫面，來說明長江的神秘、原始、不可知。人類應對大自然懷以敬重之心的理性訴求，透過充滿情感的描寫立即躍然紙上。可以說，不管是處理社會寫實或文化批判等「硬」性主題，龍應台總能用她拿手的軟性、感性訴求進行書寫，且以其不同流俗、跳出窠臼的觀察與切入的角度，而受到讀者肯定。

（二）善用古今中西的實例

本文雖爲說理，卻不會流於空泛，原因就在於作者能舉出大

量例證，以理服人。文章從自己親身騎單車的體驗寫起，寫出萊因河的變遷，同樣的一條河，一百年前有 25 萬條鮭魚，1981 年沒有鮭魚，後來經過河川整治，現在有了三千條。這樣的數據對比，使環境保護與動物保育的主題頓時呈現。有異曲同工之妙的是挪威森林的狼，十二隻不許獵殺的國寶，讓挪威人奔相走告，因為民族記憶中和狼有關的聯想都回來了，人類和他最原始的來處也銜接在一起了。鮭魚與狼，在本文中不僅是保育動物的代表，也是連接人類與過往歷史、民族記憶的媒介，牠們的存在，提醒人們原始的來處，他們的消失，則預告了人類不知何去何從的困境。

除了西方的例子，作者特地引用了郁永河《裨海紀遊》中對台灣早期風土的描寫，以及《山海經》對中國古代神話傳說的記載，集中於對動物野獸的原始、奇異加以介紹，藉此提醒我們，最初的歷史傳說與地理面貌，是如此神秘而令人敬畏，充滿了活潑盎然的生命力，只有懷著謙卑的心，才能真正認識，但現代的人卻讓江面上「浮滿了啤酒瓶、塑料袋」，難怪曾經出現過的動物們，今日已難得見。透過這些中外古今歷史材料的羅列、對照，作者巧妙地傳達了她的見解，沒有說教的口吻，只是平心靜氣地像說故事般娓娓道來，但卻發揮了具說服力的效果。

（三）標目靈活，巧用問句

本文文句簡潔流暢，可讀性甚高，推究其因，除了內容題材的充實新穎外，遣詞用句的生動講究，也功不可沒。標題「大山大河大海」給人寬闊的想像，而每一小標題的設計，前面四個都是「有」，最後卻以「切斷」戛然而止，意味著如果切斷大山大河

的生命，則一切又歸於「無」，結構上環環相扣，一氣呵成，不落俗套。

　　此外，作者常用問句來使句法富於變化，並使讀者陷入沉思，如〈河中有魚〉寫到鮭魚從大海溯源，難道不是因為河是生命的故鄉？又說「平均六千美元一條鮭魚，值得嗎？」鏗鏘有力，沒有答案，但作者態度不言可喻。有時更以一連串的問句，造成明快犀利的氣勢，如〈水中有混沌〉詢問江豚、大蜈蚣、巨魚等是什麼怪物？同樣沒有答案，但卻生動說明了這條大江的原始及神秘。〈林中有狼〉從充滿疑問的「森林裡有狼？」到「我們的森林裡真的又有了狼？」，表達出一種不可置信的驚喜，然後肯定地說：「我們的森林裡又有了狼。」彷彿童話故事的情節，被作者高明地加以運用，使讀者擁有更大的想像及反省的空間。

　　整體而言，這是一篇具有現實意義、啟人深思的佳作，難得的是作者沒有擺出說教的面孔，而是以說故事的口吻緩緩敘述，就像她以騎單車的速度去認真認識一條河，我們也可以在作者精心構思的字裡行間，慢慢去推敲其文字風格，體會其深刻的題旨。

林文義寫作特色及其散文
〈向晚的淡水〉賞析

　　林文義是風格獨具的散文作家，寫作三十餘年，出版過散文集三十多冊，文字清麗多情，委婉多姿，對心靈世界的感性挖掘有著深刻的表現，對現實世界的關懷與悲憫又顯現出一個知識分子堅持的理念，多年來一貫走著孤獨而純淨的文學之路，在臺灣當代文壇中有其個人獨特的魅力，占有一定的文學地位。

　　林文義，臺北市大龍峒人，民國 42 年 2 月 4 日生。國立臺灣藝術專科學校（現已改制為國立臺灣藝術大學）廣播電視科畢業。曾任書評書目、文學家雜誌社總編輯、自立報系政治經濟研究室研究員兼記者、自立晚報副刊主編、新臺灣研究文化基金會執行長、施明德國會辦公室主任，並曾任電臺、電視節目主持人。目前專事寫作，並經常在電子媒體評析政治、社會時事。著有散文集《千手觀音》、《蕭索與華麗》，小說集《革命家的夜間生活》、《北風之南》等共三十餘種，曾獲第二屆中國時報文學獎散文獎。

一、生平經歷

　　林文義從 18 歲開始散文創作，持續寫作三十餘年，雖然期間一度停筆，轉而投入漫畫創作，但很快又重拾散文之筆，即使近

年來他開始專注於小說創作，但散文寫作始終不曾停止，因此，以下就以其文學創作風格的轉變爲分期，介紹其寫作歷程。

（一）唯美浪漫的文藝青年

　　林文義在民國 59 年發表第一篇散文墓地於《民族晚報》，那年他 18 歲，也許是青春年少的浪漫情懷吧，一直到 27 歲，這之間寫的散文都是抒發一己的蒼白情緒，題材多爲風花雪月、情愛與藝術夢的追尋等。「這時期的林文義，挑著風月擔子，販賣一些郎情妹意，以及一些泡沫性的文字。他多情，他唯美，幾乎每寫出一篇散文，就像擠掉自己一顆青春痘似的。」（引自宋田水〈從相思河畔到淡水暮色〉）不過，這段時期在文字修辭的運用上已經顯得嫻熟而纖柔，這對他後來在個人散文美學的建構上奠定了良好的基礎。他大量閱讀文學作品，七等生的小說，紀德的《地糧》，赫曼赫塞的鄉愁，還有葉珊（即楊牧）散文集，詩人沈臨彬的手記，胡品清柔美的文字，都啓發了他少年懵懂的文學之夢。

　　浪漫的林文義，迷戀、穿梭於各種藝術演出、文學演講，也沉溺在電影、表演的場域，結果是高中成績一塌糊塗，大學聯考也不理想。不過，他在文學裡找到了自信。首篇散文墓地因爲遺失，始終未收入後來的著作集中，那篇散文由於受到王尙義悲觀灰色思想的影響，無病呻吟的感嘆人生之虛無，顯得幼稚。接著嘗試投稿到平鑫濤主編的《聯合報・副刊》。讀國立藝專時期，曾與文化學院（現已改制爲私立文化大學）藝術系的友人合租於陽明山竹子湖農舍居住一年，山間的季節景色促使他寫了大屯山脈記事，投稿到《臺灣新生報・副刊》，深受副刊主編、同時也是散文名家的劉靜娟女士激賞，正式走上文壇。這個時期的作品多由

水芙蓉出版社印行,有《諦聽,那潮聲》、《歌是仲夏的翅膀》、《天瓶手記》、《承恩門》等。

(二) 八○年代起,開始關注現實,散文風格丕變

假如 18 歲的林文義是蒼白的文藝青年的話,那麼 1980 年、28 歲的林文義已經開始睜開純情的雙眼,關注複雜的社會現實,散文的風格有了迥異以往的表現。這個階段大致從 1980 年到 1987 年,也就是他寫下得到中國時報文學獎的〈千手觀音〉到赴美進修臺灣史為止。值得注意的是,為了擺脫文字思考的瓶頸,讓寫作題材更寬廣,他開始大量旅行,藉著各地旅行,走出狹隘的象牙塔。《千手觀音》、《不是望鄉》、《大地之子》、《寂靜的航道》、《撫琴人》、《島嶼之夢》等,都是這個階段出版的作品。對於 1980 年的蛻變,林文義是有自覺的,他說:「1980 以後,我覺得能用更口語化、平實樸素的文字表達我的文學理念,是我所要追求的。我下筆時,是採用我自認最合適的文字詞句,而且,它必須要先能感動自己,否則寧可撕毀重寫,比起以前,下筆洋洋數千言,略嫌激情、輕慢的率性,現在是冷靜太多了。」走進人群、走近土地以後,他的作品中開始大量出現社會問題,如都市人的焦慮與徬徨,老兵的孤寂,人類的種種疏離等,他似乎想以散文記錄下我們所生存的時空,藉著他所走過的城鄉島嶼及其省思,描繪出臺灣八○年代的真實映像。

也是從 1980 年開始,林文義展現了他的另一面藝術才華,即漫畫的創作。他先在幼獅少年逐期連載漫畫《西遊記》,1983 年由幼獅少年出版。1985 年 2 月,由臺灣省政府教育廳印行漫畫《哪吒鬧東海》,8 月,漫畫《三國演義》由宇宙光出版社印行,第二

年獲得國立編譯館優良連環圖畫獎第二名。由林白出版社印行的
旅行散文集《塵緣》，他還自繪了插畫 25 幅。可以說，這個階段
的林文義，透過文字與漫畫，將他對臺灣歷史、土地、人民、生
活的關注與反省，做了嚴肅而有深度的陳述與記錄。1986 年 7 月，
他應北美臺灣文學研究會邀請，與作家林雙不訪美 45 天，第二年
6 月，他隻身前往美國加州史丹福大學做短期史料研究。隨著旅
行的增加與思索的深入，他的臺灣情懷日漸強烈，昔日風花雪月
的蒼白青年形象也逐漸淡去。

（三）解嚴後，介入社會運動，關懷本土現實

　　從 1987 年到 1998 年的十年左右時間，林文義在創作散文之
餘，投入了大量的心力在政治關懷與實踐上。解嚴後的臺灣，政
治能量澈底釋放，整個島嶼正經歷著空前的政治地震與文化颱
風。赴美進修前，他已在街頭看到鎮暴部隊的「銀色鐵蒺藜」，赴
美之後，他又在尋找對臺灣命運的皈依。回到臺灣，他便著手畫
出唐山渡海的故事，這是國內第一本漫畫臺灣簡史，同時又寫了
文字版的臺灣簡史《關於一座島嶼》。接著進入《自立報系》政經
研究室，擔任研究員、資深記者。1990 年 10 月，他到美國洛杉
磯專訪臺獨聯盟主席郭倍宏，回來後接任《自立晚報·本土副刊》
主編。副刊工作十分忙碌，他常喜歡開玩笑地說：「如果要讓一個
好作家逐漸死亡，就是教他去副刊工作。」1991 年，完成並出版
《菅芒離土 ── 郭倍宏傳奇》一書。1993 年，參與黃明川導演的
「寶島大夢」電影演出。1994 年，臺原出版社印行《母親的河
── 淡水河紀事》，此書獲得臺灣筆會「本土十大好書」獎。10
月底，《自立報系》轉讓，他傷心離職。1995 年 4 月，應施明德

先生力邀，出任其國會辦公室主任。12 月下旬，他前往美國旅行，在紐約初識小說家郭松棻、李渝夫婦。1997 年，民視開播，他主持「福爾摩沙」文化性電視節目。1998 年 7 月，應白冰冰女士之邀，主持八大電視「臺灣風情」。年底，辭去施明德國會辦公室主任職務，打算專心寫作，重回文學的道路。

　　從 35 歲到 46 歲，中壯年的歲月，林文義除了堅持一個文學人的本分外，也積極投身於公共事務，忙碌而焦慮。忙碌中不讓自己迷失，焦慮中不讓自己痛苦，林文義依靠的就是他最喜愛的文學創作。他認為：「在亂世之中，文學是唯一的良知。」這十餘年來，他陸續出版了散文集《銀色鐵蒺藜》、《家園‧福爾摩沙》、《穿過寂靜的邊緣》、《漂鳥備忘錄》、《港，是情人的追憶》、《旅行的雲》，也出版了第一本詩集《玫瑰十四行》（2007 年 10 月他出版了另一本詩集《旅人與戀人》）。值得一提的是，1990 年 2 月，他由《自立報系》出版了第一本小說創作《鮭魚的故鄉》，全書十篇小說，其中三篇寫自己在時代動盪中的良心掙扎和選擇，其餘 7 篇皆以美麗島年代政治、文化界的新聞人物為小說題材，這些現實故事，見證了臺灣民主覺醒、成長的痛苦歷程。對於提筆嘗試小說創作，林文義視之為「表達意見的方式」，但許多年後，他對這部小說處女作，卻認為是「敗筆之作」，因為「彼時沉陷入臺灣社會所瀰漫的『意識形態』之迷障，卻未能戮力於文學本質的掌握，縱使多少能留存些許歷史與時代的身影，卻呈現粗糙斧痕。」不過，這個小說的試金石畢竟是可貴的，因為 1999 年起，林文義再度以其文學的巨大熱誠，全心投入小說的創作中，這個新的階段，其實就筆始於《鮭魚的故鄉》。

（四）1999 年起，由散文的林文義轉為小說的林文義

　　1999 年，47 歲的林文義，在「臺灣風情」節目告一段落後，義無反顧地辭去固定的工作，決心以專業寫作重返文學。沒有固定收入，他選擇上電子媒體談話性節目評析時事，這一方面是他參與社會的方式，一方面則是以此收入來支撐持續的小說書寫，他強調：「如果你明白，無論在朝在野的政客們，如何想利用文人而又看不起文人的那種粗暴，你如何沉默不語？」因此明知有些人對他常在晚間政論性電視節目出現而不諒解，他仍堅持一己的理念。不過，他很清楚只有文學才是純淨自我的不二法門，在文學的路上走了近三十年，一向擅長以散文行世，他思索如果再延續此文體，恐怕只是重複昨日的自我，因此，他再次提筆投入小說的創作，希望換個跑道，能持續不斷地把文學的路走下去。四年之間（1999 至 2003），他完成了 3 部小說：《北風之南》、《革命家的夜間生活》、《藍眼睛》，引起文壇不小矚目。

　　這三部小說中，尤其以構思五年、費時七個多月創作的第一部長篇小說《北風之南》，對他意義格外重大。1999 年夏天，從印尼旅行回來的林文義，潛心埋首於這部小說的寫作，由於對小說文體的陌生，他覺得像突然闖入一片幽深、黑暗的洞穴深處，「呼吸急促，心頭狂跳，幾度想棄守，卻又提醒自我：如果承認失敗了，放棄了，那麼足以印證自己果真是無用之人，這樣的痛苦延續著日以繼夜，彷如生死搏鬥。」從夏天寫到秋天，11 月中旬的拂曉時分，「我的第一個長篇小說終於走到尾聲，我氣若游絲的鬆弛歇筆，竟至淚流滿面，不知所以然，只覺得彷如隔世。」就是這樣的煎熬與洗禮，林文義艱難地跨上了小說之路。

2001 年，10 個短篇小說合爲《革命家的夜間生活》；2003 年，第二個長篇小說《藍眼睛》出版，散文家的林文義，果真成了小說家的林文義。散文也好，小說也好，文學家的林文義是不變的，從 18 歲寫第一篇作品至今。許多人都以爲他會去從政，但他最大的心願，還是成爲一名優秀的創作者。「我覺得人一輩子只能做一件事，既然如此，我們就應該把這件事情做好。」對林文義來說，這件事就是「文學」。也許是年已半百，一種「時不我予」的心驚，逼使他努力地寫作。他認爲「努力不斷地寫作，就是給自己最好的文學獎。」寫作三十餘年，出書三十餘種，可以肯定的是，專業寫作的林文義仍將會繼續寫下去，因爲離開了文學，他將無法安身立命，一如溯溪迴游的鮭魚，文學是他永遠的故鄉。

二、散文寫作理念及特色

（一）寫作理念

不信仰任何宗教的林文義，把文學當作終身的信仰。他說：「感情、婚姻、工作、朋友、親人，都會傷害我們，我們也會去傷害他們，只有文學不會。所以，當我們身爲創作者，也希望是可以透過文字去撫慰傷心的人。」在接受年輕作家孫梓評的訪問所寫成的訪問稿抒情革命家中，他分析自己作品的原型，認爲大都是從「自然主義」出發，「我的思考是自由的，心靈是自在的，筆下所要寫的，無論是一棵樹，一個老人，一片草原，都是他們最初、最原始的樣貌。」而身爲寫作者，不過是謙卑地去記錄、還原。而且，「現在我們所寫的文學，有一天會比歷史更珍貴」。

林文義的文學理念，在《千手觀音》新版序中有清楚地說明，

他認爲:「如果文學脫離了生活與現實;如果散文還一直在風花雪月、鬆軟無骨的模式裡頭沉浮;如果散文還不能夠放開胸懷,擁抱我們的土地及同胞,我不知道,作爲一個文學工作者還有什麼意義?在我的創作過程中,我冷靜而理性,謙遜而踏實的描述紅塵諸貌 —— 我們的土地、同胞都竟是那麼感人的文學主題。由生活、現實出發,反映悲憫苦難生命的情懷,我相信透過文學嚴肅的形式,更能進入眾多極有深度的心靈之中。」正是這樣的現實關懷與對土地、人民的使命感,三十多年來,他沒有離開過文學的工作崗位,並以對文學的忠實與虔敬時刻自勉,他說:「我常常覺得,身爲一個文學工作者,如果不能時時省察、修正自我,甚至於驕傲自誇,狂妄矯情,文字定會流於輕慢不實,甚至於蒙蔽了文學良知,說了很多假話。這對自己及讀者,都是一種極不道德的欺罔。」三十多年文學生涯匆匆走過,從文藝青年到步入中年,林文義自認「問心無愧」,他說:「我沒有浪費筆墨,交過白卷;我很真摯、用心的創作,毫不馬虎苟且。」早在 1986 年,林文義就在《島嶼之夢》一書的後記〈文學作生涯〉中說道:「土地、人性、生活,這三種質素是我作品中不可缺乏的一環;還有的,就是作爲一個寫作者所秉持的良知與獨立,以及一個我仍要繼續追尋的夢。」這段話堪稱林文義多年創作理念始終不變的最佳註腳。

(二) 寫作特色

　　林文義的散文產量豐富,質量也很可觀,他早期的作品多爲表現他眼中的風花雪月、青澀的愛戀以及近乎蒼白的鄉愁,如《諦聽,那潮聲》、《歌是仲夏的翅膀》、《天瓶手記》、《承恩門》中的

部分散文就具有這樣的傾向，如今它們皆已成為他自我批判的對象。從《千手觀音》開始，林文義關心的不再是愛戀、夢幻，而是這塊土地上的芸芸眾生；他也不再努力地在文字上雕琢鋪陳，而是要求自己以更誠懇、堅實的態度去處理足以發人深思的題材。

　　林文義在《島嶼之夢》的後記中曾說過：「1980 年以後，我的散文大量呈現一種社會與現實的悲憫情懷；善意的讀者常常告訴我，讀我的散文是一種傷感與刺痛，何以在我的文字裡找不到愉悅的質素？其實，我絕非蓄意在強調些什麼，我只是忠實的寫出這人間的種種形貌；我只是抓住人性，求一個真摯罷了。」可以說，林文義的散文特色之一就在於字裡行間不時流露的傷感與悲愁，王璇在為《無言歌》寫的序言〈尚有流泉悲夜雨 —— 記林文義和他的散文〉中指出：「我想他的文章類似曉風殘月下的淺斟低唱，⋯⋯他的許多散文，給我的感覺像是一首沒有譜完的傷感之歌。」這種傷感與悲愁，仔細推敲，除了個人情緒的抒發之外，主要來自於對土地的摯愛與對人世的悲憫。正是對生活、土地、人性有細膩的觀察和體驗，使他的作品怎麼都無法快樂起來。向陽的觀察也是如此，他在為《撫琴人》寫的序言〈且彈且長嘯〉中就說：「無論是寫作的路途、散文的風格，乃至於創作的心靈，基本上，林文義的『多愁善感』，並未因寫作題材與觀點的改變而有所易質。」他進一步分析道：「也許，這正是散文林文義獨具魅力的所在。」

　　他的「印象淡水」系列作品，可以說充分地顯現出他這種浪漫、傷感的抒情文風，例如〈鐵道向海〉中寫道：「好像一首永遠唱不厭的老歌，關於北淡線鐵道。」；「北淡線鐵道，也是我永遠不變、執著的夢與追尋，帶我，穿過歲月的歡笑與淚水，開向淡

水，島與海的接壤。」〈昨日潮水〉中敘述 26 歲那年，他曾因「某種絕望到幾乎自毀的情緒下，將十年來的日記付之一炬。」燒完日記，「看那些灰燼隨著強勁起來的晚風逐漸飄散，內心痛苦的低喚說：26 歲以前的自己，都消逝去吧。思緒裡卻突現出這樣的一幕清晰映像 —— 一條長長而顯得孤寂的鐵道，延伸到遠處，遠處是一片茫白發亮的海。」而〈漁港出航〉中則語帶愁思地說：「我常常獨坐在矮牆間的榕蔭之下，靜靜的看著淡水黃昏，波光粼粼的海浪。很多少年時候的夢在這裡成形，也在這裡破滅……」從這些自述看來，淡水已不僅是一個地理上的名詞，而是他心理、情感的皈依、生命的避風港，和他少年的夢想、歲月的憂歡、性格的孤寂交纏在一起，而成為他散文作品中一個生動的意象。

　　為了深入認識土地與人民，林文義經常旅行，以踏實的步履走遍鄉間城鎮，甚至異國他鄉，從而建構出他既深且廣的文字世界。扎根於現實泥土，擁抱廣大群眾，與之同呼吸共悲喜的創作理念，充實了他作品的血肉。在和同為散文作家的林雙不筆談時，林文義對自己的旅行寫作提出了說法：「現實是殘酷卻是十分真切的，了解我們的土地，你必須要去旅行，了解我們的同胞，你必須去觀察、接觸。……我也一直不相信在象牙塔裡能夠有真實的文學。」（見林雙不〈坦誠的告白 —— 和林文義筆談散文〉，收於林文義《寂靜的航道》一書）幾乎在林文義的每本散文中都有旅行書寫的篇章，至今他仍維持著每年出國旅行二次的習慣。陳芳明在評論林文義散文的文章〈精神版圖的擴張與再擴張〉中就這樣說道：「他的筆跡，隨著足跡，刻劃了島上的愁苦、惆悵與黯淡。他的精神版圖之擴張，便是他行萬里路。」

　　年齡的增長，閱歷的豐富，使他對事物的思索日漸深刻而多

元，中年轉入小說的寫作，也說明了他是一位具有高度文學自覺的作家，勇於突破寫作上既有的規範和以往的窠臼，這也就難怪向陽在評論他的散文集《撫琴人》時會說：「一個熟悉林文義早期散文那種『美麗與哀愁』風格的讀者，恐怕很難接受或者想像林文義近期的轉變；一個喜愛林文義近期這種『沉重而悲鬱』風格的讀者，想必也很難想像或者接受早年林文義作品的虛華浮豔……如此從浪漫而沉潛，自虛華而落實的歷程，足以證明一個作家成熟之不易，也彰顯了林文義作為一個作家的自覺與真摯。」這種自覺與真摯的特質，愈到近期愈顯得突出。

　　陳幸蕙在評論《撫琴人》時對林文義的寫作特色有生動的描寫：「土地與人民，是林文義近年來散文創作的焦點，也是他在長期的摸索、漂泊與探尋之後終於定位的創作主題。透過撫琴人系列作品，我們彷彿看見林文義從案前毅然站起，打開自家大門，僕僕風塵於島鄉行路和市井街巷的瘦削身影。──執著踏實的屐痕足印，不但顯示了一個文字工作者拓廣寫作層面的苦心，同時也迤邐出一位本土散文作家投身十里紅塵、關懷悠悠濁世的曲折心路。……真摯的人道關懷之外，敏銳的觀察、細膩的描寫、豐富的旅行經驗、深刻的生活體認，亦均使撫琴人篇章往往顯出呼之欲出、相當真實生動的視景。」這段話可以大致涵蓋林文義多年來散文寫作的主要特色，也可以供我們據以索解林文義散文風格的形成與定位。

【附】林文義散文〈向晚的淡水〉賞析

一、出　處

〈向晚的淡水〉出自《千手觀音》（九歌出版社，民國 73 年）。這本散文集原在民國 70 年時由蓬萊出版社發行，後因出版社結束而重新修訂轉由九歌出版社重排印行。全書共收作者寫於民國 69、70 年間的作品三十篇。全書的語言風格一致，意象經營用心，且每篇題旨明確。有些篇章呈現出一個敏感多情的藝術家對愛與美的追求，對理想的執著，以及面對殘酷現實的挫折、衝突與痛苦，如星雲、一個藝術家的告白等，追憶過往因選擇藝術而面臨家人的壓力及愛情的困惑；有些篇章則以對生命、土地熱情的擁抱來剖析或批判社會諸多現象，如寂滅的花房寫墮胎事件的殘酷，煉獄和千手觀音悲憫苦難的眾生和生死的掙扎，表現出濃厚的人道主義精神。還有一些篇章則是在各地旅行的省思和聯想，如暗夜寫通霄海邊，石牆草寫馬公離島，寧靜的山脈寫南方小鎮等，都在自然行旅中穿插個人成長的記憶和對文學或作家的嚮往與追念，傳達出屬於作者個人私密的、真實的、有情的聲音。

二、背　景

作者是土生土長的臺北市人，對臺北的人文地理十分熟悉，且多有情感，自寫作以來，即不斷以此為素材，發表多篇有情有感、回憶與現實交織的散文作品，而成為他文學創作中的一大題

材來源。不管是大屯山、淡水還是街道巷弄，鬧區夜市，他總能見人所未見，賦以多情的關照，而有屬於自己獨特視角的體會和抒發。也許是淡水的自然美景讓他百看不厭，也許是曾有的少年浪漫情事，他對淡水一直有著不渝的鍾愛，如對依戀的情人，因此他筆下描寫淡水的篇章非常多，如《無言歌》（九歌出版社，民國77年5月出版）中有一輯「印象淡水」，收10篇與淡水有關的散文，另外，直接以淡水河為書名的散文集就有兩本，一是《從淡水河出發》（春暉出版社，民國77年7月出版，後於民國90年9月由華文網重排出版），一是《母親的河 —— 淡水河紀事》（臺原出版社，民國83年1月），足見他對淡水的喜愛程度。本文對淡水的細膩描繪與感發，即是他多篇這類作品中較出色的一篇。

三、題　意

本文題為「向晚的淡水」，「向晚」本為傍晚之意，但本文從傍晚寫起，到星子高掛的夜晚離開為止，時間上不局限於夕陽落日的瞬間，而是將時間延長，否則將無法承載多處景點旅行所需的時間。「向」為臨近之意，是動態之詞，表現出淡水小鎮逐漸被夜色籠罩的過程，隨著作者旅行的步履，夜色漸漸降臨，從夕陽金黃餘暉的燦爛，到星星掛滿小鎮，月色一片皎白，就在這樣漸晚的過程中，作者由暮色的加深寫到心情的沉重，外景與心境結合，達到情景交融的審美效果。

四、賞　析

這是一篇透過親身經歷而觸發出許多聯想與歷史感懷的抒情散文，令人在思古幽情中對淡水的人文景致產生更深一層的認

識，進而體會作者對歲月流逝的悵惘。作者對淡水顯然有著極深的愛戀，如果說林文義有濃厚的「淡水情結」，應該不會是誇張的說法。在無言歌中有一輯「印象淡水」，十篇散文道盡他對淡水複雜而多感的情意，甚至於，他還寫了一本《母親的河 —— 淡水河紀事》，對淡水河的歷史滄桑賦予強烈的思慕與嘆息，而另一本《從淡水河出發》，則直接說出淡水河在他心中不可取代的重要地位。至於單篇作品提到淡水或描寫淡水的，在其他散文集中更是經常出現，本課就是其中具代表性的一篇。

　　對林文義來說，淡水已不僅是一個地理上的名詞，而是心理、情感的皈依、生命的避風港，和他少年的夢想、歲月的憂歡、性格的孤寂交纏在一起，而成為他散文作品中一個生動的意象。本文一開始就提到，淡水是他「年少時，感情的小城」，文末再次強調「淡水，我承受你給予多少無言的眷愛，從懵懂激情的年少到此刻，這個歷經傷楚、沉鬱的男子。」正因為淡水有他許多過去情感上的記憶，而現在年齡已不再年輕，心情也已歷經滄桑，因此，追憶曾經擁有的青春與愛，就成為他對淡水特別眷愛的原因。此外，淡水擁有許多歷史遺蹟和美麗風光，也深深地吸引著他，例如古老教堂的異國風情，龍山寺的百年變遷，紅毛城的歷史傷痛，渡輪上見到的大屯山、通紅的夕陽，或者是小鎮一角的家居，夜晚亮起的燈火，在作者有情的關照下，一景一物都是如此美麗、浪漫，令人發思古之幽情，更讓他眷念不忘，這也就難怪作者會多次造訪淡水，寫下許多和淡水有關的篇章，並稱它為「感情的小城」了。

　　對青春歲月消逝的無奈與感傷，是本文寫作的主旨，林文義用他擅長的優美文字不斷地鋪陳、烘托出這種美麗中帶有哀愁、

平靜中帶有無奈的心境與氣氛，給人一種唯美、細膩的感受。從文章一開始提到「淡水，越來越近，我年少時，感情的小城啊！」就已經預示著這趟淡水之旅是充滿懷舊、感傷的緬懷之旅，作者每次在描寫淡水的自然美景時，總不忘相對地提到美景背後的個人感懷，例如第四段描寫無數的方窗都已上燈，展露出一種無比的輝煌，但一個轉角之後，「一張垂暮的老人臉顏會猛然進入你的眼中」；第六段寫「年邁」歌手唱著「動人心坎」的歌謠「淡水暮色」，「是否暗示著一種哀傷與年華的不再呢？」；第七段寫龍山寺天井上頭有美麗的「星星的聚會」，但寺中飲茶話舊的老人們，卻在「談起曾經輝煌的昔日，追憶曾經擁有的青春與愛。」文末刻意描寫商專女生「愉悅」地放學，騎著紅色小跑車，「輕盈地」從身旁滑過，是「多麼清新的青春與真純」！這也和「這個歷經傷楚、沉鬱的男子」形成強烈的對比，其中對青春逝去的感傷不言可喻。這種心境，就如同「向晚的淡水」一樣，夕陽雖美但已經西沉，月色雖美卻必須離去，青春再好也不可能重來。

　　為了表達這種對青春過往的懷想，以及對歷史變遷的感慨，作者採用了以下幾種比較明顯的寫作手法來呈現：

（一）文句前後呼應，結構勻稱且有秩序感

　　本文採取的是單線進行的結構，以時間的推移、空間的轉換、心態的變動等為主線去構思和經營，一以貫之，提挈全文，將全部材料統攝為一個整體，讀來一氣呵成，給人一種結構上的勻稱感、秩序感。特別是相似文句的巧妙運用，產生迴環往復、前後呼應的美感，讓讀者進行了一次完整而有秩序的閱讀經驗。

　　文章一開始，作者準備從八里坐渡輪到淡水，再轉車回臺北，

船戶對他說：「北淡線的火車就要開了。」而結尾再一次引用船戶的這句話說：「也許北淡線的火車就要開了。」還有一開始強調這是「一次最美麗的航程」，而結尾則巧妙地說要「趁著美麗的月色離去」。又如第二段提到淡水是「我年少時，感情的小城」，「頂著滿空璀璨的星子」，在文末則寫道：「從懵懂激情的年少到此刻」，「星星掛滿小鎮上空」。類似這種文句的前後呼應，使人對內容有一種重新回味，或是強化印象的感受，也使文章的結構自然呈現出平衡、勻稱、秩序之感。只不過，首尾的文句雖有相似之處，但給讀者的感受已大不相同，當我們隨著作者走完這一趟旅程時，自然能體會出作者的深情，並產生和作者一樣的喟嘆和感動。

乍看之下，全文似乎沒有什麼特意的剪裁安排，一切都是順著隨興的漫步而展開的，但在那不事安排之中，卻又處處顯露出作者熔裁設置的功夫，其中有遠觀，有近看，有俯覽，有仰視，作者從不同的角度，不離主線地進行有秩序的描寫，使文章暢達如流水，靠的就是在結構上的用心安排。

（二）以時空的變化烘托主旨，借景抒懷，與心境巧妙結合

「向晚」是時間，「淡水」是空間，題目本身就已清楚地傳達出明確的時空背景，本文自始至終緊扣這兩個角度，集中而生動地加以描寫，顯現出作者在題材選取、處理上的獨到之處。在時間上，從夕陽通紅的傍晚到星子高掛的夜晚，依序寫來，自然而流暢；在空間上，從八里坐渡輪到淡水，上岸之後，漫步於老街小巷，沿途所見所思，細細寫來，讓人如歷其境。然而，時空的描寫終究只是「外境」，文章真正要表達的是「心境」，因此作者

在借景抒懷時，處處留心烘托主旨，對景物作了一番精要的選取和細膩的安排。不寫車潮擁擠的街景，不提遊客如織的嘈雜，而將眼光投注於日漸衰頹的舊街小巷，或是異國的教堂、老人話舊的寺廟，這些略帶滄桑孤寂的外在景色，配合著逐漸轉暗的暮色，生動烘托出作者內心懷念青春過往的哀愁與惆悵。時間的流轉，空間的變化，和作者內心之間有著相互呼應的結合。

　　透過具體時空景物的鋪陳描繪，將作者的感傷心境加以貼切生動的呈現，這種借景抒懷、融情入景的技巧，使本文的可讀性與藝術性大為提高。作者先描寫淡水日落的輝煌與美麗，不論是那一片發亮的海，帶著一臉笑意的年輕夫婦，還是無數方窗裡的燈火，都給人年少情懷的溫暖感受，彷彿記憶中曾有的美好感情，讓作者心中充滿詩意的感動。但轉入古老迂迴的巷道後，他想起嗓音不再宏亮的老歌手，也看到龍山寺前歷盡人世滄桑的老人，更遠處幽暗、異國情調的紅毛城，他不禁有年華已去、青春不再的感傷，尤其是商專女生的活力，更讓他覺得年輕真純的可貴。作者一路寫景，也一路抒情，隨著景象描寫的展開，一種和夜色漸濃、古老建築、歷史變遷相輝映的黯淡情緒，脈脈情思，在字裡行間淡淡散放，情與景相融，美麗與哀愁兼備，讓讀者一同沉緬在漸暗的暮色中，產生無窮的遐思。

（三）語言精美詩意，形象對比鮮明

　　本文的藝術成就，除了結構安排、描寫技巧有獨到之處外，語言表現也是其突出的特色。作者以綿密細緻的筆觸，繫情於物，盡情地抒發內心的感受，創造了豐美的意境，使作品具有一種滲透著作者情感的畫面美和詩意美。譬如第四段寫「無數的方窗裡

都已上燈」，而燈色是「暈黃或青色的」，具有「溫暖而又令人充滿渴求的一種情意」，接著寫向晚的夕陽，「先用美麗溫潤的純黃來打底色；而後用濃烈的純紅與金黃來加強小鎮向光的臉顏，而在背光面，則是幽藍地。」對色彩的細膩描寫，使小鎮的繽紛意象鮮活而強烈。在塗抹濃烈輝煌的色彩之後，筆鋒一轉出現了「一張垂暮的老人臉」，「老人就入定地端坐在褪色的門楣下方」，前面的溫暖、美麗、輝煌與後面的垂暮、褪色，形成強烈對比，景物的形象立刻生動地映入讀者的腦海裡。

下一段對淡水教堂的描寫也是同樣聯想豐富，譬喻新穎。「幾隻白鴿繞著塔尖輕盈地低飛著」，給人異國的感覺，作者刻意說是「愛琴海畔的一個小國吧？」接著形容其異國的風貌：「每一扇哥德式的小窗，在向晚時，都要擺上一盞點燃的燭臺，整個城就燭影搖曳……」，真讓人誤以為置身於異國小鎮，但作者隨即收回浪漫的聯想，指出「這兒不是幽藍的愛琴海岸，這兒是淡水，一個濱海的小鎮。」淡水的迷人風貌就在這種「美麗的錯誤」中更增添了幾分異國之美。淡水的詩情畫意，在作者觀察與體會的深細中，幾乎無處不美，如第三段描寫小鎮的家居就很出色：「那些日本式的木質房子，外頭是磚砌的小紅牆，紫色的藤花從牆裡延生到牆外，牆外是幽深的小巷，而小巷的盡頭是一片發亮的海，或許泊著幾艘美麗的小舢舨。」由近到遠，由裡及外，有細察，有想像，層次井然，使整個畫面有立體感、滲透感，氤氳著一股濃郁的詩意。

文學是語言的藝術，作家眼有所見，心有所感，用高明的繪態狀物技巧，在文字上反覆推敲，字斟句酌，在結構上善於剪裁，講究布局，才使得作品熠熠生輝，扣人心弦。本文對淡水小鎮時

而作整體的揣摩，時而作局部的審視，有自己個人的感觸，也有對歷史、文化的沉思，層層鋪陳，步步開拓，細膩地展現了向晚淡水的美景與自己多感的心境。淡水這個濱海小鎮，擁有許多歷史遺蹟和美麗風光，前者讓人產生理性的沉思，後者則讓人勾起許多感性的青春記憶，在林文義具有藝術構思的觀照下，自然山水與人文景物都在物我交融中渾然自成一體，而向晚的淡水暮色也成為他念念不忘的一幅美好畫面。

余秋雨寫作特色及其散文
〈陽關雪〉賞析

　　余秋雨是大陸知名的戲劇理論與美學理論學者，同時又以一系列的文化散文《文化苦旅》、《山居筆記》、《千年一嘆》等，受到文壇的肯定與廣大讀者的歡迎，在華文世界獲得許多獎項的高度肯定。作品長期位居全球華文書籍排行榜前列，是目前全球華人社會中深具影響力的作家之一。他清新流暢的文筆，被視爲白話文的典範，宏觀的史識與人文的關懷，更使他的作品充滿感染力與啓發性，理性與感性兼具，渾然一體，開拓了散文寫作的格局，在現代作家中實屬難得。

一、生平經歷

　　余秋雨，浙江省餘姚市人，民國 35 年（1946）生。畢業於上海戲劇學院戲劇文學系，留校任教，後曾任上海戲劇學院院長。現專事寫作，並任上海戲劇學院、復旦大學、交通大學、上海大學等校兼職教授，爲當代文化史學者、美學專家和散文名家。

　　余秋雨專攻戲劇、美學，兼擅散文。其散文具有宏觀的史識與人文的關懷，對傳統歷史文化和知識分子的處境都有獨到的體會，深刻的思考，文筆清新流暢，深富感染力。曾獲大陸「國家

級突出貢獻專家」稱號，作品獲得上海優秀文學作品獎、《聯合報·讀書人》最佳書獎等多項榮譽，作品長期位居全球華文書籍排行榜前列，是目前全球華人社會中深具影響力的作家之一。著有多部戲劇及美學專論，散文集《文化苦旅》、《山居筆記》、《千年一嘆》、《借我一生》等。

　　雖然他的文學世界多采多姿，但他的主要工作都在學院，並從事學術理論研究，是學者兼文人的傑出典型。以下依其寫作不同階段對其人生歷程做一簡要介紹：

（一）出身農村，求學生涯歷經曲折

　　余秋雨，1946 年 8 月 23 日出生於浙江省餘姚市橋頭鄉車頭村（今屬慈溪縣）。

　　這個不太富有卻深具深厚文化傳統的城市，曾經產生過王陽明、黃宗羲、嚴子陵、朱舜水等知名人物。父親長期在上海工作，母親和祖母本來也在上海，爲避抗日戰爭的戰火移居鄉下，他從小生活在母親和祖母身邊。母親是鄉間少有的文化人，每天除操持家務外，還義務爲鄉親們寫信、讀信。當時浙東一帶外出謀生的人很多，母親每天在這方面耗費了不少精力，余秋雨常趴在母親身邊，看著鄉親們口中的訴說如何在她筆下變成一個個字，各地寄來的一封封信又如何在她口中讀出聲音來，余秋雨認爲這大概就是他最初的啓蒙教育。

　　1957 年 7 月，余秋雨小學畢業，鄉間沒有中學，就與母親、祖母、弟弟一起到上海投奔父親，先後在上海晉元、新會、培進中學念書。在晉元中學讀書時，他就以出色的學業成績名列前茅。在該校九十週年校慶時，他被列入該校的英才榜。當年余秋雨完

全可能考入任何一所知名大學，但他偏偏選中了上海戲劇學院戲
劇文學系，並以優秀的成績留校任教。後來還一度擔任上海戲劇
學院院長。

上大學後，基本上沒有讀書，長期在農村和工廠勞動，後來
又遇上文化大革命。在這場運動中父親被關押，叔叔含冤自殺，
全家失去生活來源。余秋雨在大學也備受衝擊，心緒極壞。後又
被驅趕到軍墾農場從事近乎苦役的勞動，直到七〇年代初才回上
海。等待分配很長時間之後終於被留校任教，不久又被派到復旦
大學，與其他文科大學也剛剛勞動回來的一些教師一起編寫魯迅
作品教材。1975 年因病回浙江家鄉療養，後來透過早年的老師盛
鍾健先生的幫助，搬到奉化縣錦屏山半山腰一座由蔣經國先生留
下的圖書館裡，一個人讀書、養病，直到 1976 年 10 月文化大革
命結束。

（二）文革後閉戶苦讀，鑽研戲劇理論有成

余秋雨曾有過一次長達數年之久的閉門讀書的經歷。當時「文
革」結束不久，他擬定了一套讀書計畫，開始系統研讀從古希臘、
羅馬到當代偉大思想家的經典著作。余秋雨的專業是戲劇，首選
的著作自然離不開戲劇。當時亞裏斯多德的著作尚未完整譯介過
來，他從上海圖書館借來了英文本的亞裏斯多德的著作，憑著自
己的英文能力，硬是按時代先後，一本本一字字地慢慢讀，一邊
讀，一邊做筆記。1981 年讀完後，他感到自己彷彿又重上了一次
大學。此後幾年，他又有系統的研讀狄德羅、康得、黑格爾。

通過幾年的自學，他就在閱讀筆記的基礎上，整理出一部通
述世界兩千年來，大師們見解的 68 萬字的大著 ──《戲劇理論史

稿》，1983 年出版，次年即獲首屆全國戲劇理論著作大獎。接著，
他又花了二、三年的時間閱讀有關的書籍，研究心理學、美學，
還帶學生一起做心理調查，陸續完成出版了《戲劇審美心理學》
（1985 年）、《中國戲劇文化史述》（1985 年）、《藝術創造工程》
（1987 年）等書。這些專著使他於 1986 年獲頒「國家級突出貢
獻專家」的榮譽稱號，並由講師直接晉升爲教授，當時獲此稱號
的全國僅 15 人。

　　1988 年，通過全院民意測驗，由國家文化部任命擔任上海戲
劇學院副院長，次年任院長，並被選爲「上海十大高教精英」。1992
年，爲了集中精力從事寫作和學術研究，多次遞交辭呈，終於被
批准。

　　余秋雨之所以辭去行政職務，專心於學術研究，主要是他發
現了自己的重大缺陷。他領悟到個體審美心理並不重要，真正重
要的是一個民族的群體心理問題，於是，他開始從文化人類學的
角度來研究中國的戲劇文化。但是，考察中國人的這種心理，瞭
解中國的傳統態度，會不會助長保守傾向，挫傷創新精神？這個
疑問又促使他把注意力投向中國文化人格史的研究。

（三）走向山水文化的獨行者

　　對文化人格史研究的成果就是引起轟動、至今仍譽聲不絕的
《文化苦旅》與《山居筆記》。歷時七年之久的《文化苦旅》與《山
居筆記》，是余秋雨又一次人生和學術的大轉移。它們不但是對社
會歷史的一次整體反思，更是對自我的一次整體超越。

　　余秋雨對自己寫出《文化苦旅》的心理動機有這樣的描述：「無
論在擔任行政工作或是在從事學術研究的時候，我總感到胸中有

一種恢弘而沉鬱的文化感受在湧動，這與我在日常生活中的歡快、隨和有很大的反差。這種感受，來自我從小親近的山川大地，來自我青年時代對民族命運的悲愴體驗，來自我對世界歷史上各個文明殿堂的精神踏訪，來自我對一個個早已遠去的文化大師們的心靈朝拜，也來自我對自己在有生之年能夠呈現的生命方式的迷惘，這一切，註定我必然會在繁忙的事務中見縫插針地雲遊四方，默默地讓朦朧的感受與飽蘊歷史的山水一次次撞擊，散文集《文化苦旅》，就是這種撞擊所濺出的火花。」

余秋雨喜歡獨自旅行。這幾年來走的地方實在不少，而他去得最多的地方，總是古代文化和文人留下較深腳印的地方。他喜愛山水，但是他心底的山水並不完全是自然山水，而是一種「人文山水」。這是中國歷史文化悠久的魅力和它對他的長期薰染造成的。余秋雨認為：「文化人必須進入文化現場，並且融化自己的靈魂於其間，才可能成為一個真正的文化人，才能憑藉文學之筆帶動讀者進入另一階段的人心現場，將自己所悟到的、所想到的轉化為一篇篇翔實豐富的文學紀錄。這樣的文學作品才可能贏得更多的讀者的關注。」這或許就是《文化苦旅》熱銷不衰的真正原因。

（四）散文創作名滿天下，在台灣掀起旋風

在《文化苦旅》之後，余秋雨以兩年時間在《收穫》雜誌連載《山居筆記》系列散文。這個系列是他在香港中文大學講學時開始寫的，當時住在這所大學的山間居舍裡，所以取了這樣的書名。《山居筆記》每篇的篇幅比《文化苦旅》中的文章要長，而且獲得的社會迴響比《文化苦旅》更強烈，余秋雨推測「這大概與

觸及問題的重要性以及這些問題與中國現實的呼應有關」，其中
〈蘇東坡突圍〉、〈遙遠的絕響〉和〈歷史的暗角〉等文甚至被某
些人猜測是對現實人物的影射，因而出現了許多攻擊他的文章。
但他並不生氣，對外界的喧囂一笑置之。

　　雖然他的內心始終保持清醒，但廣大讀者熱烈的掌聲還是淹
沒了他，《文化苦旅》、《山居筆記》經由作家白先勇推薦在台灣出
版後，立刻贏得一致的好評。1992 年，《文化苦旅》獲《聯合報‧
讀書人》最佳書獎，1995 年，《山居筆記》獲《聯合報‧讀書人》
1995 年最佳書獎，同時獲得「大學生票選十大好書」等榮譽，從
而爲余秋雨在台灣打下了人人知曉的高知名度。

　　1996 年 12 月，余秋雨應台灣歷史博物館館長黃光男的邀請，
來臺度假並舉行少數幾場演講，不料迅速在台灣掀起了一陣「秋
雨文化旋風」。邀約演講單位不斷，每場演講都擠滿水泄不通的觀
眾，一批批學生守候在演講大廳門前，虔誠地要求余秋雨的簽名，
關於文化與文學的演講竟能吸引如此多的讀者和觀眾，真是近年
來少有的盛況，媒體稱之爲「餘秋雨旋風」，或稱爲「余秋雨現象」。
1978 年，余秋雨根據 27 場演講的內容加以整理而成的《余秋雨
臺灣演講》一書由爾雅出版社出版，這是他的作品中唯一的一本
「臺灣製造」的書，出版後依然締造了銷售佳績。

（五）從《千年一嘆》到《借我一生》

　　走紅後的余秋雨，並沒有迷失在自己開闢的成功道路中，相
反的，他不願意重複自己，當讀者們希望他再多寫些文化思考的
散文時，他卻已經試圖做較大跨度的轉型。1999 年 4 月，在創作
內容和風格上都有很大轉變的散文集《霜冷長河》出版，果然沒

有談論中國傳統的歷史和文化,而是「以霜冷長河的圖景為背景,來談談人生,特別是談談因經霜而冷峻了的中年人生。」(《霜冷長河·自序》)

《霜冷長河》出版後三個月,余秋雨又出版了《掩卷沉思》,和前者相同的是同為中年人生的感悟、追索,他在〈自序〉中說:「著重談人生的困境、人生的陷阱和人生的溝通。」換言之,這兩本書都是「拋磚引玉式的人生交談」。余秋雨的盛名之累,使他對紛擾的現實(特別是文壇)不時感到無奈與激憤,這兩本書出版後,他甚至一度想要擱筆不寫,向文壇告別。然而,他並沒有。在千禧年之交,他隨香港鳳凰衛視「千禧之旅」的越野車隊,以三個多月的時間,跋涉數萬公里考察人類最重要的幾個古文明的發祥地,沿途以日記的形式記錄他這次考察的見聞與感受,就這樣交出了他自稱的「壓卷之作」── 《千年一嘆》。

這其實是他自《文化苦旅》以來,以實地考察為基礎的文化隨筆寫作的擴大嘗試。這些日記從 1999 年 9 月 27 日出發開始,到 2000 年 1 月 1 日從尼泊爾回到中國結束,歷時三個多月。紀錄了他從希臘到埃及、以色列、巴勒斯坦、約旦、伊拉克、伊朗、巴基斯坦,直到印度和尼泊爾的實地踏訪歷程,途經埃及文明、希伯來文明、兩河文明、波斯文明、印度河─恆河文明等重要的古文明發祥地。由於余秋雨的高知名度,眾多讀者和媒體都對他這次的實地訪察抱持極大的興趣,可以說,《千年一嘆》是在轟轟烈烈中問世。接著,余秋雨又考察了歐洲近百座城市,完成《行者無疆》一書。這兩本性質接近的考察日記,迅速成為全球華文世界的暢銷書。大陸《新週刊》和諸多網路經全國性投票評他為「中國電視知識份子第一人」,日本《朝日新聞》稱他為「至今走

得最遠的文化旅行家」。

　　這兩本走訪考察的作品完成後，余秋雨開始著手「自傳寫作」，並整理有關戲劇理論的舊作重新出版。「自傳寫作」指的是《借我一生》這部回憶性質的散文集。余秋雨對此書顯然極其珍視，他說：「我歷來不贊成處於創造過程中的藝術家太激動，但寫這本書，常常淚流不止。」這本書獲得香港《亞洲週刊》評為年度「全亞十大最重要的華語書籍」之一。

（六）繼續出走，迎向不可知的下一步

　　2004 年底，余秋雨被聯合國教科文組織、北京大學、《中華英才》編輯部等單位選為「中國十大藝術精英」和「中國文化傳播座標人物」。然而，在《借我一生》的末尾，余秋雨卻以想和妻子到一個海島上落腳點出此書命名的旨意：「但是，那裡沒有房賣，只能尋租。借住了一生，還是借住。」換言之，對於這個世界，他只是暫時借住；對於無盡的時間，他這一生也只是「借」而已。既然是借，最終就得離開。他與妻子借住海島的夢，究竟是真會付諸行動，還是只是一個預示，不得而知。

　　不過，有一點可以確知的是，余秋雨的生命仍然在出走的苦旅中。他決定在《借我一生》之後，不再寫書，那麼，他將會創造出什麼樣的藝術形式呢？相信無數曾被《文化苦旅》、《山居筆記》等書感動過的讀者都將引頸期待。

二、散文寫作理念及特色

（一）寫作理念

　　對於寫作，余秋雨曾在 1997 年 1 月應邀在歷史博物館演講時特別針對這個問題發表了許多個人看法，這篇題爲〈寫作感受〉的演講稿收於《餘秋雨　臺灣演講》一書中。除了此書中提到的看法外，他在許多地方則不斷強調「絕不重複自己」的理念，這一點顯然對他十分重要，而且他也身體力行。關於他的寫作理念略述如下：

1.寫作者的心理底線

　　所謂「心理底線」，是指拿筆寫作的人需要注意的一些最粗淺的基本規矩。這些基本規距讓寫作的人有一個立足點，若沒有這個立足點，他說：「做出來的姿勢再美麗也要鬧笑話。」

　　（1）你與讀者未曾簽約：寫作者一旦稍有名氣，便會自以爲擁有一個穩定的讀者群，自己的名字就是和讀者的契約，但余秋雨說，真實情況並不如此。他指出，作家自己也是讀者，必須從自己的閱讀心理上領悟：不存在永遠忠實的讀者，不存在那個想像中的契約。因此，「什麼時候都沒有理由自我放任、鬆鬆垮垮，讓讀者去聽你的胡亂閒聊、重複嘮叨。每一篇都是一個新開始，每一句都有一份新誠懇。」

　　（2）沒有吸引力等於沒寫：他認爲：「沒有吸引力的文章是沒有讀者的，沒有讀者的文章是沒有存在意義的。」要尊重讀者，首先必須要吸引讀者。如果完全不考慮吸引力而自鳴清高，這也是一種人生態度，但抱有這種人生態度的人可以做很多事情，就是不適合寫作。

　　（3）語言感覺來自耳目：文學的世界是一個由語言營造感覺的世界，寫作中應隨時保持耳目直覺，要讓讀者不是在理念上而是在感覺上接受你，這才是寫作高手。

（4）盡量不要自作多情：他指出，寫作人處置情感的基本要訣是收斂與從容。寫作者所需要的是讀者感情的自願投入，而收斂給了讀者以空間，從容給了讀者以信任。挖好了溝渠，讀者的感情洪流遲早會流瀉過來，如果一味是自己滾滾滔滔，哪裡還有讀者流瀉的餘地？

（5）把握常情避開常識：文學藝術講究創新，但世間並無全新的事。因此，餘秋雨強調，有所保守，才能有所創新。最值得我們保守的是常情。但也必須當心，因為有些寫作者會把常情和常識混淆，寫作者必須避開常識的闡述。

（6）神情比話題更為重要：對多數寫作者來說，好話題易得，好神情、好韻味難求。因此，他建議初學寫作者應該多花精力來檢視自己的表達風格和語言情致，去掉那些與別人雷同之處，不放過那些與自己的心理節奏不合拍的部位，慢慢摸索，讓自己的整體品味突顯出來。

2.寫作者的個人感受

（1）最佳文筆非苦思所得：余秋雨在此強調「靈感」的重要。他說：「全部推敲只是等待，等待著那個時刻的出現。」如果寫作中始終沒有找到靈感，那就廢棄這篇文章，因為「廢棄的文章中也不乏巧思，但巧思只是觸動了我的一點聰明，並未觸動我的生命。不廢棄這樣的文章，便扭曲了自己的生命。」

（2）最佳段落是某個情景：靈感的產生需要氣場，而文章中的氣場就是情景。情景是一個場面，「這個場面切切實實，可觸可摸，使讀者如臨其境，如見其人，如聞其聲。」情景的最大優勢是不再與讀者單向對話，而是讓讀者從一個接受者變成參與者，自己去感受、判斷、激動。

（3）最佳選擇是難於選擇：這主要指內容。有很多問題是難於找到結論的，但這些問題有些是非常重要的。余秋雨說，他寫的散文大多數都沒有結論。在構思時，他常常是想如何把一個苦澀的難題化解成一個生動的兩難選擇過程，讓自己、文章人物和讀者都進行兩難選擇，因為，「深刻的兩難帶來一種無比厚重的人生體驗，比一個簡單的結論有意思得多了。」

（4）最佳境界是超然的關懷：兩難沒有結論，但文章總要有個歸結。餘秋雨喜歡歸結在某種境界上，以境界取代結論。所謂境界，是高出於現實苦澀的一種精神關照。他時刻提醒自己，不要粘著，力求超越，試著尋找事情的終極意義。

3.寫作絕不能重複自己

在《山居筆記·臺灣版後記》中，余秋雨提到：「我最怕重複，不管是內容還是形式。」絕不重複自己，可以說是余秋雨寫作的信條之一。他當然知道新闢道路是多麼艱難，但他仍願意大膽嘗試與探索，這種精神是難能可貴的。在《掩卷沉思·自序》中，他也強調：「一個人不應該重複自己，不管是寫作內容還是寫作樣式都不宜墮入慣性。今天急切要說的話，只能尋找與這些話相適應的語氣語調，而不必去追摹昨天的發音方法。至於明天，則又會與今天不同。」每一次出發，都必須是新的心境，新的方式，新的發現，這也是余秋雨散文吸引人的魅力所在。

（二）寫作特色

1.濃厚的文化氣息與感傷的歷史氛圍：

　　從《文化苦旅》開始，余秋雨就以「文化散文」的寫作奠定了在文壇的地位，其後一直到《千年一嘆》，他都能將自己對文化的思索、歷史的追問、精神的試煉，以感性靈動的文筆表達出來，二者之間完美的融合，構成了餘秋雨散文的一大特色。當他厭倦枯燥的學術生活，決定出走去旅行，並執筆創作時，他有心地試圖要與歷史共鳴，與歷史對話，他親自踏訪每一個文化現場，去觀察、感受、聯想，目的就是「在歷史中尋找合乎自身生命結構的底蘊，尋找那些與自己有緣的靈魂。」這使他的散文處處流露出濃厚的文化氣息與人文色彩。

　　由於對中國傳統歷史與文化的思考充滿了他的深情，使他面對歷史總不免有一份滄桑感，並且由歷史的滄桑感引發出人生的滄桑感。他曾對創作文化散文的心理做過這樣的陳述：「我無法不老，但我還有可能年輕。我不敢對於我們過於龐大的文化有什麼祝祈，卻希望自己筆下的文字能有一種苦澀後的回味，焦灼後的會心，冥思後的放鬆，蒼老後的年輕。」（《文化苦旅‧自序》）正是這種心理，使他的文化散文特別有一種感傷的氛圍。這種感傷，帶有一點宿命的悲劇性，因為來自於對數千年歷史文化的回眸與檢視，來自於對中國歷史坎坷命運的反省與思考。因此，旅人和旅程都帶有一種揮之不去的「苦澀」與「悲涼」，正如他在〈廬山〉中所言：「文人似乎注定要與苦旅連在一起」。

2.重視劇場效果與歷史的具像化：

　　余秋雨重視文章的吸引力，強調文章的有效性，思考如何讓

自己的作品得到更多的讀者，爲此他經常修改自己的文章，希望在形式上更臻完美，在效果上更清晰而突出。他喜歡以「提問」的方式，拋出議題，吸引讀者閱讀，從而讓讀者願意投入、參與。他還喜歡運用「場景」引發讀者的感受。尤其是具體場景的描繪與想像，使他的散文格外具有一種「戲劇性」的效果。因此，他的散文雖由文字呈現，但使讀者在腦海裡閃現出不同剪輯的畫面，好像置身於時空交錯的舞臺上。

　　大陸學者欒梅健說得好：「他放棄了戲劇，然而他不曾料到，戲劇卻不自覺地成就了他的文學。」以《文化苦旅》爲例，大部分的文章都具有閱讀的張力，「如〈信客〉、〈酒公墓〉、〈夜航船〉、〈都江堰〉等篇，只要略加改過，便可搬上舞臺演出。而〈牌坊〉、〈廟宇〉、〈臘梅〉、〈家住龍華〉等篇，戲中有戲，奇中有奇，常能提升起讀者的閱讀興趣。至於〈五城記〉，對開封、南京、成都、蘭州、廣州五個城市的描寫，簡直可算是多幕劇中的五幕戲。」（《雨前沉思 —— 余秋雨評傳》）正因爲在戲劇方面有長期的積累與薰陶，才能使他的散文寫得跌宕起伏，扣人心弦。

　　余秋雨的文化散文，儘管表面上採取的是一種旅行的形式，但他的終極關懷仍是文化課題。他以「還原」歷史現場爲書寫路徑，以「虛構」（相對於歷史的「真實」）的情節取代論述，因此在敘事策略上他特別注重將歷史文本「具像化」的處理，以具像化的畫面，和讀者做最直接的對話。可以說，他的散文有空間畫面的呈現，也有歷史時間的曲折變化，加上身臨文化現場時所激發、融入的情感，藉以重構出個人所體認的歷史面貌。

3.文字灑脫典雅，自成一格的「秋雨體」

　　白先勇曾經在一次演講中推崇余秋雨的散文說：「余先生的這

幾本文化散文,回復了唐宋八大家散文的傳統,就像蘇東坡、歐陽修的散文,一方面篇篇都是美文,一方面又是深沉的知性探討。余先生繼承了這個傳統,回復了散文應有的尊嚴與地位。」(《傾聽秋雨》)我們知道,唐宋八大家的散文之所以膾炙人口、傳誦至今,除了作品內容主題的充實有味,更重要的是文字技巧的成熟高超,使古文文體的藝術美感藉之表現出來並保存下來。余秋雨的散文耐人咀嚼,除了內容深刻有見解、有獨到體會外,他一手漂亮的文字扮演了同樣關鍵的角色。

余秋雨的散文語言灑脫典雅,表述富有詩意,大陸作家徐林正在《文化突圍》中就指出:「每隔一兩行就有一個鮮活的語詞組合,每隔三五句就有一個漂亮的句子,每隔三五段就有一段出色的議論。」他甚至在《文化突圍》的尾聲,特別以〈秋雨散文與秋雨體散文〉為題,申論了別具一格的「餘體」特色,他提到:「秋雨散文是一組組特寫,是歷史文化深處的特寫。這就是秋雨散文的『體』。」余秋雨能「把視角從當前拉回到古代,從突發性的新聞轉向積澱性的文化,從現實人事的外部表現深入到歷史人物的心理世界。這一點,我們可以在〈風雨天一閣〉、〈蘇東坡突圍〉、〈一個王朝的背影〉、〈千年庭院〉、〈流放者的土地〉、〈抱愧山西〉中清楚地感受到,這些篇章,恰恰是標準的秋雨散文。這種散文體可以稱為『秋雨體』。」

4.對中國知識分子精神世界的追問與探掘

余秋雨走的是「人文山水」,思考的是知識分子的「文化人格」,在一步步的苦旅中,他想追問的是知識分子如何在精神上突圍的亙古命題。從《文化苦旅》、《山居筆記》到《霜冷長河》,他藉著許多文化遺跡的背景,探討中國文人的命運,從而塑造出

許多文人圖像與心靈的雄偉長卷。在他的散文中，「文化良知」、「文明碎片」、「文化人格」、「文化認同」幾乎成了關鍵詞，或許是對「文化」的特殊感悟與使命感，在 2008 年 7 月，他又出版了《新文化苦旅─余秋雨文化散文全集》，再次讓自己的散文進入文化的視野中。談文化，就不能不談知識分子，或者說，余秋雨談文化，真正的目的是要談中國知識分子的處境與心境。在〈一個王朝的背影〉中，他談到王國維之死，從而興起這樣的感觸：「知識分子總是不同尋常，他們總要在政治軍事的折騰之後表現出長久的文化韌性，文化變成了生命，只有靠生命來擁抱文化了，別無他途。」他的文化散文說穿了就是一部中國知識分子的精神史。

　　他對知識分子命運的思考在《文化苦旅》、《山居筆記》中表現得比較集中而直接，如〈陽關雪〉、〈柳侯祠〉、〈洞庭一角〉、〈寂寞天柱山〉、〈風雨天一閣〉、〈十萬進士〉、〈蘇東坡突圍〉、〈遙遠的絕響〉等，都以深情的筆觸揭示了中國文人的悲劇命運，柳宗元、范仲淹、蘇東坡、屈原、李白、范欽、張岱、朱熹、魏晉名士等人的文化力量與精神文明，彷彿悠悠地自歷史冊頁中迎面而來。〈蘇東坡突圍〉正是他對文人精神世界追問的代表性作品。余秋雨指出：「越是超時代的文化名人，往往越不能相容於他所處的具體時代。」蘇東坡因為「烏台詩案」被貶至黃州，而且因為「他太出色、太響亮，能把四周的筆墨比得十分寒磣，能把同代的文人比得有點狼狽，引起一部分人酸溜溜的嫉恨」，於是，他陷入了一些品格低劣的文人「可恥的圍攻」中。然而，蘇東坡在精神上卻開始突圍，他的詩文也開始真正成熟：

　　正是這種難言的孤獨，使他徹底洗去了人生的喧鬧，去尋
找無言的山水，去尋找遠逝的古人。……他在無情地剝除
自己身上每一點異己的成分，哪怕這些成分曾為他帶來過
官職、榮譽和名聲。他漸漸回歸於清純和空靈，在這一過
程中，佛教幫了他大忙，使他習慣於淡泊和靜定。艱苦的
物質生活，又使他不得不親自墾荒種地，體味著自然和生
命的原始意味。這一切，使蘇東坡經歷了一次整體意義上
的脫胎換骨，也使他的藝術才情獲得了一次蒸餾和昇華，
他，真正地成熟了——

　　在窮鄉僻壤中，在災難與打擊之後，在身邊的掌聲與光芒都
消寂之際，知識分子的意義與價值才開始熠熠生輝，自在而圓熟。
文章結尾，余秋雨對蘇東坡所代表的文人苦旅發出了由衷而深沉
的讚嘆：「引導千古傑作的前奏已經鳴響，一道神秘的天光射向
黃州，《念奴嬌・赤壁懷古》和前、後《赤壁賦》馬上就要產生。」
雖然他對「隱逸文化」、「貶官文化」有所批判，對處於歷史暗
角的「小人」更是不屑，然而他真正要表達的是在這些黑暗、混
沌、骯髒的處境中，文人如何突圍而出，堅持修練自處、自得的
文化人格與生命哲學。這方面的思考，使余秋雨的文化散文有了
更厚實的重量，以及獨特的文學特色。

　　儘管外界對余秋雨的散文有許多批評的聲浪，但這種知識分
子「突圍」的精神似乎已內化為其作品與處世的風格與品格，有
論者就指出：「在這條漸行漸遠的文化苦旅的道路兩旁，儘管是
滿目的廢墟，滿心的悲傷，但余秋雨依舊是執著的前行，只是他
的背影因他的清高和冷傲而越發顯得縈縈孤獨。」（王堯、谷鵬：
《遇見秋雨—余秋雨評論》）

　　沒有疑惑和退縮，余秋雨正以執拗的腳步，走在自己的文化苦旅上。

【附】余秋雨散文〈陽關雪〉賞析

　　〈陽關雪〉是余秋雨散文的代表作之一，描寫在嚴寒風雪中尋訪陽關遺址的曲折經過與複雜心情。全文以尋訪陽關爲中心，開展出時空跨度極大的思考與敘述，在蒼茫淒迷的氛圍裡，完成一趟心靈跋涉的「苦旅」。文章時空背景明確，觀察細膩且感受深刻，又充滿磅礴的氣勢，是當代不可多得的旅行文學佳構。研讀此文，除了可以學習旅行散文的寫作手法，也能對古代文人的坎坷際遇有所了解，進而思考人與自然、文化的關係。

一、出處

　　本文出自《文化苦旅》（爾雅出版社，民國 81 年）。這本散文集原由上海知識出版社於 1991 年出版，至 1992 年 8 月已銷印超過二萬冊，深獲好評。1992 年 10 月，余秋雨應邀來臺演講，授權爾雅出版社在臺印行。

　　書中篇章大部分曾在大陸的《收穫》雜誌上以全年專欄形式連載，本文即發表於 1988 年第 1 期。《收穫》雜誌由知名作家巴金主編，是文學創作的權威刊物，因此文章陸續發表後，海外不少報刊紛紛轉載，同時吸引了北京、上海、天津、廣州等地的七家著名出版社和海外出版公司都寄來出版約請，但余秋雨被一位

編輯的誠懇打動，而把文稿交給了一家小出版社，不料，先是部分稿件丟失請他補寫，後又決定大幅度刪改，以旅遊小冊子的形式付印，因余秋雨當時遠在國外講學，幸虧《收穫》副主編李小林女士獲悉後急忙去電話強令他們停止付印，把原稿全部寄回。寄回來的原稿已被改劃得不成樣子，難以卒讀，余秋雨幾次想把它投入火爐，最後幸虧上海知識出版社的王國偉先生僱人重新清理抄寫使之恢復原樣，才使這本書得以出版。

這本書是余秋雨散文的代表作，即使後來他又出了幾本散文集，但真正膾炙人口，樹立其在文壇崇高聲譽的還是這部作品。全書不分輯，共收 37 篇散文，其中〈沙原隱泉〉、〈柳侯祠〉、〈三峽〉、〈陽關雪〉被選入台灣不同版本的高中教科書，而〈道士塔〉也收入大陸高中語文課本，足見其作品的受到歡迎和肯定。這本書以一個文化人的山水跋涉為出發點，在親自踏訪文化遺跡的同時，抒發對歷史傳統、文化現象的諸多感懷，涉及的文化遺蹟、人文山水就有莫高窟、陽關、白蓮洞、敦煌、都江堰、三峽、洞庭湖、廬山、蘇州、西湖、天柱山、天一閣等，這些實地走訪的文化行旅之作，構成本書的主體，也是本書最大的特色。此外，還有少數抒發個人生活感觸、身世感懷之作如〈藏書憂〉、〈家住龍華〉、〈三十年的重量〉等，以及對新加坡歷史文化觀察的〈漂泊者們〉、〈華語情結〉、〈這裡真安靜〉等三篇。

《文化苦旅》這書名有十分深刻的涵義。從表面上看，是指作者四處旅行，風塵僕僕，遊歷了許多「人文山水」，身心疲憊，並產生不少苦澀的感受，故謂之「文化苦旅」。更深一層的意義，可分兩方面來看：一是個人對歷史、文化由困惑而感悟的心路歷程，這個歷程十分辛苦；二是指整個中國文化的旅程，而非個人

的旅程，幾千年的歷史文化，內憂外患，滄海桑田，充滿太多沉重的包袱，也可視爲是漫長而艱辛的旅程。

二、背　景

〈陽關雪〉是作者一系列跋涉人文山水從而引發對歷史、文化思考的作品之一。作者原是學院中的教授，長期的學術研究使他感到生命的單調與枯燥，在《文化苦旅‧自序》中他說：「我們這些人，爲什麼稍稍做點學問就變得如此單調窘迫了呢？如果每宗學問的弘揚都要以生命的枯萎爲代價，那麼世間學問的最終目的又是爲了什麼呢？如果輝煌的知識文明總是給人們帶來如此沉重的身心負擔，那麼再過千百年，人類不就要被自己創造的精神成果壓得喘不過氣來？」就在這種困惑中，他決定走出書房，悄然出發遠行。由於平日各地要他去講課的邀請不少，於是他拿出邀請書，打開地圖，開始研究路線，就這樣，一路講去，行行止止，走了不少地方。

不斷的旅行，使他累積了豐富的經歷感受，而他也發現，自己特別想去的地方，總是古代文化和文人留下較深腳印的所在，這說明他心中的山水並不完全是自然山水而是一種「人文山水」，他說：「這是中國歷史文化的悠久魅力和它對我的長期薰染造成的，要擺脫也擺脫不了。每到一個地方，總有一種沉重的歷史氣壓罩住我的全身，使我無端地感動，無端地喟嘆。」直到在甘肅的一間旅社裡，他覺得太多的感觸使他非寫文章不可，於是一篇篇文筆清麗、融文化思考於旅行見聞的散文就這樣誕生了。從《文化苦旅》篇目的順序來看，他是從甘肅敦煌起步，轉到西南四川的柳侯祠、都江堰，再到東南的吳越春秋，最後寫到境外的新加

坡。〈陽關雪〉就是描寫他在敦煌一帶遊歷，尋訪陽關古址時的見
聞感受，和〈道士塔〉、〈莫高窟〉、〈沙原隱泉〉等篇可視爲一個
獨立的小單元。

三、題　意

　　本文題爲「陽關雪」，描寫作者在嚴寒風雪的冬季尋訪陽關遺
址的曲折經過與複雜心情。陽關，在今甘肅省敦煌市西南七十里，
西漢時曾設置關隘，因位在玉門關之陽而得名，爲古代中原出西
域必經的地方。陽，古代以山南水北謂之陽。全文時空背景明確，
觀察細膩且感受深刻，是《文化苦旅》的代表作之一。「陽關雪」
的題意有二：一是在雪中尋訪陽關遺址；二是陽關遺址所代表的
幾千年歷史文化，如大雪般積壓人心，讓人產生沉重苦澀之感。
陽關和雪，本身就帶有蒼茫壯美、淒迷渾厚之情，余秋雨擅長將
物情與我情交融起來，使全篇從頭到尾都籠罩在一片茫茫白雪
中，那曾經雄偉的遺址在歷史推移中已經傾頹，而渺小的個人在
蒼茫天地中漸行漸遠，說明了這次的尋訪仍是一趟心靈跋涉的苦
澀行旅。

四、賞　析

　　余秋雨在《文化苦旅‧自序》中曾說：「在研究中國古代線裝
本的時候，耳邊也會響起一批大詩人、大學者放達的腳步。」於
是，他在厭倦單調的學術研究之後，決心「離開案頭，換上一身
遠行的裝束，推開了書房的門。」然後，他發現「中國文化真實
的步履卻落在這山重水複、莽莽蒼蒼的大地上。」「在這看似平常
的佇立間，人、歷史、自然渾沌地交融在一起了，於是有了寫文

章的衝動。」這股創作的衝動，使他走向了一個個歷史文化遺跡，也使得一批文筆清麗、立意深邃的散文佳品從他的筆下誕生，而《文化苦旅》的出版，從某個意義上說，也改變了余秋雨的現實生活與人生走向。〈陽關雪〉就是他走過的其中一處景觀所產生的散文精品，也是《文化苦旅》的代表作之一。

作者在開篇先說起古代文人的「無足觀」，認為文官之顯赫在官而不在文。可是，當文人辭去了官職，不再顯赫時，偶爾寫作的詩文卻可以千古留芳。這看似不經意的起筆，實際上正是本文所要表達的題旨，也為後面的論述埋下了伏筆。作者繼而從白帝城、黃鶴樓、寒山寺寫起，進一步闡述歷代文人竟有本領「把偌大一個世界的生僻角落，變成人人心中的故鄉」，接下來順勢引出王維那首著名的〈渭城曲〉，轉折自然，將話題立刻轉到了正題上。當作者向一老者打聽去陽關的路線時，卻被告知「沒什麼好看的，倒是有一些文人辛辛苦苦找去。」老者說著看了看天，又補了一句「這雪一時下不停。」作者不予理會，轉身鑽進雪裏。這裡強化了作者一意要去尋訪文化遺址的決心，即使再大的風雪也阻止不了，如此一來，他也成了「一些文人辛辛苦苦找去」中的一人，文化的魔力於此已有了生動的點化。

然後就是在沙漠裏行走，看見了古戰場遺留下來的墳堆。面對此情此景，作者展開了想像的翅膀，開始在歷史的時空裏遨翔。他用深情而又錘鍊的語言描述了昔日鐵馬金戈的殺敵場景以及戰爭帶給人民的災難，眼前的自然景物、悠久綿長的歷史，以及自己面對歷史、山河變遷的感觸，在一瞬間都巧妙地融合在一起了。

歷經一番尋找，終於來到「陽關古址」，其實，這裏已經沒有什麼好看的了。烽火臺還在，已經坍了大半，葦草在寒風中抖動，

西北的群山積著層層疊疊的皚皚白雪。這陽關之雪覆在土墩之上，意味著再雄偉的建築也不敵風雪的摧殘和時間的流逝。作者當然不是為了看這些景致才來的。借助於眼前的景觀，余秋雨真正關注的是歷史留下的思索。面對陽關古址，他想到了王維，由王維想到了唐人風範。雖然王維的詩畫堪稱一絕，但這些文人還是只能「以卑怯侍從的身份躬身而入」廟堂宮殿，為官員們「製造一點娛樂」而已，更不幸的，是很多文人成了「謫官逐臣」，西出陽關。行文至此，作者又把筆鋒回到文章一開篇的主題上，對文人的遭際深表同情，也再次點出陽關之雪所代表的深沉意義。「陽關的風雪，竟越見淒迷。」對歷代文人的宦海沉浮，對陽關的坍弛，對歷史的無情，對民族文化精神的衰頹，作者最終也只能仰天喟歎！然而，字裡行間，作者其實要表明的是，即使宦海浮沉，陽關坍弛，又或者歲月如流，歷史無情，最後能銘刻人心、永不消逝的還是那些美好的詩句。以文人西出陽關的落寞與詩歌傳唱至今的力量相對比，文化的價值與意義已不言而喻了。

　　從以上的分析中，不難看出這篇表面上的旅行文學作品，實際上是藉著歷代文人的命運，探討文學的永恆及文化的深刻。當雄偉古蹟坍塌在時間長河的沖刷下，當官位名爵早已消失在歷史冊頁時，文學作品反而深入人心，代代流傳不絕，甚至讓一個現代的文人甘冒嚴寒風雪，艱辛跋涉，只為看一眼那早已成為「心中的故鄉」的文化遺跡。這種以記遊的方式進行文化思考的散文，能在景觀遊覽介紹之外，將個人的學識、智慧與文化涵養融為有深度的創作，給人思想的衝擊和知識的滋養。余秋雨在踏訪許多文化遺跡時，除了描述其人文山水景觀的現狀與變遷外，經常抒發個人對文化、傳統、歷史的感觸與思索，加上文史知識的生動

運用，使作品跳脫一般旅行文學的表面見聞紀錄，深入到文化精神的神髓，挖掘出自然山水背後豐富的人文意涵，而在文壇獨樹一幟，也因此留下了許多膾炙人口的山水名篇。

本文作為一篇出色的旅行散文，其成功之處，主要是作者運用了以下幾種比較明顯的寫作手法與藝術構思來呈現，讓人讀來既有感性的悸動，又有知性的啟迪。茲分述如下：

（一）將自然山水與歷史文化做了巧妙的聯結

本文題為〈陽關雪〉，但余秋雨沒有把「雪」作為描寫的主體，雪在這裏只是作為一種時令的象徵，畫面的點綴，氣氛的暗示，主體是陽關，王維的陽關。但仔細分析，自然山水的陽關和雪，仍不是本文的重點，作者真正要傳達的意旨，在於歷史上文人與文學的地位與命運。因此，在踏訪陽關之前，他先不寫陽關，而從古代文人生前的際遇和身後的影響寫起。「中國古代，一為文人，便不足觀」，這話中帶有同情，更有幾分不平。「峨冠博帶」是官的象徵，但「零落成泥」之後有何人記起？反觀詩文「竟能鐫刻山河，雕鏤人心，永不漫漶。」其主旨一開始已經點明。接著扣住「鐫刻山河，雕鏤人心」八個字，由己及人，談論今人的歷史文化情結，如何對那些吟詠山河的古詩爛熟於心，「焦渴地企盼著對詩境實地的踏訪」。於是，我們看到作者如何在尋訪的過程中，時時刻刻想起山河的變化、文人的命運，余秋雨適度地以陽關的坍塌，對照文學的不朽，二者既是強烈對比，也是生動的輝映。

可以說，《陽關雪》的主旨不在抒情寫景，而是將「自然山水」與「人文山水」巧妙聯結，以對歷史古蹟陽關的尋訪和心靈

追問，深入探求中國文人艱辛跋涉的足跡，關注中國知識份子的歷史命運，從而挖掘出積累千年的文化內涵。正如余秋雨在《山居筆記》中自言：「借山水風物與歷史精魂默默對話，尋找自己在遼闊的時間和空間中的生命座標，把自己抓住。」文章從文人和官吏的不同寫起，指出文人因文學作品在後人心中千秋永存，並由王維的詩自然地引到尋找陽關故地。陽關、沙漠、風雪是自然景物，而且是邊境、絕境、險境的象徵，作者由此聯想到文人總是被放逐或貶謫的命運，特別是唐代文人的西出陽關，不也是陷入邊境、絕境與險境嗎？如今，作者自願冒著陽關的嚴寒風雪，不顧阻攔艱辛尋訪，不也是在自陷邊境、險境中進行一場歷練心靈的文化苦旅嗎？在余秋雨眼中，陽關不只是土墩石城，而是代表唐人風範的文化藝術象徵之一，也因此，它的坍塌才會格外引起他的歷史滄桑感。自然與歷史，山水與文化，二者在文中已融爲一體，有了更爲豐富的內涵。

（二）結構完整，轉折自然，使文章一氣呵成

本文以踏雪尋陽關爲主線，全篇細細寫來，結構上前後照應，文意顯得完整而自然。文章的前三段，敘述文人與文化具有不可思議的魔力，透過理性的闡釋，使自己的這趟行旅有說服力。接著，下一段說明自己就是衝著〈渭城曲〉而來，老者的勸說，絲毫不能動搖他的決心，這一段是全文的第一個過渡，鋪陳出以下的實地踏訪過程。從第五段開始，描寫走過沙漠、古戰場墳堆，終於找到陽關古址的艱辛歷程。從「這是一個俯瞰四野的制高點」開始的一段，堪稱全文核心，到底吸引他跋涉而來的陽關是何模樣，這裡有了直接的介紹。接著「王維實在是溫厚到了極點」的

一段，是作者安排的第二個過渡，然後在下一段「這便是唐人風範」起，再度申發議論，呼應開頭幾段的觀點。最後，以短短幾句作結，「怕還要下雪」呼應了題旨與當時情景，簡潔而有力，令人也彷彿感受了那份沉重與冷意。全文精心鋪排，起承轉合流暢自然，不愧爲名家手筆。

（三）適度引用中西文史、藝術知識以增加文章的內涵與美感

作爲文化性的散文，作者善於運用中西文學、史地、藝術知識，使作品充滿著濃厚的書卷氣與文化味，由於所旅行之地多爲文史古蹟，不免會將地理背後的相關文史知識予以引用、發揮，如此一來，文章的知性內涵與抒情美感就會自然增強。在余秋雨的系列文化散文中，這種手法的運用可說是層出不窮，因而形成其散文的特色。以本文爲例，他至少提到了王維〈送元二使安西〉、李白〈黃鶴樓送孟浩然之廣陵〉、張繼〈楓橋夜泊〉、艾略特《荒原》等詩歌，以及唐人造像、〈蒙娜麗莎〉、萊辛論詩畫等藝術見解，表現出作者的思想與見識，也使文章的意境更爲精深。

又如最後兩段的尾聲，作者憑弔古蹟，感受著這一片荒曠和死寂，心底不免生出幾許悲涼，他很自然地想到了古代邊塞詩中經常出現「胡笳」和「羌笛」，於是他就用這虛擬的極美聲音來強化環境的死寂，又暗暗化用王之渙〈涼州詞〉：「黃河遠上白雲間，一片孤城萬仞山。羌笛何須怨楊柳，春風不度玉門關。」詩意，衍生出一段文字，以表達對歷史的無盡哀戚。類此的知識化用，除了可以增加讀者的見識，開闊心靈的視野，其藝術手法的表現也很值得玩味。

（四）文字兼具理性思索與強烈的抒情色彩

余秋雨有淵博的文學和史學功底，這使他的散文深邃蒼涼中仍不乏洞見與大氣，具有強烈的理性思索色彩，同時，他喜用悲壯的格調來尋求理想人格，抒寫對人文、自然、精神、藝術的美的情懷，這使他的散文又有著極強的抒情色彩。例如文章一開始談文人與文學的命運，接著就以自己的真實經驗來闡發，以感性的文字使人絲毫不覺是在說理；文章要談的明明是深刻的文化議題，卻以一趟雪中尋訪陽關來詮釋，新意十足。

文中使用的一些抒情句子都十分精采，很傳神地表達了他的思想感情，例如面對老者的勸阻，他卻「向他鞠了一躬，轉身鑽進雪裡。」表達出毫不動搖的尋訪熱情，簡潔有力。在前往陽關的途中，有沙漠，有墳堆，作者寫了徒步沙漠的感覺和面對墳堆的思索。「在這樣的天地中獨個兒行走，侏儒也變成了巨人。在這樣的天地中獨個兒行走，巨人也變成了侏儒」，這種獨特的感覺不是親履其地是寫不出來的。天晴後，沙漠中的雪很快地融化，一片墳堆便暴露出來，作者的描繪非常生動：「地上的凹凸已成了一種令人驚駭的鋪陳」，這種文字表達，有情有景，令人讀後難忘。此外，作者花了些筆墨再現〈渭城曲〉中所寫的惜別勸酒場景，有論者說這一段描寫不該用小說筆法，並指出初唐只用樽勺而未出現酒壺，其實這樣的批評實無必要。散文畢竟不是學術論文。作者能從中看出一種「唐人風範」，也就是目光遠大，胸襟開闊，步履放達，這已經很有見地。文章還透過中西美術的比較，說明這種「唐人風範」來自於藝術家對人生前景的自信。這段議論，實際上回答了文章一開始的問題：文人的「魔力」何以

如此之大？文章的結尾寫著：「回去吧，時間已經不早。怕還要下雪。」看似平淡中，實包含了意猶未盡的諸多感傷，堪稱傳神之筆。正是這些富於情感的生花妙筆，使余秋雨的散文深具可讀性。

（五）融合山水、歷史、文化與個人感受於一體

本文題為〈陽關雪〉，本身即承載了余秋雨凝重的文化思考和歷史感嘆。陽關和雪，本身具有一種蒼茫壯美、淒迷渾厚之情，余秋雨擅長將物情與我情交融起來，在地理山水中領略歷史變遷的滄桑，體會文人命運的多舛，構成文中充滿無奈、感傷、喟嘆的意境，可以說，全篇從頭到尾都籠罩在一片茫茫白雪中，而作者在蒼茫天地中漸行漸遠，最後消失在大雪紛飛的天地間，這個鮮明的意象，使文章的主旨形象地表達出來。這種融合山水、歷史、文化與個人感受於一體的寫作手法，是余秋雨這一系列散文的特色，也是《文化苦旅》之所以動人的地方。很少人像余秋雨那樣致力於這種歷史文化的探尋，在創作中有意識地將人、歷史、自然交融在一起，展現出極為開闊的時空視野，表現出一種俯仰天地古今的渾厚大氣，給人一種深邃蒼涼而又厚重沉澱的滄桑之感。

文中，作者歷盡艱辛到陽關實地走了一趟，有時在「望不到邊際的墳堆中茫然前行」，有時「西北風浩蕩萬里，直撲而來」，甚至於見到了古址，才發現「已經沒有什麼故跡」，但是，正因為「文人的魔力」，「把偌大一個世界的生僻角落，變成人人心中的故鄉」，使他踏雪而進，因為，既是故鄉，那就非回去看看不可。雖說已經沒有什麼故跡可看，但由此產生的文化聯想與深切感觸，只有親身走過的人才能明白透徹。歷史、文化、地理山水、

作家個人的獨特觀察與體會，在這一趟文化旅行中都融合在一起了。這是文化之旅，也是心靈之旅。

張堂錡作品出版編目

一、專　著

1991　《黃遵憲及其詩研究》（台師大碩士論文）　文史哲出版社

1993　《智慧的光穿越千年》（勵志小品）　中央日報社

1994　《讓花開在妳窗前》（小說、散文合集）　幼獅出版公司

1996　《從黃遵憲到白馬湖：近現代文學散論》　正中書局

1996　《域外知音》（人物報導）　三民書局

1998　《文學靈魂的閱讀》（論述）　三民書局

1999　《清淨的熱鬧：白馬湖作家群論》（東吳大學博士論文）　東大圖書公司

1999　《舊時月色》（散文）　三民書局

2000　《生命風景》（人物報導）　三民書局

2002　《編輯學實用教程》　業強出版社

2002　《現代小說概論》　五南圖書出版公司

2002　《跨越邊界：現代中文文學研究論叢Ⅰ》　文史哲出版社

2008　《追想彼岸：現代中文文學研究論叢Ⅱ》　文史哲出版社

2008　《嬗變中的光影：現代中文文學研究論叢Ⅲ》　文史哲出版社

二、合　著

1997　《現代文學》　空中大學出版部

2000　《文學創作與欣賞》　空中大學出版部

2001　《台灣文學》　萬卷樓圖書公司

2002　《中國現代文學概論》　五南圖書出版公司

2008　《大陸當代文學概論》　五南圖書出版公司

三、主　編

1994　《中學課本上的作家》　幼獅出版公司

1995　《拿到博士的那一天》　幼獅出版公司

1997　《印象大師》　業強出版社

1998　《現代文學名家的第二代》　業強出版社

2001　《大學短篇小說選》　業強出版社

2002　《中國現代文學名家傳記叢書》(第15本)　文史哲出版社

2006　《20世紀文學名家大賞：夏丏尊》　三民書局

2007　《百年文心：政大中文學人群像》　文史哲出版社